Klaus-Rüdiger Mai studierte Germanistik, Geschichte und Philosophie in Halle-Wittenberg und arbeitete als Regisseur und Autor für das Theater. Über viele Jahre war er als Drehbuchautor, Dramaturg und Produzent von Fernsehproduktionen tätig. Im Gustav Lübbe Verlag erschien von ihm 2006 »Geheimbünde. Mythos, Macht und Wirklichkeit« und 2008 »Der Vatikan. Geschichte einer Weltmacht im Zwielicht«.

Weitere Titel des Autors im Taschenbuch:

Geheimbünde, Taschenbuch Bd. 60605
Der Vatikan, Taschenbuch Bd. 64241

Klaus-Rüdiger Mai

BENEDIKT XVI.

Joseph Ratzinger:
Sein Leben – sein Glaube – seine Ziele

BASTEI LÜBBE
TASCHENBUCH

BASTEI LÜBBE TASCHENBUCH
Band 61664

1. Auflage: April 2010

Vollständige Taschenbuchausgabe
der im Gustav Lübbe Verlag erschienenen Hardcoverausgabe

Bastei Lübbe Taschenbuch und Gustav Lübbe Verlag
in der Bastei Lübbe GmbH & Co. KG

Umschlaggestaltung: HildenDesign, München
Titelbild: © dpa
Autorenfoto: © pro event Andreas Biesenbach
Satz: Bosbach Kommunikation & Design GmbH
Gesetzt aus der Weiss
Druck und Verarbeitung: GGP Media GmbH, Pößneck
Printed in Germany
ISBN 978-3-404-61664-0

INHALT

RÖMISCHES VORSPIEL

April des Heiligen Jahres 2000. Rom zeigte sich von seiner schönsten Seite, mit einem blauen Himmel und freundlich warmen Temperaturen. Ich war wegen eines Filmprojekts in die Ewige Stadt gekommen, das spannend und aufregend war. Wochen zuvor erfuhr ich von einem Wissenschaftler, der in den gerade geöffneten Archiven der Kongregation für die Glaubenslehre forschte, um den Geheimnissen der Inquisition auf die Spur zu kommen. Das war möglich, weil der Präfekt der Glaubenskongregation, Joseph Kardinal Ratzinger, im Nebenberuf selbst Wissenschaftler, das Archiv für die Forschung öffnete. Ich hatte mit dem Historiker Peter Godman, einem charmanten Neuseeländer, Kontakt aufgenommen, und so kam es, dass ich an diesem freundlichen Tag mich auf meine Audienz beim Präfekten der Glaubenskongregation vorbereitete. Zum ersten Mal betrat ich den Palast, der über Jahrhunderte die Inquisition beherbergt hatte, und genau genommen neben der Vatikanstadt stand, nicht mehr ganz drinnen und doch nicht draußen, ein eigenes und dazu noch recht selbstbewusstes Machtzentrum. Der Sekretär des Kardinals, Monsignore Clemens, hieß mich freundlich willkommen und bat mich, kurz im Vorraum Platz zu nehmen. Es war nicht das übliche und langweilige Spielchen von Leuten, die einen schon aus Prinzip warten ließen, um gleich von Anfang an die Spielregeln zu definieren. Nein, aus Sorge, zu spät zu kommen, war ich zu früh, und Clemens hatte wie immer seinem Kardinal einen eng terminierten Arbeitstag exakt geplant. So saß ich unter den gestrengen Augen des Heiligen der Inquisition, Pius V., der mich von seinem Gemälde herunter prüfend ansah, und wartete darauf, den Mann zu treffen, über den in Deutschland viel gesprochen, vor allem aber viel Negatives gesagt wurde, den Mann, den man für den Großinquisitor hielt.

Mancher Theologe, der hier auf dem Stuhl saß, hatte schon auf ein Gespräch gewartet, um mit dem Präfekten die Positionen zu diskutieren, die er in einem Buch vertreten hatte und die der Präfekt und die Gutachter als nicht katholisch einstuften. Sicher keine angenehme Situation. Drewermann beispielsweise hatte von seinem Besuch in Worten und Attributen des tiefen Abscheus gesprochen. Es war für ihn, als sei er dem leibhaftigen Großinquisitor begegnet, dessen Parfüm aus falscher Freundlichkeit und aus Intoleranz Übelkeit bei ihm hervorgerufen hatte.

Die Tür wurde geöffnet und ein mittelgroßer, weißhaariger Mann, in einem schwarzen, eleganten Talar gewandet, mit einem großen Kreuz auf der Brust, das an einer Kette um den Hals hing, begrüßte mich freundlich: Kein Zweifel, das war Joseph Kardinal Ratzinger. Er führte mich in seinen prächtigen Audienzsaal und hieß mich auf dem mit rotem Samt bezogenen Stuhl Platz zu nehmen, während er sich selbst auf dem kleinen Sofa niederließ. Ich war zu ihm gekommen, um ihn zu bitten, uns bei einem Filmprojekt zu unterstützen, in dem wir anhand der neuen Forschung die Geschichte der Inquisition erzählen wollten. Er sagte zu. Der Film lief später erfolgreich als Dreiteiler im ZDF und im ORF.

In der Folgezeit hatte ich in der Vorbereitung des Projekts noch öfter die Gelegenheit, mit ihm zu sprechen, schließlich führten wir mehrere große Interviews mit ihm. Diese Interviews gehörten zum Aufregendsten der ganzen Arbeit. Da hatte sich niemand vorbereitet, da hatte auch niemand einen Kanon, den er mit den immer gleichen Phrasen herunterbetete, nein, man war eingeladen, einem Menschen beim Denken zuzusehen. Und das war höchst spannend. Mit unmissverständlicher Klarheit beschrieb er sein Amtsverständnis und seine Vorstellung über die katholische Kirche.

Auf der einen Seite erschien Joseph Ratzinger als ein kluger, freundlicher, charmanter und humorvoller Mann, der Priester und

Theologe war, auf der anderen Seite sprach man von ihm als dem Exekutor der Glaubenslehre, als dem Großinquisitor, der rücksichtslos seine Vorstellungen durchsetzte? Wer ist er nun wirklich, der Mann, der jetzt Papst Benedikt XVI. ist?

HABEMUS PAPAM

»Du bist Petrus, und auf diese *petra* (Fels) will ich meine Kirche bauen, und die Pforten der Unterwelt werden sie nicht überwältigen. Ich werde dir die Schlüssel des Himmelreiches geben, und was du auf Erden binden wirst, das wird im Himmel gebunden sein, und was du auf Erden lösen wirst, das wird im Himmel gelöst sein.«

Matthäus 16, 17–19

WEISSER RAUCH

Es ist Dienstag, der 19. April 2005. Der zweite Tag des Konklaves, der zweite Tag, an dem sich 115 Kardinäle aus der ganzen Welt in der Sixtinischen Kapelle im Vatikan versammeln, um einen neuen Papst zu wählen. Nirgendwo auf der Welt sind zweitausend Jahre christliche Überlieferung und künstlerische Vision so den Menschen zutiefst berührendes Ereignis geworden wie in dieser Kapelle inmitten des Apostolischen Palastes. In beeindruckender Weise verbindet sich an diesem Ort kunstgeschichtliche und geradezu mythische Bedeutung in den Deckenbildern Michelangelos. Szenen aus der Schöpfungsgeschichte, aus dem Leben Christi wechseln sich ab mit den Bildnissen vergangener Päpste. An diesem Ort den 265. Papst in der Geschichte der katholischen Kirche zu wählen bedeutet für den einzelnen im Diesseits verhafteten Menschen, der jeder Kardinal unabhängig von seinem Amt ja auch ist, sich in eine Kontinuität von Gottes Schöpfung und der zweitausend Jahre alten Geschichte der Kirche zu stellen. Trotz dieses gewaltigen Druckes muss er die Freiheit in seiner Entscheidung bewahren, den Mann zu küren, der die aktuellen Aufgaben der Kirche, die sich seiner Meinung nach in einer Krise befindet, bewältigen kann. Fast alle sind Erstwähler, von Johannes Paul II. in seinem sechsundzwanzig Jahre währenden Pontifikat erst in das Kardinalskollegium berufen und dadurch erst wahlberechtigt geworden. Es ist, es muss für die Wahlmänner so sein, als schaue der Heilige Geist den Kardinälen bei der Wahl über die Schulter, anders wäre der Verantwortungsdruck für einen Sterblichen nicht zu ertragen. Aber außer dem

Heiligen Geist wirkt natürlich auch der Geist der Politik. Es gibt Favoriten, die seit Tagen von der Presse diskutiert werden. Jeder Kardinal hat seine Vorstellung, wie die Kirche geleitet werden und wie sie Stellung beziehen soll in der Gegenwart. Hinter den Kulissen werden Chancen für einzelne Kandidaten sehr diskret ausgelotet. Unterhändler sprechen in Halbsätzen, in Andeutungen, aber für die Eingeweihten sind die Botschaften eindeutig herauszuhören. So entstehen Fraktionen. Der Leitung und der Hilfe des Heiligen Geistes haben sich die Kardinäle in der Messe vor dem Beginn des Konklaves versichert. Joseph Kardinal Ratzinger hält die Predigt, die sich wie eine Ermahnung liest. Die Wahl des Papstes wird von existentieller Bedeutung für die Kirche sein. Die Kardinäle können sich keine Fehlentscheidung leisten, denn die Welt befindet sich in einem Umbruch, dessen Ausmaß von der Öffentlichkeit und vor allem vom handelnden politischen Personal in der kurzen Perspektive ihres tagespolitischen Agierens noch gar nicht in der Dimension wahrgenommen wird, und für die Kirche äußert sich der Paradigmenwechsel als Krise. Mit wachsender Spannung erwarten nicht nur die über eine Milliarde Katholiken aus der ganzen Welt den Ausgang der Wahl, sondern auch viele Menschen, die anderen Religionen angehören oder an keinen Gott glauben. Bei all den sehr ernsten Zeichen der Krise ist der Katholizismus immer noch eine Weltmacht, die sich weder auf Staatsgewalt, sieht man einmal vom kleinen Vatikanstaat ab, noch auf Armeen und schon gar nicht auf den weltweit agierenden Terror, sondern lediglich auf das Wort stützen kann. Aber das Wort hat immense Bedeutung. Eindrucksvoller als in diesen Tagen kann man das nicht erleben. Um wie viel größer aber ist deshalb auch die Spannung in diesen Stunden und Tagen gerade in Rom bei den Tausenden, die sich an diesem Dienstag wieder auf dem Petersplatz versammelt haben und dort ausharren, bis endlich der erlösende weiße Rauch aus dem Kamin steigen wird.

Die Kardinäle haben sich ins Konklave zurückgezogen, und kein Wort, kein Zwischenstand, wie wir es von unseren Wahlprognosen und Hochrechnungen gewohnt sind, wird aus der Abgeschirmtheit des Konklaves dringen. Den Vorsitz im Kardinalskollegium führt der Dekan, der Mann, der dafür verantwortlich ist, das Kollegium einzuberufen, der die Themen für die Sitzungen formuliert und die Sitzungen auch leitet. Vor drei Jahren wählte das Kollegium Joseph Kardinal Ratzinger zum Dekan. Der Dekan hat seine Kollegen nachdrücklich zum Schweigen gegenüber den Medien verpflichtet, wie es Johannes Paul II. 1996 festgelegt hatte. Nicht nur das. Die Sixtinische Kapelle wurde professionell und sehr gründlich nach Wanzen, also nach Abhörgeräten durchsucht und das Dienstpersonal mit dem Verlust des Arbeitsplatzes und der Exkommunikation bedroht, falls es jemand wagen sollte, auch nur die kleinste und unbedeutendste Information an eine dritte Person weiterzugeben, ganz gleich, ob es sich dabei um Medienvertreter handelt oder nicht. Sie wurden sogar vereidigt, die Diener, die Köche, die Reinigungsleute. Nur Geheimniskrämerei?

Inzwischen hat sich das große Publikum in der westlichen Welt an Wahlsendungen gewöhnt, die zu Wahlshows, zu einem durchkalkulierten Unterhaltungsevent geworden sind, bestehend aus einer Unmenge statistischen Materials, das scheinbar analysiert wird, und dem rasanten Wettrennen der Hochrechnungen. Warum also nicht einfach ein paar Kameras in die Sixtinische Kapelle montieren? Big Brother zog schließlich inzwischen auch ins Allerheiligste der deutschen Demokratie, in einen Untersuchungsausschuss des Parlaments ein. Weshalb nicht statt Visa-TV Konklave-TV? Warum also diese wichtigtuerische und antiquierte Heimlichtuerei des Vatikans fortsetzen? Wäre jetzt nicht der geeignete Moment gekommen für mehr Transparenz, für Glasnost im Kirchenstaat? Oder ist der Kardinaldekan, der im Hauptberuf »Großinquisitor« war, ein Mann von gestern, ein Mann, dessen Modernität bei der Erfindung des Buchdrucks endet? Es heißt, dass er nicht einmal in der Lage sei, ein Auto zu steuern?

Für die Kardinäle und für die Kirche ist die Papstwahl zu wichtig, zu einzigartig, um sich den Spielregeln der Mediengesellschaft zu unterwerfen. Ihre Spielregeln für die Wahl sind älter, beinah eintausend Jahre alt. Nicht die geringste Information gelangt an die Öffentlichkeit. So steigt die Spannung ins Unermessliche. Die Wetten in den Wettbüros laufen heiß. Dabei ist voraussichtlich erst die Hälfte der Zeit herum, denn Vatikanexperten schätzen, dass am Donnerstag die Kardinäle sich geeinigt haben werden, also vier Tage nach dem Einzug ins Konklave. In der Geschichte gab es Papstwahlen, die sich über Wochen, manche über Monate, im Mittelalter sogar einige über Jahre hingezogen hatten. Und heute ist erst Dienstag, zwei Tage und zwei Wahlgänge sind erst vergangen. Doch daran denken die harrenden Menschen auf dem Petersplatz nicht. Sie warten auf das Ende des vierten Wahlganges. Sie warten auf das Ende der papstlosen Zeit, der so genannten Sedisvakanz, der Zeit des leeren Stuhls Petri, der Zeit, in der es keinen Heiligen Vater gibt und die katholische Kirche seltsam verwundbar wirkt, weil alles plötzlich zum Provisorium geworden ist, bis ein neuer Stellvertreter Christi nach außen die Richtung bestimmt und die Katholiken in sein Amtscharisma hüllt wie in einen schützenden Mantel. Zweimal haben die Menschen auf dem Petersplatz bereits schwarzen Rauch gesehen, zweimal mussten sie feststellen, dass die Kardinäle sich nicht auf einen Kandidaten einigen konnten. Und für einen der Favoriten läuft unerbittlich die Zeit davon, denn Joseph Kardinal Ratzinger hat von Anfang an durchblicken lassen, dass er nicht beliebig oft und nicht für beliebig viele Wahlgänge zur Verfügung stünde. Anders als man es von weltlichen Politikern kennt, hält er sich an das, was er sagt. Das »was kümmert mich mein Geschwätz von vor einer Stunde« ist ihm zutiefst fremd. Man kann das konservativ nennen, aber vor allem ist es verlässlich. Ist Joseph Kardinal Ratzinger überhaupt ein Favorit? Kann ein Deutscher denn Papst werden? Ein Italiener ist wahrscheinlich, ein Südamerikaner möglich, ein afrikanischer Papst wünschenswert. Immer wieder bringen die Medien die Namen von *papabili* ins Spiel, d. h. von Kardinälen, die über genügend Rückhalt in der Kurie und über ein klares Profil verfügen, um zum Papst gewählt werden zu können. Sei es der brasilianische Kardinal Cláudio Hummes oder der Argentinier Jorge Mario Bergoglio, seien es die Italiener Scola, Tettamanzi oder Martini. Obwohl Ratzinger eine natürliche Autorität unter seinen Kollegen ausstrahlt, wirkt die Idee eines deutschen Papstes so fern, dass selbst Bruder Georg am Vortag noch der Münchener Abendzeitung sagte: »Mein Bruder wird bestimmt nicht Papst.«

Die Stimmung auf dem Petersplatz verändert sich spürbar. Erst entdecken es einige, dann mehr Menschen auf dem Platz, dass Rauch aufsteigt. Endlich. Sie weisen sich gegenseitig darauf hin.

Der gusseiserne Ofen, in dem der Rauch erzeugt wird, wurde zum ersten Mal im März 1939 benutzt, als das Kardinalskollegium Eugenio Pacelli, der sich dann Pius XII. nannte, zum neuen Papst wählte. Der Ofen ist in der Mitte der Sixtinischen Kapelle aufgestellt. Angestellte montierten auf das Dach der Kapelle einen Blechkamin. Ein zweiter gusseiserner Ofen dient dazu, den Kamin zu erwärmen, so dass der Rauch besser aufsteigen kann. Anschließend werden bereitstehende Chemikalien beigemischt, um den Rauch weiß oder schwarz erscheinen zu lassen. Davor benutzte man nasses oder trockenes Stroh. Die alte Mär, dass der schwarze Rauch zu Stande kommt, weil die Wahlzettel bei einer erfolglosen Wahl verbrannt werden, entspricht, so ökologisch und romantisch sie klingen mag, leider nicht der Realität, denn die Wahlzettel werden auch bei geglückter Wahl verbrannt. Doch trotz der gründlichen Vorbereitungen können die vielen Beobachter auf dem Petersplatz nicht eindeutig erkennen, ob der Rauch wieder schwarz oder endlich weiß ist. Die Stimmung erreicht ein Höchstmaß an Konzentration, an Spannung, an Erwartung: Es ist, als ob die Christenheit in dieser Minute auf dem Petersplatz den Atem anhält. Die nicht unwahrscheinliche Möglichkeit, dass die richtige Farbe des Rauchs nicht sofort zu erkennen sein könnte, wurde von vornherein berücksichtigt, deshalb sollte das Aufsteigen des weißen Rauches mit dem Läuten der Glocken verbunden werden. Doch die Glocken schweigen. Und die Gläubigen beginnen sich zu fragen, ob sie einen neuen Papst haben oder auf den morgigen Tag warten müssen.

Doch wenige Minuten später wird der Rauch eindeutig weiß, und schließlich erklingen auch die Glocken des Petersdoms, mächtig und für die Wartenden erlösend. Was anfangs lediglich Hoffnung war, wird nun auf dem Petersplatz schöne Gewissheit: Die Kardinäle haben den 265. Papst in der Geschichte der römisch-katholischen Kirche gewählt. Die Nachricht verbreitet sich dank der Medien in *urbi* und *orbi*, in der Stadt und im Weltkreis gleichermaßen rasant, und immer mehr Menschen drängen zum Petersplatz, um den neuen Papst zu erblicken. Doch noch müssen sie sich gedulden, seinen Namen zu erfahren und ihn zu sehen. Getreu des alten Brauchs wird der neue Papst vom Zeremonienmeister und dem Kardinalkämmerer in das Tränenzimmer des Apostolischen Palastes geführt. In diesem Zimmer befinden sich drei Papstsoutanen in verschiedener Größe. Das war nicht immer so. Als Roncalli, der sich Johannes XXIII. nannte, den Ornat anlegen sollte, stellte sich heraus, dass er zu klein dafür war, und brachte deshalb die Schneider erst in arge Verlegenheit, dann ins Schwitzen. Seitdem gibt es drei Ornatsgrößen. Kein Amt auf dieser Welt steht in einer annähernd großen historischen Tradition und verlangt mehr an Verantwortung. Nach katholischer Lehrmeinung ist der Papst der Stellvertreter Christi auf Erden. Ist es da nicht nur zu natürlich, dass der Kardinal, der aus dem Kreis seiner Kollegen zum Mittler zwischen Himmel und Erde, zumindest für 1,1 Milliarden Katholiken auf der ganzen Welt wird, überwältigt ist von der Größe der Aufgabe, der Schwere der Verantwortung und schließlich im Gemüt tief bewegt in Tränen ausbricht. Deshalb trägt dieses Zimmer, in dem der neue Papst die Kardinalskleider ab- und das Papstornat anlegt, diesen auf den ersten Blick merkwürdigen, bei genauerem Hinsehen aber sehr verständlichen Namen: Tränenzimmer. Es ist inzwischen 18.40 Uhr, und die Menschen auf dem Petersplatz rufen in aufbrausenden Sprechchören »Viva il Papa« (»Lang lebe der Papst«). Keine vier Minuten später erscheint auf dem Mittelbalkon des Petersdoms der Kardinalprotodiakon Jorge Arturo Medina Estévez. Nun erreicht die Spannung den Siedepunkt. Und Estévez genießt es augenscheinlich, den Gläubigen die frohe Botschaft zu bringen. Immer wieder lässt er zwischen den einzelnen Wörtern und Wortgruppen der traditionellen und sehr alten Formel wirkungsvolle Pausen, die den Menschen die Gelegenheit geben zu jubeln, ihre Freude auszudrücken, die ungeheure Spannung des Augenblicks zu erleben: »Annuntio vobis gaudium magnum. Habemus papam: Eminentissimum ac Reverendissimum Dominum, Dominum Josephum, Sanctae Romanae Ecclesiae Cardinalem Ratzinger qui sibi nomen imposuit Benedictum XVI« Wie ein überwältigender Chor antworten die Menschen mit Jubel und mit Benedetto-Rufen. Tremoliert hatte Estévez: »Ich verkünde Ihnen eine große Freude. Wir haben einen Papst. Einen hervorragenden und höchstzuverehrenden Herrn, Herrn Joseph der Heiligen Römischen Kirche Kardinal Ratzinger, der sich den Namen Benedikt XVI. gegeben hat.«

Das Undenkbare ist geschehen, ein deutscher Kardinal wurde zum ersten Mal seit 500 Jahren zum Papst gewählt, genau genommen seit 900 Jahren, denn jener Hadrian VI. war im strengen Sinne ein Niederländer, der nur im Jurisdiktionsbereich des Heiligen Römischen Reichs deutscher Nation gelebt und gewirkt hatte.

Nach Estévez' Verkündigung betritt der neue Papst Benedikt XVI. den Mittelbalkon, und die Welt sieht einen gelösten, einen glücklichen Mann, der die Hände hebt und segnet und alle in seinen Segen einbeziehen möchte. Sein ganzes Wesen wird in diesen Minuten auf dem Balkon von einer großen Freude ausgefüllt, aber es ist eine sehr menschliche Freude, die er mit allen teilen möchte. Dieser eher scheue Mensch genießt die Euphorie der Massen, weil darin für ihn das Wesen der Kirche besteht, in dem Eins-sein. Was ihm niemand, der ihn nicht näher kennt, zugetraut hätte, dieser als kühl geltende Gelehrte erobert die Herzen der Menschen auf dem Petersplatz im Sturm. Seine ersten Worte bringen die Gefühle der Zuhörer zum Klingen: »... nach dem großartigen Papst Johannes Paul II. haben die Herren Kardinäle mich, einen einfachen und demütigen Arbeiter im Weinberg des Herren, zum Diener der Kirche gewählt. Mich tröstet, dass der Herr auch mit unzureichenden Mitteln regieren und arbeiten kann.«

Die Fahrt, einige Tage später, nach der Messe zur Amtseinführung, in der offenen Limousine durch die Menge, wird zum

Triumphzug, und Ratzinger kommt den Menschen, die ihn begeistert als neuen Papst begrüßen, nahe, sehr nahe. Die Nähe, die er zu den Menschen sucht, ist eines seiner ersten Zeichen als Papst. Diese Nähe genießt er, er saugt sie mit allen Poren auf, denn so zurückgezogen er auch leben mag, so ist er auch Priester und will wirken. Das darf man bei ihm nicht unterschätzen. Immer wieder hat er sich gewünscht, nach seiner Pensionierung als Präfekt der Glaubenskongregation endlich längst geplante Bücher schreiben zu können, am Abend des Lebens noch einmal Zeit für die innig geliebte Wissenschaft zu haben. Nun wird es dazu nicht mehr kommen, denn Joseph Aloysius Ratzinger ist nun Benedikt XVI., der Papst der katholischen Kirche, ein Amt, das man üblicherweise bis zu seinem letzten Tag auf Erden wahrnimmt. Die Geschichte kennt nur einen einzigen Rücktritt, und zwar von Coelestin V., der eigentlich ein weltabgeschiedener Eremit auf dem Berg Morone war und den die Kurie holte, weil sie sich moralisch so diskreditiert hatte, dass sie ihr Glück darin suchte, einen heilig lebenden Mann einzusetzen. Dieser kannte sich weder in der Verwaltung aus, noch sprach er Latein, auch wusch er sich nicht. Er ernannte ständig neue Kardinäle, stimmte in seinen Entscheidungen mal dem einen, mal dem anderen zu, so dass ein großes Chaos entstand. Ein Zeitgenosse bemerkte: »Er regiert nicht aus der Fülle seine Macht, sondern aus der Fülle seiner Einfalt.« Nach fünf Monaten trat er zurück. Die Kurie hielt ihn dann in einem Kloster gefangen, so dass sich niemand seiner Einfalt bemächtigen konnte.

Seine Kirche hat Benedikt XVI. das höchste Amt gegeben, das sie zu vergeben hat. Der Stellvertreter Christi auf Erden und somit auch Mittler zwischen Gott und den Menschen zu sein muss notwendigerweise die Kraft eines Menschen übersteigen. Deshalb kokettierte der neue Papst nicht, als er sich damit tröstete, dass Gott auch mit unzureichendem Werkzeug arbeiten kann. Dieser totale Anspruch, mit dem der neue Papst von nun an täglich konfrontiert wird, erklärt das tiefe menschliche Mitgefühl, die Sorge seines Bruders Georg Ratzinger, der ihn verschont von dem Amt wissen wollte. Denn im Verständnis der Kirche hat Gott durch die Wahl der Kardinäle diesen Mann zum Papst bestimmt, und er wird dieses Amt so lange ausführen, bis Gott ihn abberuft.

Aber was macht dieses Amt so einzigartig? Warum diese Begeisterung, warum dieses Warten so vieler Menschen? Was macht dieses Amt so wichtig, dass Menschen dafür alles stehen und liegen lassen und zur Beerdigung oder Wahl des neuen Papstes nach Rom pilgern? Vergleicht man die öffentliche Wahrnehmung des Todes von Johannes Paul II. und der Wahl Benedikts XVI., erkennt man sehr deutlich, dass auch die katholische Kirche im Medienzeitalter angekommen ist, dass sie die Medien bewusst und geschickt nutzt, um ihre Botschaften zu übermitteln. Als Joseph Kardinal Ratzinger am 19. April gegen 18.30 Uhr die Gewänder anlegt, die ihn als Papst kenntlich machen, übernimmt er ein zweitausend Jahre altes Amt und stellt sich in die Kontinuität einer ungeheueren, einer einzigartigen Geschichte.

DER HEILIGE VATER

Der theologische Schriftsteller Johann Auer hat in der »Kleinen Katholischen Dogmatik«, die er gemeinsam mit Joseph Ratzinger verfasst hat, die Besonderheit des Papsttums zu fassen gesucht. Das Geheimnis »des Petrusamtes und des Papsttums ist, dass es in dieser Welt und für diese Welt und doch nicht von dieser Welt ist.«[1] In diesem Satz findet sich das ganze Amtsverständnis des Papsttums wieder. Es soll und es muss in der Welt wirken, dazu ist es da, es ist gleichzeitig auch den speziellen Anforderungen der jeweiligen Zeit ausgesetzt und darf sich dennoch nicht ganz auf diese Zeit einlassen, denn es ist nicht ganz von dieser Welt. In vielen Jahrhunderten haben Menschen an der Gestalt des Papsttums gearbeitet, immer wieder Erfahrungen einfließen lassen und die Mechanismen verfeinert. Wie ein selbst lernender Organismus hat es über die lange Zeit an seiner heutigen Gestalt gefeilt. Aber damit nicht genug. Richtung und Kontinuität des Gestaltens wurden gewährleistet durch die Fixpunkte katholischen Denkens: die Bibel einerseits und andererseits die Überlieferung der katholischen Kirche, die erstens in der Praxis katholischen Lebens, wie sie in der Liturgie ausgebildet ist, besteht und zweitens in der sehr langen Geschichte katholischen Denkens, die in dem Bemühen der Theologie, Gott zu verstehen, von den Kirchenvätern seit den Tagen des Paulus Gestalt annahm. Diese Fixpunkte sind dem Priester und dem Professor der katholischen Dogmatik, Joseph Ratzinger, geläufig, gehören für ihn zum Einmaleins. Im Matthäusevangelium verkündet Jesus dem Jünger Simon: »Du bist Petrus, und auf diesen Fels will ich meine Kirche bauen.« So wird Simon zu Petrus, zum Stellvertreter Christi auf Erden, zum Mittelpunkt der Kirche, zum Vermittler zwischen Gott und Mensch, zum Wahrer des Glaubens. Begründet wurde diese lückenlose Kontinuität durch den Bischof Irenäus aus Lyon, der ein bedeutender Theologe des 2. Jahrhunderts war und als erster eine Papstliste veröffentlichte, die lückenlos von Petrus beginnend bis zur Zeit des Irenäus die Namen und Pontifikate der Päpste aufzählte. Damit stellte er die Kontinuität des Papsttums her, von Petrus, der das Amt von Christus selbst übernahm, bis in seine Zeit und schuf damit die Basis, auf der die Chronologie der Pontifikate bis heute aufbaut. So verheißt es eine höchst umstrittene Tradition. 263 Päpste vor Benedikt XVI. übernahm Linus von Petrus selbst die Nachfolge Christi, zu einer Zeit, als es in Rom vermutlich der lebensgefährlichste Job war, den man annehmen konnte. Christ zu sein bedeutete damals, ein sicheres Recht darauf zu besitzen, grausam gefoltert, gekreuzigt und quälend getötet zu werden. Die ersten Päpste sind auch als Märtyrer für ihren Glauben gestorben. Diese martyrologische Erfahrung des Amtes darf man nicht unterschätzen. Ein Amt, das mit so enormen persönlichen Risiken für seine Träger verbunden war, dennoch dem Zeitgeist und der Gewalt getrotzt hat, entwickelt ein eigenes Selbstverständnis und eine eigene historische Perspektive. Diese Komponente ist Benedikt XVI. ausgesprochen präsent. Wie wenige ist er mit der Frühzeit der Kirche vertraut, ein exzellenter Historiker, der in der Überlieferung der Kirche den Willen Gottes entdeckt. Für ihn verkörpert diese Überlieferung einen Teil des geschichtlichen Handelns Gottes. Bereits als junger Theologe befragte Joseph Ratzinger die Kirchenväter, die Männer, die der jungen Kirche Theologie und Verfassung gaben. Den tiefsten und nachhaltigsten Eindruck machte dabei Augustinus auf ihn, über den er auch promovierte und den er seit den Anfängen seiner wissenschaftlichen Beschäftigung seit nunmehr fast fünfzig Jahren immer wieder befragt. Über die Jahrzehnte wird für ihn aus dem Bezug eine Gewissheit, in dem Maß, wie zu eigenen Erfahrungen Erkenntnisse aus der wissenschaftlichen Arbeit stoßen und umgekehrt. Joseph Ratzinger hat immer wieder gesagt, dass er sich in seinen Ansichten über die Jahre nicht verändert habe, seine Kritiker behaupten das Gegenteil, indem sie den jungen Theologen, den Reformer auf dem II. Vaticanum gegen den kompromisslosen Konservativen, den Präfekten der Glaubenskongregation stellen. Lassen wir einstweilen noch offen, wer Recht hat, unbestritten aber und wichtig zum Verständnis des Papstes ist, dass die Erfahrungen der frühen Kirche und der Kirchenväter für ihn geistig und geistlich prägend geworden sind, ja mehr noch, dass sie das große geistige und seelische Abenteuer seines Lebens bedeuten.

Unter großen Anstrengungen, unter persönlichen Opfern, unter aufreibenden Diskussionen, einem uns Heutigen kaum noch verständlichen Ringen um Positionen, die uns nichts mehr sagen, wird im ersten Jahrtausend aus christlichen Gruppen allmählich die katholische Kirche, die in der Folge atemberaubend an geistlicher und an weltlicher Macht hinzugewinnt. Joseph Ratzinger wird in einem Gespräch mit Peter Seewald skeptisch die weltlichen Ansprüche und Herrschaftsgelüste der Kirche beurteilen, weil sie immer mit einem Verlust an geistlicher Macht einhergingen und einhergehen würden. Doch diese überragende Bedeutung konnte die Kirche nur erlangen, indem sich ein starkes, absolutes, selbstverständliches Zentrum herausbildete. Insofern ist für Benedikt XVI. die Erfahrung der Kirche genauso wichtig wie die Heilige Schrift, weil sie für ihn, theologisch ausgedrückt, die gelebte Offenbarung Gottes ist. Über Petrus, der das Stellvertreteramt von Jesus empfing, wurde es von Papst zu Papst weitergereicht. Heute existiert keine Institution, die älter als das Papsttum ist. Selbst die europäischen Königshäuser erscheinen uns im Vergleich dazu wie eine Versammlung von Teenagern.

Das macht das Amt des Papstes so einzigartig, aber nicht nur das, denn Matthäus berichtet in der oben zitierten Stelle noch mehr aus dem Gespräch zwischen Jesus und Petrus, dem Jesus Christus verheißt: »Ich werde dir die Schlüssel des Himmelreiches geben, und was du auf Erden binden wirst, das wird im Himmel gebunden sein, und was du auf Erden lösen wirst, das wird im Himmel gelöst sein.« Der Papst stellt nicht nur das Oberhaupt der katholischen Kirche dar, er übernimmt auch die Schlüsselgewalt, er darf lösen und binden, er darf Menschen ausschließen aus der Gemeinschaft der Gläubigen, ihnen die Sakramente verweigern, er darf aber auch Menschen selig oder heilig sprechen. Er ist der Fels in der Brandung der Alltäglichkeit, der den Gläubigen Orientierung geben muss in einer Welt, die für das Individuum unverständlich und gefährlich ist. So lautet heute der volle Titel des Papstes: »Bischof von Rom, Statthalter Jesu Christi, Nachfolger des Apostelfürsten, Summus Pontifex der gesamten Kirche, Patriarch des Abendlandes, Primas von Italien, Erzbischof und Metropolit der römischen Kirchenprovinz, Souverän des Staates der Vatikanstadt«. Zunächst gilt der Papst als *primus inter pares*, als Erster unter Gleichen, denn er ist Bischof wie andere auch, nämlich der Bischof von Rom. Zunächst waren auch die ersten Päpste lediglich die Bischöfe von Rom, die aber schon eine gewisse zentrierende und teilweise auch integrierende Rolle eingenommen hatten, also auch tatsächlich die Ersten unter Gleichen darstellten. Die Besonderheit des Bischofs von Rom ergab sich daraus, dass er das Amt von Petrus, dem Apostelfürsten übernahm und mithin von Jesus Christus, also so zum direkten Statthalter Christi wurde. Die schweren und komplizierten Glaubensstreitigkeiten, die im frühen Christentum nur die dissonante Begleitmusik des Findens eines Kanons oder – bildlich ausgedrückt – einer geistlichen Verfassung gab, verlangten, wollte man nicht in tausend sich bekriegenden Sekten zerfallen, eine oberste Instanz, die integriert und letzte Entscheidungen fällt, wie es schließlich das I. Vatikanische Konzil 1870 definierte, einen *Summus Pontifex* der gesamten Kirche. So stand beispielsweise keinesfalls von Anfang an die Trinität fest, die Gemeinsamkeit von Gott Vater, Sohn und Heiligem Geist. Auf den Marktplätzen und auf den Konzilien diskutierten die ersten Christen heftig darüber, ob Jesus Christus der Sohn Gottes, Gott also wesensgleich sei, oder ob er nur als gottähnlich angesehen werden dürfe.

Das Integrieren und das Entscheiden sind in dem Begriff gleichermaßen präsent, denn *Pontifex* heißt eigentlich Brückenbauer, oder noch genauer Pfadbahner. Hieraus ergibt sich für Benedikt XVI. eine wichtige Aufgabe, nicht nur Hüter des Glaubens, sondern auch Brückenbauer zu werden. Ein Teil der nach der Wahl zum Papst formulierten Skepsis bezieht sich exakt auf diesen Punkt.

Der Pontifex gehörte als Priester der römischen Staatspriesterkaste der *pontifices* an. Der ranghöchste Priester im antiken Rom hieß *pontifex maximus*. Diesen Titel trugen bis Konstantin dem Großen die römischen Kaiser, dann ging er auf den Papst über. Interessanterweise wurde die Verwaltungsstruktur der Kirche vom Römischen Reich adaptiert. *Pontifex* bedeutet lateinisch aber auch Bischof, und der *Pontifex Summus* ist der Oberste Bischof, der Bischof der Bischöfe. Zuerst wird in den Titeln des Papstes also die Stellung in der Tradition geklärt, dann werden die Herrschaftsbereiche definiert: Haupt der gesamten Kirche, Haupt des Abendlandes, und, nachdem es zum großen Schisma kam und die Ostkirche und die Westkirche sich 1054 trennten, schließlich Vorsteher der italienischen Kirche und weiter eingegrenzt Chef der römischen Kirchenprovinz. Durch die Lateranverträge von 1929 mit dem italienischen Staat wurde aus der Vatikanstadt der Vatikanstaat, also ein völkerrechtliches Gebilde. Deshalb ist der Papst seitdem auch Staatsoberhaupt, in seiner Funktion als Souverän des Vatikanstaates.

Benedikt XVI. sieht diese Staatlichkeit, die von der eigentlichen Aufgabe der Seelsorge ablenkt, eher als notwendiges Übel, denn sie allein garantiert die weltliche Unabhängigkeit des Papstes. Durch die völkerrechtliche Selbständigkeit lebt der Papst auf eigenem Territorium und befindet sich nicht im Regierungs- und Machtbereich eines weltlichen Herrschers. Was es bedeutet, sich letztlich in den Händen eines weltlichen Souveräns zu befinden, notfalls auch seine Geisel zu sein, hatten die Päpste im Laufe der Geschichte hinreichend leidvoll erfahren.

Das Papstamt hebt den Menschen auf eine geradezu Schwindel erregende Höhe, er wird direkter Mittler zwischen Christus und den Menschen. Im Gegenzug ist er vor Gott auch verantwortlich für den Zustand seiner Kirche. Als absoluter Fürst herrscht er unumschränkt, autokratisch, durch keine irdische Instanz kontrolliert.

Wen er auf Erden nach den dafür geltenden Regeln heilig spricht, der hat im Himmel einen Fensterplatz. Manche Päpste wie beispielsweise Gregor VII., der Reformpapst, der den deutschen Kaiser Heinrich IV. nach Canossa zwang, meinten sogar, dass das Amt selbst heilige. In der Anrede Heiliger Vater drückt sich dieser fromme Wunsch, diese Vorstellung aus. Inwieweit Gregors Vorstellung mit der Wirklichkeit übereinstimmte, soll dahingestellt bleiben. Aber Machtfülle und moralische Autorität des Heiligen Vaters in der katholischen Kirche und im Vatikanstaat sind praktisch unbegrenzt. Es gibt kein Amt, das einen Menschen auch nur in eine ähnliche – auch im Wortsinn – absolute Stellung bringt. Sein Wort gilt für die Katholiken mehr als ein Gesetz, wenn er *ex cathedra* spricht, denn der Richter wäre im Falle der Zuwiderhandlung nicht irgendein Staatsbeamter, sondern der himmlische Richter. Es geht um nichts Geringeres als um die ewige Seligkeit. Das ist die Perspektive. Deshalb wird vor den Augen des Papstes nach seiner Wahl dreimal ein Wergbüschel verbrannt. Dazu wird ihm mahnend gesagt: »Sancte Pater, sic transit gloria mundi!« – »Heiliger Vater, so vergeht die Herrlichkeit der Welt!« Demut wird heftig anempfohlen. Mit so viel Macht muss maßvoll, behutsam und klug umgegangen werden. Das verlangt vom Amtsträger eine ganz außerordentliche menschliche Reife. Deshalb ist die Wahl eines neuen Papstes für die Gläubigen, aber auch für die Welt ein so entscheidendes Ereignis. Joseph Ratzinger hat einmal zu Bedenken gegeben, dass niemand sich die ungeheure Katastrophe auszumalen vermag, die es für die Menschheit bedeuten würde, wenn das Papsttum als moralische und unabhängige Weltinstanz, die keiner irdischen Macht noch einer irdischen Konjunktur verpflichtet ist, verschwände, welchen zivilisatorischen Dammbruch das nach sich zöge.

Das Primat des Papsttums stand und steht im Spannungsverhältnis zum Episkopalismus, einer Vorstellung, die mehr Macht den Bischöfen einräumt, und zum Konziliarismus, der die Bestimmung der Grundlinien, welche Richtung die Kirche einschlägt und wie sie sich zu grundlegenden Fragen verhält, regelmäßig stattfindenden Versammlungen der Kirchenoberen übertragen möchte. Immer wieder haben die Vorsteher der Ortskirchen darauf aufmerksam gemacht, dass sie die praktischen Probleme der Gläubigen und der konkreten Kirche vor Ort wesentlich besser kennen und sie deshalb ein größeres Mitspracherecht und eine weiter gefasste Freiheit in den Entscheidungen wünschen. Holzschnittartig betrachtet, stehen sich hier der römische Zentralismus und der Dezentralismus der Ortskirchen gegenüber. Wie dieses Spannungsverhältnis in einer produktiven Balance austariert werden wird, gehört zu den wesentlichen und drängenden Fragen des neuen Papstes. Natürlich kann Benedikt XVI. ein Jahrtausende währendes Verhältnis nicht einfach auflösen, aber er wird dieses Verhältnis für sein Pontifikat neu definieren. Auch wenn äußerlich die Kontinuität zu seinem Vorgänger in Worten gewahrt bleibt, wird er hier eher still neue Akzente setzen. Überraschungen wird es in diesem Pontifikat geben, aber sie werden sich aller Voraussicht nach in großer Ruhe vollziehen. Denn die Prozesse, wie wir noch sehen werden, sind bereits längst im Gang.

Der zweite Spannungspunkt ist die Forderung nach einem Konzil. Die Konzilien haben bei allem Petrusbezug in Wirklichkeit die Kirche erst geschaffen. Im ersten Jahrtausend gab es acht große Konzilien, die alle wichtigen Glaubens-, Liturgie- und Verfassungsfragen regelten. Darauf kann hier nicht im Einzelnen eingegangen werden, ebenfalls nicht auf die Konzilien im Mittelalter und auf das I. Vaticanum im 19. Jahrhundert. Das II. Vaticanum von 1962 bis 1965, an dem der junge Theologe Joseph Ratzinger wesentlich beteiligt war, wurde als Aufbruch verstanden, als große Reform, durch die sich die Kirche der Welt öffnet und der Entwicklung auf unserem Erdball Rechnung trägt. Es kam dazu, weil es in der Kirche ein starkes Gefühl gab, dass sie nicht zurückbleiben dürfe, sondern mitten in das Leben hineinspringen müsse. So hatte es der populäre Johannes XXIII. gefordert. Konzilien finden nicht jeden Tag statt und müssen lange und klug vorbereitet sein. Doch dazu später, wenn wir den jungen Konzilsberater Joseph Ratzinger nach Rom zum II. Vaticanum begleiten.

Es gibt heute Stimmen in der Kirche, die nachhaltig ein neues Konzil fordern. Ihnen schwebt vor, dass das Konzil zu einer regelmäßigen Einrichtung wird, die die Tätigkeit des Papstes überprüft und bewertet, also eine Art Parlament mit dem Papst als Kanzler oder Premierminister. Der frühere Präfekt der Glaubenskongregation, Joseph Ratzinger, meint hingegen, dass das II. Vatikanische Konzil noch nicht einmal richtig ausgewertet worden sei. Es will scheinen, als ob er die Forderung nach einem Konzil, den Konziliarismus durch Konzessionen an den Episkopalismus aushebeln will, indem Benedikt XVI. eine neue und intensivere Zusammenarbeit mit den Bischöfen entwickelt, die ausgehen wird von den Bischofskonferenzen und den *Ad-limina*-Besuchen der Bischöfe in Rom. Wörtlich bedeutet *ad limina* an die Schwelle oder an die Grenze gehen. Diese Besuche, die in den letzten Jahren intensiviert worden sind, gehen auf Papst Sixtus V. zurück, der 1585 verfügt hatte, dass die Bischöfe, die Oberhirten der Regionen regelmäßig nach Rom reisen müssten, um über die Entwicklung in ihrer Diözese zu berichten. Im Vergleich zu früheren Zeiten werden die *ad limina* durch die Möglichkeit schellen Reisens natürlich stark vereinfacht. Ein Bischof aus Brasilien muss keine lange Schiffsreise mehr antreten, sondern ist in wenigen Stunden mit dem Flugzeug in Rom. Moderne Verkehrsmittel beschleunigen die Kommunikation der Kurie.

DER WEG DURCHS KONKLAVE

Wie sehr Joseph Kardinal Ratzinger das Amt angestrebt hat, ob er es mit allen Fasern seines Herzen auch wirklich gewollt hat, lässt sich noch nicht mit großer Sicherheit sagen, aber es fällt zumindest auf, dass er mit hoher Virtuosität alles richtig gemacht hat, um schließlich auch gewählt zu werden. Wieder einmal hat sich Kafkas Satz »Es lohnt sich, nicht feige zu sein« bestätigt. Denn der Präfekt der Glaubenskongregation handelte alles andere als feige, diplomatisch oder beschwichtigend. Er hat klar und deutlich erklärt, zuletzt bei der Predigt zur Messe, die die Kardinäle vor dem Einzug ins Konklave feiern, wofür er steht und wofür nicht. Diese Predigt wurde nicht zu Unrecht als Bewerbungsrede um das Amt des Papstes gewertet. Umso erstaunlicher, dass die Predigt herausfordert, anstatt sich Liebkind zu machen. Was ging der Predigt voraus? Das Pontifikat Johannes Pauls II. gehört zu den prägendsten und außergewöhnlichsten in der Geschichte der katholischen Kirche. Und Joseph Kardinal Ratzinger war ab 1982 als enger Mitarbeiter und Vertrauter des Papstes mit dabei. Die Politik des Vatikans, die Aktivitäten des Papstes wurden von ihm mit verfasst und theologisch fundiert. In den 26 Jahren seiner Amtszeit vermochte es Johannes Paul II. sehr wirksam, beispielsweise beim Zusammenbruch des Kommunismus zu helfen, indem er den Menschen immer wieder Mut machte, besonders in seiner polnischen Heimat. Er bereiste beinah alle Länder der Erde, traf unzählige Menschen und vermittelte bis in den Tod hinein persönlich und anschaulich gelebtes Christentum. Damit wirkte er authentisch und vermochte es, die Jugend zu begeistern. Hier entwickelte sich ein ganz eigenes, hoffnungsvolles Verhältnis. Dieser Papst fand seinen Weg – wie vor ihm zuletzt Johannes XXIII. seine Form gefunden hatte – von der äußerlichen Kühle und Ferne des Amtes in die Herzen der Menschen, indem er sich so zeigte wie er war und sich nicht verstellte oder vordergründig politisch nach Opportunitäten schielend handelte. Man musste nicht in allen Fragen mit ihm übereinstimmen, doch biederte er sich der öffentlichen Meinung nicht an und sorgte so für eine wahrhafte Auseinandersetzung um die zentralen moralischen Fragen. Politiker neigen dazu, den Menschen auf das Maß der Nützlichkeit für die eigene Karriere und die eigene Macht zu reduzieren. So war auf der einen Seite der Irakkriegsgegner Johannes Paul II. in Deutschland immer willkommen, der Gegner des Schwangerschaftsabbruches, wie immer man auch dazu stehen mag, wurde auf der anderen Seite von den gleichen Politikern totgeschwiegen oder heftig kritisiert. Der Irakkriegsgegner war für jene der Bannerträger des Fortschritts, der Verurteiler des Schwangerschaftsabbruchs ein finsterer Reaktionär. Gemeinhin nennen Politiker oder Kommentatoren in diesem Fall einen Menschen, der nicht in ihr Raster passt, widersprüchlich. Dieses Attribut meint dann »nur bedingt für die eigenen Zwecke brauchbar«. Dass es bei Johannes Paul eine tiefe Einheit gab in seiner Einstellung zum Irakkrieg und zum Schwangerschaftsabbruch, wurde dabei nur allzu gern übersehen. Was widersprüchlich genannt wird, zeigt nur die Eindimensionalität des Wertenden, der gar nicht auf den Gedanken kommt, dass es andere Weltbilder geben könnte als das seinige. Nur allzu oft ist das scheinbar disparate Faktum eine Facette eines komplexen und in Wahrheit konsequenten Denkens. Bei Benedikt XVI. werden wir in den scheinbar widersprüchlichen Positionen die Einheit finden. Zu Beginn seines Pontifikats berief Johannes Paul II. Joseph Kardinal Ratzinger zum Präfekten der Glaubenskongregation. Und nicht nur ihn. Bis auf zwei Kardinäle, Ratzinger war einer davon, waren alle, die an der Wahl Benedikts XVI. teilnahmen, von Johannes Paul II. in seiner Amtszeit ernannt worden. Dieses lange Pontifikat hat die katholische Kirche, vor allem aber die Kurie stark geprägt, denn es hat in der Personalpolitik die Konservativen gestärkt. Enger Mitstreiter des polnischen Papstes war in all den Jahren der Chef seiner wichtigsten Kongregation, Joseph Kardinal Ratzinger. Insofern besaß der deutsche Kurienkardinal gute Chancen, den Stuhl Petri zu besetzen, wenn die Kardinäle die Kontinuität zum vorigen Pontifikat suchen würden. Doch konnte das in ihrer Absicht liegen? In all den Jahren als oberster Glaubenswächter hat Ratzinger sich als Meister der deutlichen Aussprache nur allzu viele Feinde gemacht, die in ihm das Konservative, das Reaktionäre, das Lebensfremde, das Intolerante, das Autoritäre und Zentralistische sehen wollten, je nach Standpunkt. Der Begriff des Panzerkardinals machte die Runde. Wie oft entlud sich an der Person Ratzingers, was eigentlich dem Papst galt. Dass es so war, lag auch an der virtuos gehandhabten Rollenverteilung der beiden, die der deutsche Kardinal mit Überzeugung, mit dem ehernen Willen zur Pflichterfüllung ohne Murren, ohne Augenzwinkern annahm. In einem Gespräch mit dem Autor erklärte der Kardinal seine Rolle und Funktion in der Kurie, wie er sie verinnerlicht hat, mit dem Bild des heiligen Sebastian, der die Pfeile auf sich zog. Und erklärend fügte er hinzu, dass es doch viel besser sei, wenn die Prügel beim Kardinal Ratzinger abgeladen würden anstatt beim guten Papst, der doch über dem kleinlichen und alltäglichen Gezänk stehen müsse. Und in diesem Moment im Gespräch schien es, als empfände der Kardinal eine heimliche Freude, Blitzableiter der Widersacher zu sein. Ein Gutteil bayerische Dickköpfigkeit half ihm dabei mit Sicherheit, diese Rolle auch anzunehmen.

Die Vertrautheit der beiden Kirchenfürsten fand zumeist hinter verschlossenen Türen statt. Konnte sie auch, denn der Kardinal hatte jederzeit Zugang zum Papst. Er musste sich weder um einen Termin noch um eine Audienz bemühen. Doch wie weit diese Vertrautheit ging, konnte die Öffentlichkeit beim Karfreitagsgottesdienst 2003 sehen, als Kardinal Ratzinger für den schwer kranken Papst das Kreuz trug. In dem Moment, in dem der Kardinal dem Papst das Kreuz reichte, das jener berührte, konnte der aufmerksame Beobachter die tiefe Verbundenheit der beiden entdecken, ja förmlich fühlen. Immer mehr fielen dem Dekan der Kardinäle, der Ratzinger seit 2002 inzwischen war, die Aufgaben des todkranken Papstes zu. Unter seiner Leitung arbeitete die römische Kurie geräuschlos, trotz eines Papstes, der immer weniger Einfluss nehmen konnte und sich bereits in die Ewigkeit begab. Doch eine Empfehlung für eine Wahl ist dies nicht. Eher das Gegenteil, denn das Kardinalskollegium entschied sich nicht selten gegen Kardinäle, die ein Übermaß an Macht besaßen. So musste schon Ratzingers Vorvorgänger im Amt des »Inquisitors«, der mächtige Giulio Antonio Kardinal Santori vor einem halben Jahrtausend erfahren, vor dem sich selbst der Mann, der »unter ihm« Papst war, gefürchtet hatte, dass die Kardinäle ihn nicht noch mächtiger werden lassen wollten, auf dass er nicht empfindlich ihre Kreise stören konnte. Ein Kardinal, den er für die eigene Wahl gewinnen wollte, schlug sogar im Konklave das Kreuz vor ihm und sagte: »Weiche von mir, Satan.« Heftige Empfindungen sind also nicht ausgeschlossen.

Am 1. April 2005 wurde es auch dem Verträumtesten im Vatikan deutlich, dass der Papst bereits an der Himmelspforte pochte. Der Weihbischof der römischen Diözese, Rino Fisichella, sagt gegen Mittag bei einem Gottesdienst: »Der Papst lebt in einer anderen Dimension. Er denkt schon an das Jenseits.« Die ersten Kardinäle reisen bereits aus aller Welt nach Rom. Bei einer Pressekonferenz kann der ansonsten außerordentlich professionelle Pressesprecher des heiligen Vaters, Navarro-Valls, die Tränen nicht mehr zurückhalten. Das sagt mehr aus als das amtliche Bulletin, das von einer weiteren Verschlechterung des Gesundheitszustandes spricht. Camillo Kardinal Ruini, der Generalvikar Roms, verkündet den Gläubigen bei einem Gottesdienst: »Der Papst sieht und berührt schon den Herrn.« Auf dem Petersplatz nimmt die Zahl der Gläubigen, die sich dort versammeln, um für den Papst zu beten, dramatisch zu. Am Morgen war Kardinal Ratzinger in Begleitung anderer Kardinäle beim sterbenden Papst. Nun, gegen Mitternacht, betritt er erneut den Vatikan. Er ist gefasst, er weiß, was kommen wird. Die letzten Tage und Wochen waren bereits ein einziges Abschiednehmen. Er weiß, dass es für den schwer kranken Mann eine Erlösung bedeutet, und als gläubiger Katholik gereicht es ihm zum Trost, dass, wie er später sagen wird, der Heilige Vater bei den Seinen, dass er zu Hause angekommen ist. »Wir können sicher sein, dass unser geliebter Papst jetzt am Fenster des Hauses des Vaters steht, uns sieht und uns segnet.« Die Ruhe auf dem Petersplatz wird immer wieder durch Applaus in Richtung des Apostolischen Palastes, durch Gesänge »Bleibe bei uns« und durch Sprechchöre von Jugendlichen, die seinen Namen rufen, als wollten sie ihn dadurch auf der Erde halten, unterbrochen. Der neue Tag, der 2. April 2005, wird ein Tag das Hoffens, des Wartens, des Betens. Kardinal Ratzinger ist zum letzten Mal beim Papst, bei dem Mann, der im Tod wieder Karol Wojtyła sein wird, denn das Amt des Papstes ist ewig. Nachdem der Gewählte die Wahl angenommen und einen neuen Namen gewählt hat, gibt es die Person, die er vorher war, nicht mehr. Jetzt ist er der Papst. Durch seinen Tod wird er wieder zu dem Menschen, der er vor der Wahl war. Nach dem Besuch beim sterbenden Papst erklärt Joseph Kardinal Ratzinger: »Ich wurde vom Papst mit anderen engen Mitarbeitern empfangen. Der Heilige Vater hat mir den letzten Gruß gegeben und für die Arbeit in den vielen Jahren gedankt.« Ratzinger ist ein Meister des Understatements. In dieser nüchternen Stellungnahme spiegelt sich die Emotion im disziplinierten Maß der Zurückhaltung. Am Abend begibt sich der Protodiakon Jorge Arturo Kardinal Medina Estévez nach Rom. Dem Protodiakon fällt traditionell die Aufgabe zu, nach dem Konklave auf dem Mittelbalkon des Petersdoms den Namen des neuen Papstes zu verkünden. Um 21.40 Uhr gibt der Vatikan bekannt: »Il Papa è morto.« Der Papst ist tot. Der Fischerring – Amtsring des Papstes und päpstliches Insignum – wird vom Finger des Leichnams gezogen. Nun hat Johannes Paul II. nach 26 Jahren ein großes Pontifikat vollendet.

Hat Johannes Paul II. seinen engsten Mitstreiter, Joseph Kardinal Ratzinger, beiseite genommen, als er spürte, dass ihn die Kraft verlässt, und ihm ins Gewissen geredet? So vieles, was die beiden auf den Weg gebracht haben, harrt der Vollendung. Die Krise der katholischen Kirche ist groß, und die Welt ist wieder eine Welt im Krieg. Hat Johannes Paul II. Joseph Ratzinger, der seit Jahren schon davon träumt, die Zeit, die ihm noch verbleibt, mit wissenschaftlichen Studien, für die sein Herz schlägt, zu nutzen, gebeten, das Kreuz des großen Amts von ihm und für ihn zu übernehmen, indem er sich den Kardinälen zur Wahl stellt? Eine Bitte, der sich, wenn sie so geäußert wurde, Ratzinger nicht hätte verschließen können. Möglicherweise wird der Papst ihn nicht direkt gebeten haben, aber es genügte schon, wenn er ihn verpflichtet hätte, Gott die Chance zu geben, dass er ihn durch die Kardinäle wählt. So diskret wie Benedikt XVI. ist, werden wir es wohl niemals genau erfahren. Aber vieles spricht dafür, dass es so oder ähnlich ist. Denn nur jemand, der kein Karrierist ist oder dem es an Ambitionen auf diesen Posten mangelt, kann mit schlafwandlerischer Sicherheit alles richtig machen, kann eine so erfolgreiche Kandidatur und einen so phänomenalen Start vorlegen. Denn die immense Sicherheit überzeugt nur, weil ihr die Angst vor dem Scheitern nicht innewohnt. Spräche man Benedikt XVI. drauf an, würde er auf die Bibelstelle bei Johannes verweisen, die das Verhältnis umkehrt und sagt: »Nicht du hast mich gewählt, ich habe dich erwählt.« Auf keinen Fall wollte, so viel kann man mit Sicherheit sagen, der Christ Ratzinger seinem Gott die Möglichkeit versagen, ihn zu erwählen. In den Stunden und den Tagen nach dem Tod des alten Papstes war der Kardinalsdekan auch aus Amtgründen außergewöhnlich präsent. In dieser notwendigen Aktivität steckte aber auch eine Form, mit der eigenen Trauer umzugehen, sie handhabbar zu machen und nicht in ihr zu versinken.

Die Würdigung des Pontifikats Johannes Pauls II. wich in der Medienberichterstattung alsbald schon der Gerüchteküche, wer der neue Papst würde. Obwohl Namen präsentiert wurden, hielten sich die seriösen Medien auffallend zurück, denn welcher Experte wollte sich schon blamieren? Experten stehen in der medialen Öffentlichkeit unter dem Druck, ihr Expertentum stets unter Beweis zu stellen, indem sie mehr wissen müssen als die Übrigen, auch wenn sie manchmal objektiv nicht mehr wissen können. Sie sind also gezwungen, über Dinge zu sprechen, über die sie zu diesem Zeitpunkt bestenfalls spekulieren können, bevor ein anderer darüber spricht. Andererseits darf sich ihre Prognose nicht anschließend als schlichter Irrtum oder allzu gewagte Spekulation der Öffentlichkeit darstellen. Im Vorfeld zur Wahl des Papstes wird durch die enge zeitliche Dramaturgie und die konkrete Fragestellung das Dilemma des Experten besonders deutlich. Ein Name ist ein Name, nicht eine deutbare Entwicklung, und der zeitliche Rahmen nicht dazu angetan, die ursprüngliche Prognose des Experten vergessen zu machen. Es gibt nichts Unvorhersehbareres als eine Papstwahl. Nachdem die Kardinäle sich ins Konklave begeben, beginnt eine Eigendynamik, deren Ergebnis niemand, nicht einmal die Beteiligten, voraussagen können, ganz gleich, welche Absprachen vorher getätigt worden sind. Die Kurie ist keinesfalls homogen, in ihr gibt es divergierende Interessen, unterschiedliche Auffassungen, wenn man so will Fraktionen. Unser herkömmliches Schema von rechts und links oder von fortschrittlich und konservativ versagt hier völlig, denn ein Kardinal kann in der einen Frage fortschrittlich, in der anderen konservativ sein.

Nicht umsonst lautet eine römische Volksweisheit: Wer als Papst ins Konklave geht, kommt als Kardinal wieder heraus. Zwar konnte man Joseph Kardinal Ratzinger als Favoriten empfinden, doch er wirkte so sehr als Favorit, dass man seine Wahl letztlich ausschloss. Obwohl die Bewerbung des Kardinals für dieses Amt eindeutig war. Sehr deutlich und unübersehbar emotional einprägsam zeigte sich Joseph Ratzinger der Welt bei der Beisetzung Johannes Paul II., als er die Trauerpredigt hielt. Mit einem Wort, das Jesus zu Petrus, dem er die Kirche anvertraute, sprach, leitete Joseph Ratzinger äußerst geschickt die Predigt ein: »Folge mir nach.« und orchestrierte damit das Grundthema seiner Predigt. Das meint natürlich, dass Jesus den Jünger Petrus auffordert, ihm zu folgen, dass er die Kirche ihm übergibt. Joseph Ratzinger stellt im Weiteren das Leben Karol Wojtyłas als ein Leben dar, das dieses Wort erfüllt: Folge mir nach, ein Leben in der Nachfolge Jesus Christus. Obwohl der Kontext eindeutig ist, mag der Prediger bei bestimmten Passagen auch an sich, an seine Erfahrungen gedacht haben. Wie könnte er sonst so intensiv die Schwere der Entscheidung nachzeichnen, als der junge Gelehrte Karol Wojtyła den Ruf des Primas von Polen, Stefan Kardinal Wyszynski, erhält, die Hochschule zu verlassen, um Weihbischof in Krakau zu werden. Befand sich Joseph Ratzinger nicht in einer ähnlichen Situation, als Paul VI. 1977 den Regensburger Professor zum Erzbischof von München-Freising machte? »Den Unterricht an der Hochschule aufgeben, diese anregende Gemeinschaft mit den Jugendlichen aufgeben, diesen intellektuellen Wettstreit aufgeben, um das Geheimnis des Menschen zu erkennen und auszulegen, um in der Welt von heute die christliche Verwirklichung unseres Daseins gegenwärtig zu machen – das alles musste ihm (nur ihm? – der Verf.) wie eine Selbstaufgabe vorkommen, wie ein Verlust all dessen, was zur menschlichen Identität dieses jungen Priesters gehörte. Folge mir nach! Karol Wojtyła nahm den Ruf an, weil er im Ruf der Kirche die Stimme Christi hörte.«[2] Könnten das nicht auch die Worte von Johannes Paul II. an seinen Kardinal Joseph Ratzinger gewesen sein: Folge mir nach im Amt des Papstes. Eines wird deutlich in dieser Predigt, dass Joseph Ratzinger auch von sich spricht und sich unmissverständlich in die Tradition des verstorbenen Papstes stellt. Mögen die Herren Kardinäle ihre Schlussfolgerungen ziehen. Mit der größten Selbstverständlichkeit, einer unaufgeregten Eleganz und stillen Effizienz nimmt der Dekan des Kardinalkollegiums Joseph Kardinal Ratzinger die Amtsgeschäfte wahr, sowohl hinter verschlossenen Türen als auch auf dem Petersplatz bei der Beisetzung Papst Johannes Pauls II., als wolle er sagen: Seht mich wie ich bin und entscheidet. Ein anderer kann ich nicht sein, aber wenn ihr jemanden wie mich sucht, so habt ihr ihn gefunden.

Ratzinger war derjenige, der alle Fäden in der Hand hielt und dessen Predigt als Dekan vor dem unmittelbaren Beginn des Konklaves am 18. April sehr eindeutig als Bewerbungsrede zu verstehen war und verstanden worden ist. Die Welt und die Kirche vernahm einen glaubenssicheren Mann, der exakt den Ort seines Denkens und Glaubens bestimmte und die Aufgabe der Priester und seiner Kirche in den kommenden Stürmen der Zeit herausarbeitete.

Ratzinger schrieb nachdrücklich und ohne Furcht, zu deutlich zu sein oder die Kardinäle zu verschrecken, seiner Kirche ins Stammbuch, dass es nicht ihre Aufgabe sei, der Welt gefällig zu sein und dem jeweiligen Zeitgeist und den wechselnden Moden hinterherzulaufen, weil sie sonst selbst zu einer Modeerscheinung verkäme. Den Moden stellt er den Glauben, dem Relativismus seine Idee von Gott als ewiges und absolutes Prinzip, wenn man so will als unwandelbaren Maßstab gegenüber. Erwachsen im Glauben müsse man werden, forderte er in der Predigt. Das heißt – und hier dreht er den Spieß der Aufklärung mit großer Kühnheit um – den Zustand der Unmündigkeit zu verlassen. Mündig zu werden, erwachsen zu werden, hatte auch die Aufklärung gefordert, aber eben nicht durch den Glauben, sondern durch den Verstand. Immanuel Kant definierte noch in der Programmschrift »Was ist Aufklärung«: »Aufklärung ist der Ausgang des Menschen aus seiner selbstverschuldeten Unmündigkeit. Unmündigkeit ist das Unvermögen, sich seines Verstandes ohne Leitung eines anderen zu bedienen. Selbstverschuldet ist diese Unmündigkeit, wenn die Ursache derselben nicht am Mangel des Verstandes, sondern der Entschließung und des Mutes liegt, sich seiner ohne Leitung eines anderen (womit auch Gott gemeint ist – der Verf.) zu bedienen. Sapere aude! Habe Mut, dich deines eigenen Verstandes zu bedienen!«[3] Doch genau das bezweifelt Ratzinger. Der Zustand der Unmündigkeit ist für ihn kein Mangel an Mut, sich des Verstandes zu bedienen, sondern höchstens ein Mangel an Mut, sich des Glaubens zu bedienen. Nicht der Mensch, der sich absolut setzt, »als letztes Maß nur das eigene Ich« gelten lässt und der hilflos in den Wellen der verschiedenen Anschauungen mit seinem autonomen Ich schließlich Schiffbruch erleiden muss, gilt Ratzinger als mündig, sondern der Mensch, der reif und erwachsen im Glauben ist, einem Glauben also, »der tief in der Freundschaft mit Christus verwurzelt ist«. Ratzinger stellt die Freiheit des Menschen nicht in Frage, aber er bringt sie ins Verhältnis zu Gott. Gerade in diesem Verhältnis kann sich die Freiheit erst umfassend verwirklichen. Dass der Glauben deshalb ohne den Verstand auskommen muss, ist damit keineswegs gesagt. Aber der Verstand benötigt ein Kriterium, Ratzinger findet es in Gott, Immanuel Kant in einem absoluten Moralgesetz, dem kategorischen Imperativ. Und weiter: »Diese Freundschaft macht uns offen gegenüber allem, was gut ist und uns das Kriterium an die Hand gibt, um zwischen wahr und falsch, zwischen Trug und Wahrheit zu unterscheiden.«[4] Das ist deutlich. Die modernen Weltanschauungen, die den Menschen absolut setzen, machen ihn unmündig. Und diese Weltanschauungen beginnen in der Aufklärung. Indem Kant die Metaphysik, also das Übersinnliche, außer Kraft setzt, schafft er ein bindungsloses Individuum, das nach Ersatzreligionen – wir nennen sie Ideologien – sucht und sie schließlich in Gestalt der vielen »Ismen«, wie im Liberalismus oder Marxismus, findet. Der verwirrte Mensch aber ist unfrei. Heinrich Heine hat einmal über Immanuel Kant geschrieben, dass er in seiner »Kritik der reinen Vernunft« Gott, den Oberherrscher der Welt, mit dem Skalpell der Vernunft habe über die Klinge springen lassen. Da schwämme er nun, der Oberherrscher der Welt, unbewiesen im eigenen Blute. Und als nun Professor Kant zufrieden mit seinem Werk neben sich schaut, entdeckt er seinen alten Kammerdiener Lampe, der sehr traurig aussieht. In diesem Moment habe Kant begriffen, sein alter Kammerdiener Lampe benötige seinen Gott. Also setzt sich Immanuel Kant wieder an den Schreibtisch und verfasst die »Kritik der praktischen Vernunft«, indem er Gott, den Oberherrscher der Welt, der immer noch unbewiesen ist, wieder in seine alten Rechte einführte. Für den Kardinal ist die Arbeit von Kants Skalpell überflüssig, denn für ihn ist es evident, dass der alte Diener Lampe seinen Gott braucht und Gott den Diener Lampe. Für Ratzinger ist der Glaube das Wesentliche, im Bezug zu Gott leitet sich die Moral als unveränderlich her. Nur in Gott findet der Mensch die Freiheit, weil er nur im Glauben, im Dialog mit Gott mündig wird. Kardinal Ratzinger will eine Metaphysik neu entdecken, die Kant außer Kraft gesetzt hat. In der Königsberger Studierstube des Philosophen Kant beginnt für ihn der Sündenfall des Relativismus. Dagegen polemisiert er. Später wird noch zu zeigen sein, wie der Student durch die Schule von Gelehrten geht, deren wissenschaftliche Erfahrungen und Methoden aus der Zeit herrühren, als in den Zwanzigerjahren der Neukantianismus an den deutschen Universitäten durch die lebensphilosophische Wende von Heidegger und Jaspers entmachtet worden ist.

In der Predigt entwirft der Kardinal mit wenigen Strichen sein Bild vom Menschen, der nur erwachsen ist, wenn er in der Freundschaft mit Christus lebt. Er fordert auf, sich dem Zeitgeist zu stellen und offensiv die eigene Vorstellung zu vertreten, denn »Wir müssen von einer heiligen Unruhe beseelt sein: der Unruhe, allen das Geschenk des Glaubens, der Freundschaft mit Christus zu bringen.« Nachdem er über die Bedeutung Christi für den Menschen gesprochen hat, der das Leid der Welt auf sich nahm, um Barmherzigkeit zu bringen, denkt er im zweiten Teil seiner Predigt darüber nach, dass wir nur frei und erwachsen werden können, wenn wir uns diesem Christus auch in Freundschaft zuneigen. Nun, im dritten Teil, fordert er die Priester auf, tätig zu werden: »Wir haben den Glauben empfangen, um ihn an die anderen weiterzugeben, wir sind Priester, um anderen zu dienen. Und wir müssen Früchte hervorbringen, die bleiben ... Unser Amt ist ein Geschenk Christi an die Menschen, um seinen Leib – die neue Welt – aufzubauen.« Hier nun wird die Leidenschaft des Mannes deutlich. Er ist beseelt davon, sich der Entchristianisierung Europas entgegenzuwerfen. Er will den Glauben zu neuem Leben erwecken. Das ist die Vehemenz eines Führers, der angreifen will und der seinen Abteilungsleitern zuruft: Es ist unsere Aufgabe, es zu schaffen. Also versammelt euch hinter mir! Wer es bequem haben möchte, darf mich nicht wählen. »Folget mir nach.«

Zum Schluss berief er sich auf Johannes Paul II. und schärfte den Kardinälen ein, einen würdigen Nachfolger für den großen Papst zu wählen. In diesem Moment aber, zum Ende seiner Predigt, war es, als spräche der tote Papst selbst aus dem Mund des Dekans. »Aber in dieser Stunde beten wir vor allem inständig zum Herrn, dass er uns nach dem großen Geschenk Papst Johannes Pauls II. wieder einen Hirten nach seinem Leben schenke, einen Hirten, der uns zur Erkenntnis Christi, zu seiner Liebe, zur wahren Freude führt. Amen« Über die Erkenntnis Christi, über dessen Liebe und die wahre Freude hatte Kardinal Ratzinger beeindruckend gepredigt. Für die Kardinäle dürfte die Predigt inhaltlich keine Überraschung gewesen sein, denn Ratzingers Positionen sind bestens bekannt, aber die Kraft und die Klarheit wird sie beeindruckt haben. Er hat sich in der Predigt als völlig *papabile* erwiesen.

Und noch eins fällt an dieser Predigt auf. Er empfiehlt sich als Brückenbauer, als jemanden, der Nachsicht üben kann. Als Joseph Ratzinger Erzbischof von München und Freising wurde, wählte der Regensburger Professor der Dogmatik einen Spruch von Augustinus »Mitarbeiter der Wahrheit« als Motto. Ob dieser Wahlspruch für einen Seelsorger so ganz passend ist, bleibt dahingestellt, für einen Präfekten der Glaubenskongregation traf er völlig zu. Vor dem Konklave, in dem der oberste Hirte gewählt werden soll, spricht Ratzinger von der Wahrheit, aber auch von der Liebe – und er stellt fest:»In Christus decken sich Wahrheit und Liebe.« Denn: »Die Liebe ohne Wahrheit wäre blind; die Wahrheit ohne Liebe wäre wie eine ‚lärmende Pauke' (1 Kor 13,1).« Hier beruft sich der Kardinal ausdrücklich auf Paulus: »Wenn ich in den Sprachen der Menschen und der Engel redete, / hätte aber die Liebe nicht, / wäre ich dröhnendes Erz oder eine lärmende Pauke.« Doch vor die Liebe hat der Kardinal die Wahrheit gestellt, den Glauben, den man nicht reduzieren, den man nicht verkleinern darf, weil man meint, sich anpassen zu müssen. Die Wahrheit darf nicht dem Relativismus zum Opfer fallen. Diese Wahrheit muss mit Liebe den Menschen in seiner vollständigen Gestalt näher gebracht werden. Darin besteht die Aufgabe der Priester. Verkleinert den Glauben nicht und lasst ihn uns mutig und mit Ungeduld den Menschen bringen; so und jetzt lasst uns wählen, auf dass wir einen Heiligen Vater bekommen, der uns mutig dabei vorangeht, weil er die Wahrheit kennt und die Leidenschaft hat. Mit diesen Worten und Assoziationen gingen die Kardinäle ins Konklave.

Der Rest war Gottvertrauen, denn der Dekan wusste um seine zahlreichen Anhänger, und dass sie mit den anderen Kardinälen diskutieren würden. Die lange Arbeit an der Spitze der Glaubenskongregation hat ihn mit vielen Kardinälen und mit der Situation der Weltkirche so vertraut gemacht, dass zur Zeit wohl niemand die katholische Kirche und ihr handelndes Personal besser kennt als Joseph Kardinal Ratzinger. Vermutlich kam für viele hinzu, dass man diesen verdienstvollen Mann nicht in die Wüste schicken wollte, aber wer hätte neben ihm als Papst bestehen können?

Nicht zuletzt ist der persönliche Umgang entscheidend, denn Ratzinger ist ein hochintelligenter, bescheidener und humorvoller Mann, dessen stiller und blitzgescheiter Charme besticht. Ganz gleich, was man über ihn gelesen haben mag, beim ersten Treffen nimmt er gewöhnlich den Besucher für sich ein, ohne dass er sich anbiedern muss. Es bleibt eine wohltuende Distanz, die immer auch einen Raum eröffnet für das Gespräch, an dem er tatsächlich interessiert ist. Die Neugier des Wissenschaftlers ist in so hohem Maß bei ihm ausgeprägt, dass er sie nie ganz abzulegen vermag. Selbst bei der Messe zu seiner Amtseinführung schweifen schnell und wach die klugen Augen Benedikts XVI. nach rechts und links und nehmen alles wahr. Es ist, als wolle er sich versichern, dass das alles wirklich wahr ist und nicht doch nur ein Traum. Der kleine Joseph hatte einmal den Kardinal Faulhaber im prächtigen Ornat gesehen und wollte ebenfalls Kardinal werden, weil er so vom Ornat beeindruckt war. Nun ist er weit mehr und kann es doch wirklich noch nicht ganz glauben. In den Blicken, die blitzschnell die Umgebung abtasten, ist das Staunen des kleinen Joseph noch präsent.

Doch so weit ist es noch nicht. Die Kardinäle begeben sich von der Patriarchalbasilika Sankt Peter zur Sixtinischen Kapelle. Noch weiß niemand, wie das Konklave ausgehen wird.

Joseph Ratzinger betritt mit den anderen 114 Kardinälen die Sixtinische Kapelle, in der sie nun gleich wählen werden. Allen ist die Verantwortung bewusst. Sie begeben sich an ihre Plätze. In der Kapelle bleiben außer den Kardinälen nur der Zeremonienmeister und der Geistliche zurück, der den Kardinälen noch einmal eine kurze Predigt hält über die Verantwortung, die sie hätten, und über die Größe der Aufgabe. Danach verlassen die beiden die Kapelle. Die Kardinäle wählen zunächst vor jedem Wahlgang die Wahlhelfer aus ihren Reihen, vor ihnen liegen die Wahlzettel, die den Aufdruck tragen: »Ich erwähle zum Papst Kardinal…«. Obwohl es nicht festgelegt ist, geht man doch davon aus, wie diese Vordrucke beweisen, dass ein Kardinal gewählt wird. Gewählt kann jeder werden, der als Priester geweiht wurde, Pfarrer, Bischof, Mönch, Abt oder Kardinal. Die Wahl selbst ist geheim. Wie alle anderen Kardinäle füllt auch Joseph Ratzinger seinen Stimmzettel aus. Jeder Kardinal ist sogar angehalten, mit verstellter, dennoch aber lesbarer Schrift den Namen seiner Wahl zu notieren. Auf der Wahlurne liegt ein Teller. Nun tritt Joseph Ratzinger an den Teller, es ist sein drittes Konklave. Vor 26 Jahren wurde Karol Wojtyła gewählt, und er war dabei. Woran mag er denken? An Johannes Paul II.? An den heiligen Geist? Ist er aufgeregt oder entspannt, weil er davon überzeugt ist, dass Gott den richtigen durch die Hand der Kardinäle erwählen wird? Er hebt nun seinen gefalteten Wahlzettel in die Höhe und sagt vernehmlich, wie es der Brauch verlangt: »Ich rufe Christus, der mein Richter sein wird, zum Zeugen an, dass ich den gewählt habe, vom dem ich glaube, dass er nach Gottes Willen gewählt werden sollte.« Mit diesen Worten legt er sein Votum auf den Teller. Vom Teller gibt er ihn in die Wahlurne. Es dauert seine Zeit, bis alle 115 Kardinäle wieder an ihrem Platz sind und die Auszählung beginnen kann. Da die Wahlzettel hinterher im gusseisernen Ofen, der inmitten der Sixtina steht, verbrannt werden, wird man nie mit letzter Sicherheit erfahren, wer in welchem Wahlgang mit wie viel Stimmen gewählt worden ist. In der Vergangenheit gelang es historischer Forschung, durch die Auswertung von Notizen, Tagebüchern und Briefen von Kardinälen das Wahlverhalten und den Wahlhergang früherer Konklaven zu rekonstruieren. Wir dürfen gespannt sein, ob es auch diesmal gelingen wird. Es heißt, Ratzinger hätte bereits im ersten Wahlgang über 60 Stimmen erhalten und im dritten schließlich 110. Doch ob das stimmt? Noch können wir es nicht beweisen. Andere meinen, Kardinal Martini sei im ersten Wahlgang Ratzingers Gegenkandidat gewesen und habe sich nach dem klaren Votum für Ratzinger ausgesprochen und so seine Wähler ihm zugeführt. Unbestreitbar hingegen bleibt die

Tatsache, dass der deutsche Kardinal bereits im dritten Wahlgang, was an sich schon eine kleine Sensation ist, gewählt worden war.

Selbst das unmittelbare Prozedere zur Wahl des Papstes zeigt uns, wie sehr die Institution im Laufe der Jahrtausende sich selbst erschuf. Bis ins 9. Jahrhundert wurde der Papst als Bischof von Rom von der römischen Bevölkerung gewählt, von Laien und Klerikern, Volk und Adel. Doch immer mehr geriet die Wahl des Pontifex in die Hände der mächtigen römischen Adelsfamilien und wurde so zum Spielball ihrer Machtinteressen. Der Niedergang des Papsttums und mithin der Kirche schritt so rasant voran, dass schließlich der deutsche Kaiser Heinrich III. eingreifen musste, um Ordnung in dieses aus dem Ruder laufende Chaos zu bringen und den Untergang der Kirche zu verhindern. Hat das kaiserliche Eingreifen (der Kaiser setzte nun einfach selbst die Päpste ein) zunächst für Ordnung gesorgt, wurde es doch bald von den Römern als Anmaßung und von der Kurie als Eingriff in kirchliche Angelegenheiten empfunden. Die Lebensdaten der eingesetzten (zum Teil deutschen) Päpste erstaunten durch ihre Kürze. Bei der Untersuchung der Knochen Clemens II., der in Bamberg beigesetzt worden war, fand sich wie zum Beweis eines Giftmordes eine ungewöhnlich hohe Konzentration von Blei. Inzwischen erstarkte innerhalb der Kirche eine konsequente Reformbewegung, die im Jahre 1059 durchsetzte, dass der Papst nicht mehr von Laien, auch nicht vom Adel, sondern ausschließlich von Kardinälen in einem Konklave gewählt werden durfte. Knapp einhundert Jahre später kam die Zweidrittelmehrheit hinzu, um Streitereien und Doppelwahlen, die zu großen Verwirrungen und zu blutiger Zwietracht führten, zu vermeiden. Im Laufe der Zeit wurde auch eine Konklaveordnung wichtig, die das Konklave etwas unbequem machen musste, um die Kardinäle zu ermuntern, recht bald zu wählen, denn es kam im Mittelalter auch schon mal vor, dass sich eine Wahl über mehrere Jahre hinzog.

Doch diesmal, im April 2005, wurde der neue Papst recht zügig gewählt. Nicht nur die Autorität von Joseph Ratzinger, auch der Wunsch der meisten Kardinäle, dass die Kontinuität zum vorangegangenen Pontifikat erhalten bleibe, dürften eine große Rolle gespielt haben. Hinzu kommt, dass jeder Purpurträger nur allzu gut weiß, dass die Situation der Kirche, aber auch der Zustand der Welt als besorgniserregend gesehen werden muss. Verelendung, Entchristianisierung, Entmoralisierung, Verwahrlosung, Krieg, weltweit agierender Terrorismus, eine tiefe sich ausbreitende Sinnkrise, die Ratzinger eine »seltsame Unlust an der Zukunft« nennt, höhlen die Gesellschaften aus. Davon bleibt die Kirche nicht unberührt. Die Skandale in Amerika und in Passau um homosexuelle Priester prägen immer mehr das Bild der Kirche in den Medien und in der öffentlichen Meinung. Alle Wahlmänner wissen, dass der Präfekt der Glaubenskongregation das Ausmaß der Probleme besonders gut kennt und kämpferisch im Visier hat.

Nach dem dritten und entscheidenden Wahlgang fragt Angelo Kardinal Sodano Joseph Kardinal Ratzinger, ob er die Wahl annimmt. Und in diesem Moment, in dem Joseph Kardinal Ratzinger die Wahl akzeptiert und seinen Papstnamen verkündet: Benedikt XVI., gibt es keinen Joseph Ratzinger mehr, nur noch einen neuen Papst, der den Namen Benedikt trägt. Erst im Tod wird er wieder zu Joseph Ratzinger werden. Die Wahl des Namens, der Gesegnete bedeutet, ist äußerst geschickt und programmatisch. Der Name wird zur ersten Botschaft des neuen Papstes, auch wenn er anschließend seiner Gewohnheit folgend ein wenig ins Understatement fällt. Nach den vielen Piussen und Pauls und Johannes' der letzten Jahre (Pius IX., Pius X., Pius XI., Pius XII., Johannes XXIII., Paul VI., Johannes Paul I., Johannes Paul II.) wollte er auch etwas Abwechslung bieten. Wie man weiß, ist Benedikt XVI. bekanntlich ein Meister des geschliffenen und wirkungsbewussten Understatements. Pius nun, ganz gleich wie man das Verhältnis von Heiligem Stuhl und Drittem Reich unter Pius XI. und Pius XII. bewerten mag, hätte er sich als deutscher Papst unmöglich nennen können. Seine Namenswahl ermöglicht ihm viele interessante Traditionsbezüge, wie wir noch sehen werden, und lässt ihm als Papst freie Hand, die Kontinuität zu seinem unmittelbaren Vorgänger selbst in seinem Pontifikat zu definieren. Zum einen folgt er als enger Mitarbeiter Johannes Paul II. nach und wird fortsetzen, was sie gemeinsam begonnen haben, das hat er deutlich zur Amtseinführung verkündet, zum anderen aber ist er kein mechanischer Erfüller und sklavischer Fortsetzer, sondern sein Pontifikat wird eine klare Handschrift tragen, und zwar die seine!

Für die Welt ist die Wahl des deutschen Papstes eine Sensation. Die Polen freuen sich, denn sie sehen in diesem Mann aus Bayern den Vertrauten ihres Papstes, der dessen Werk fortsetzen wird. Und der Papst erwidert das Gefühl durch eine deutliche Geste: Schon bald wird er nach Polen reisen. In Deutschland meldet sich – neben den Vielen, die sich ehrlich freuen – sofort wie üblich auch die Phalanx der Zergrübler, der beamteten Schmerzensmänner, all jener, die meinen, noch eine Rechnung offen zu haben. Anstatt einmal abzuwarten, welche konkreten Schritte der Papst unternehmen wird, und ihm die berühmten hundert Tage einzuräumen, stehen sie bereits mit ihren Forderungen da wie Menschen, die von der Furcht getrieben werden, dass morgen ihre Wechsel nichts mehr gelten. Vielleicht sogar zu Recht.

In der britischen Boulevardpresse werden wie immer die antideutschen Ressentiments herausgekramt. Wie ungerecht und dumm diese Hitlerjungen-Schlagzeile ist, werden wir noch sehen. Doch das Bild ist differenzierter, als es den Anschein hat, denn wie immer hat sich die Boulevardpresse vorgedrängelt und das freundliche Bild, das die seriöse englische Presse gezeichnet hat, überlagert.

Panzerkardinal oder Gesegneter, Hardliner oder Reformpapst? Großinquisitor oder Intellektueller? Wer ist eigentlich dieser Joseph Ratzinger aus Marktl am Inn, über den so viele verschiedene Meinungen kursieren wie es Leute gibt, die über ihn berichten oder schreiben?

DAS GESCHENKTE LEBEN

»Ich bin ganz fest davon überzeugt, dass uns
Gott wirklich sieht und dass er uns Freiheit lässt –
und uns dennoch auch führt.«

Joseph Ratzinger

KINDHEIT IN OBERBAYERN

Zwei frühe Erfahrungen, in die er fast hineingeboren wurde und die er immer aufs Neue machen wird, prägen Joseph Ratzinger von Geburt an. Das waren der sehr sinnenreiche oberbayerische, fast salzburgische Katholizismus und das deutliche Gefühl, den Zeitgeist zum Feind zu haben. In dem Gebiet zwischen Altötting, dem urbayerischen Heiligtum, und Salzburg, dem Zentrum der Gegenreformation, verbrachte er die frühen Jahre. Die Musik Mozarts und die überbordenden Barockkirchen verhießen ein Reich, das so viel besser war, als die Versprechungen der Ideologien. In diese selbstverständliche und schützende Volksfrömmigkeit wurde Joseph Ratzinger in den frühen Morgenstunden des 16. April 1927 gegen 4.30 Uhr in dem bayerischen Flecken Marktl am Inn als drittes Kind des örtlichen Gendarmeriekommissars Josef Ratzinger geboren. Nachdem der Bub den ersten Schrei brav getan hatte, bereitete man sich zum Kirchgang vor. Zur gleichen Zeit erneuerte der Priester in der Kirche St. Oswald wie jeden Karsamstag das Taufwasser in dem sechseckigen Taufbecken aus Sandstein.

Mit der Auferstehung Jesu Christi verbinden die Christen den Anfang des Lebens und den Beginn ihrer Kirche, deshalb wurde einmal im Jahr, nämlich am Karsamstag, das Taufwasser erneuert.

Vater Ratzinger beschloss, dass, wenn der Bub schon mal da ist, er auch gleich getauft werden könnte. Die älteren Geschwister des Neugeborenen, Maria und Georg, durften allerdings nicht mit zur Kirche kommen und mussten zu Hause bleiben. Die Eltern wollten den dreijährigen Sohn und die fünfjährige Tochter nicht der Gefahr aussetzen, sich in dem rauen Klima des Schneesturms und des Frosts, der Oberbayern in diesem Jahr noch bis weit in den April im eisigen Griff hielt, zu erkälten. So taufte der Priester des Ortes gegen 8.30 Uhr in Abwesenheit der Geschwister den kleinen Jungen auf den Namen Joseph Aloysius Ratzinger. Später wird es dem Kardinal gefallen, dass er das erste Kind war, dem mit dem erneuerten Taufwasser das Sakrament gespendet wurde, mit dem seine Kirche die eigene Geburt feiert – Ostern bereits im Blick, in Erwartung des Ereignisses, aber noch nicht in ihm seiend. So zumindest wurde es noch vor dem II. Vatikanischen Konzil gehandhabt. Seit dem Konzil wird das Wasser in der Osternacht geweiht.

Kurz vor dem Osterfest stehend, aber es schon vor Augen habend, nur wenige Stunden von diesem Fest entfernt zu sein, das beschreibt die Suche des Christen Joseph Ratzinger nach der Wahrheit und dem Geheimnis des Lebens, dem er sich in vielen Jahren nähert, ohne es doch ganz fassen zu können. Von einem bestimmten Punkt des Lebens aus, besonders aus der Perspektive des Erfolges, ordnet sich die Biographie des betreffenden Menschen zu einer notwendigen Aneinanderreihung bedeutsamer Tatsachen, die selbst bei der allergrößten Selbstverständlichkeit des Vorgefallenen bereits Omen und Keim des Folgenden sieht. Dass andere Ähnliches erleben, wird dabei selten beachtet, weil keine spätere außergewöhnliche Karriere die frühen Kindheitserlebnisse in ein strahlendes Licht taucht.

In der frühen Kindheit des Joseph Aloysius Ratzinger gab es nichts Außergewöhnliches, schon gar keine frühe Berufung, vielleicht aber manches Besondere.

Für die damaligen Verhältnisse sehr spät, erst als er sich einen eigenen Haushalt auch leisten konnte, hatte der aus Niederbayern stammende Gendarmeriekommissar Josef Ratzinger im Jahre 1920 geheiratet. Da war er Anfang Vierzig, und, wie die Bayern sagen würden, ein gestandenes Mannsbild. Seine Wahl fiel auf Maria Paintner, die Tochter eines Bäckers aus Tirol, die als Köchin arbeitete und ein Wunder an praktischen Begabungen war. Es scheint, als habe er die Wahl nie bereut.

In Marktl wohnten die Ratzingers im ersten Stock des Hauses Nr. 11 am Markt, in dem die Gendarmerie untergebracht war. Vater Ratzinger war ein eigensinniger, strenger und lebenserfahrener Mann und verabscheute es, in Abenteuer hineingetrieben zu werden. Einen unbeugsamen Gerechtigkeitssinn verband er mit einer nüchternen und unbestechlichen Betrachtung der politischen Situation. Gegenüber dem Deutschen Reich empfand er eine kühle Zurückhaltung, schlug doch sein Herz für eine süddeutsch-frankophile Richtung in der bayerischen Politik. Eine tiefe, einfache Frömmigkeit in der sinnenfrohen Art des süddeutschen Katholizismus war den Ratzingers eigen, eine Frömmigkeit ohne Schnörkel, die in selbstverständlicher Weise zum Leben gehörte. In diesem Geist erzogen sie ihre Kinder, und es ist gewiss kein Zufall, dass beide Söhne Priester geworden sind. Aber da war noch mehr. Der kleine Joseph wuchs in einer Umgebung auf, die geprägt wurde durch den bayerischen Barock, der sich – im Gegensatz zum Protestantismus – in einer mit allen Mitteln der Kunst bis hin zur Überladenheit ausgestatteten Religiosität mitteilte. Die Kirche musste sich in den Nachreformationsstürmen behaupten. In nicht allzu weiter Entfernung lag Augsburg, die Stadt, in der Philipp Melanchthon auf dem Reichstag von 1530 die Glaubensartikel des Luthertums verlas und darstellte, worin sie mit der katholischen Lehre übereinstimmten und wo sie sich unterschieden. Dieses Dokument avancierte zur wichtigen Bekenntnisschrift des lutherischen Christentums. Die katholischen Vertreter antworteten mit ihrer Sicht der Dinge in der Confutatio. Der Religionsfrieden, der 1555 in Augsburg verkündet wurde, zementierte die religiöse Spaltung Deutschlands, die durch die Konkurrenz von Reformation und Konfessionalisierung (Gegenreformation) vertieft und nach dem Dreißigjährigen Krieg bis auf den heutigen Tag besiegelt wurde. Nicht zuletzt mag das Wissen um die räumliche Nähe des Ortes, an dem die Spaltung manifest wurde, den jungen Gelehrten für Fragen der Ökumene sensibilisiert haben. Das Interesse an evangelischer Theologie, beginnend bei Luther, nimmt hier seinen Anfang.

Die Familie war nicht reich, aber auch nicht arm und schon gar nicht vom Elend bedroht. Schließlich versah Vater Ratzinger als Polizist seinen Dienst als Beamter des bayerischen Staates. Solange kein Staatsbankrott und keine Hyperinflation wie 1923 drohten, konnte ihm auch keine Weltwirtschaftskrise etwas anhaben. Der bayerische Staat zahlte zwar mäßig, dafür aber verlässlich und regelmäßig.

Lange blieben die Ratzingers nicht in Marktl. Die einzige Erinnerung an die ersten beiden Lebensjahre besteht in einem Geräusch: dem Geknatter des Mopeds der Hebamme. So viel zum Thema vormoderne Zeit und bayerische Idylle.

Der Vater wurde im Juli 1929 ins nahe Tittmoning versetzt. Die neue Wohnung im idyllischen Stubenrauchhaus, das früher einmal den Kaufleuten Wagner gehörte und 1939 von der Stadtsparkasse erworben wurde, hat einen prächtigen Erker zum Marktplatz. Überhaupt verbinden sich die frühesten kindlichen Eindrücke und Erinnerungen mit Tittmoning, mit dem für den phantasiebegabten Jungen geheimnisvollen Haus, seinen engen Stiegen und vielen Winkeln, die für die Hausfrau eher Fluch denn Freude gewesen sein dürften. Schließlich musste sie das Wasser, die Wäsche und die Lebensmittel über enge und steile Stiegen in die Wohnung schaffen. Bequem war es nicht, aber für die Kinder immer geheimnisvoll.

Diese Kleinstadt mit ihrer eindrucksvollen Burganlage und den prächtigen Kirchen beeindruckte den vier- bzw. fünfjährigen Knaben. Hier wie in ganz Bayern schufen bedeutende Künstler des Barock großartige Bildwerke, Schnitzereien und Skulpturen, die man noch heute in den Kirchen des Landes besichtigen und bestaunen kann, und so volkstümliche wie sprachmächtige Prediger wie Abraham a Santa Clara verbreiteten eine sehr barocke Form des Katholizismus, lebensnah, sinnlich, direkt und unkompliziert.

Die ersten Schritte des Knaben führten in eine katholische Welt, in eine Welt, in der Gott stets anwesend war, bei den Gebeten vor den Mahlzeiten und vor dem Einschlafen, in den Kirchen, ja im gesamten Stadtbild. Die Religion beschränkte sich nicht aufs Wort, sondern sie vermittelte sich dem staunenden und empfänglichen Knaben über kräftige Bilder. Der Teufel war keine metaphysische Idee, er war wirklich böse, wie der liebe Gott auf den Bildern gütig war. Wir schauen in eine Zeit, in der der Wechsel der Jahreszeit sich viel deutlicher dem Bewusstsein darstellte als heute. Es gab auf dem Land noch keine Fernheizungen. Mit dem Licht wurde sehr sparsam umgegangen. Der Wechsel von Dunkelheit und Helligkeit vollzog sich viel markanter. Die Monate November und Dezember zeigten sich im wahrsten Sinne des Wortes als dunkle Zeiten – man stelle sich vor, wie die Dunkelheit, die bereits am frühen Nachmittag begann, auf einen kleinen Jungen wirken muss. Und dann begann schon die Vorweihnachtszeit mit all den Heimlichkeiten, mit den großen Krippen, die es zu bestaunen galt, den Kerzen, deren Schein die Krippen wie von Zauberhand bewegten, dem Weihnachtskalender mit seinen Bildnissen und dem Sternsingen, das kleine Näschereien einbrachte. Oder Ostern, das Fest der Auferstehung. Der Winter ging seinem Ende entgegen, es wurde allmählich heller und die ersten Blüten sprossen, doch sicher konnte man noch nicht sein, denn häufig kehrte er noch einmal kalt und grimmig zurück. Die Kirche blieb hier in der Karwoche verdunkelt, und plötzlich am Ostersonntag, wenn der Priester die Worte »Christus ist auferstanden« intonierte, fielen die Vorhänge, und das Licht durchströmte die Kirche und fand den Weg in die Herzen der Gläubigen. Es war, als erweckte das Himmelslicht sie selbst zum Leben. Man sollte die Wirkung dieser einfachen Lichtdramaturgie nicht unterschätzen, denn das Licht schafft Räume und bringt Hoffnung, denn Licht bedeutet für uns Leben.

Bei den Ratzingers wurde ein alltäglicher Katholizismus gepflegt: Vor dem Essen wurde gebetet, ebenfalls zur Nacht. An den Sonntagen und den kirchlichen Feiertagen besuchte man die heilige Messe. Das Kirchenjahr, beginnend im Advent, mit Weihnachten, Ostern und Pfingsten bestimmte den Lebensrhythmus. Zu dieser Zeit und in dieser Gegend war das nichts Besonderes. Aber Joseph, mit seiner großen Neugier und seiner reichen Phantasie, kam stets mit der Kirche und der Liturgie in Berührung, sei es bei den zahlreichen Spaziergängen durch Tittmoning mit der Mutter und den Geschwistern, sei es bei Schwester Corbiniana Kreuzburg vom

Institut der Englischen Fräulein. Im ehemaligen Augustinerkloster, auch dieses wieder ein Sakralbau, existierte im Erdgeschoss ein Kindergarten, den auch Joseph besuchte, während Bruder Georg im gleichen Gebäudekomplex eingeschult wurde. Auch wenn der Name Kinderbewahranstalt, wie der Kindergarten damals hieß, in unseren Ohren ungut oder gar lächerlich klingen mag, so war er für damalige Verhältnisse eine sehr fortschrittliche Einrichtung – und das in der scheinbar so rückständigen bayerischen Provinz.

Es ist notwendig, will man die Denk- und Vorstellungswelt Benedikts XVI. verstehen, sich auf ein Abenteuer einzulassen. Dafür muss man zwar nicht seine Überzeugungen wechseln, aber man könnte sie für einen Moment zurückstellen, es nicht gleich besser wissen wollen und dem Erlebenspfad dieses bayerischen Buben, der einmal Papst werden wird, unvoreingenommen folgen – wie bei einer Reise, die wir als Touristen in ein fernes Land unternehmen, wo wir auch versuchen, unsere Vorurteile zu Hause zu lassen, sonst bräuchten wir ja nicht zu reisen.

Der Katholizismus nicht als Theologie, sondern als täglich erfahrene Lebenswelt, als Erlebnis, als Liturgie, als geistige Nahrung eines intellektuell hungrigen Kindes umfängt, wenn man so will, Joseph Ratzinger schon gleich nach seiner Geburt. Die Erfahrungen dieser Welt werden ihn ganz und gar prägen und ihn sein ganzes Leben nicht mehr loslassen. Doch er wird in seiner katholischen Welt auch immer wieder neue Erfahrungen machen, denn der Katholizismus ist für ihn kein Status, der einem einmal verliehen wurde, sondern er muss sich täglich aufs Neue bewähren, so dass der ersten Erfahrung immer wieder neue folgen müssen.

Die Zeitumstände, in die Joseph Ratzinger hineingeboren wurde, können weder idyllisch noch sicher genannt werden. Weltwirtschaftskrise und täglich wachsende Arbeitslosigkeit in Millionenhöhe erreichten auch die Menschen in der tiefsten bayerischen Provinz. Die Gesellschaft erodierte. Not und soziale Verzweiflung trieben die Menschen zur Kriminalität und zu radikalen Parteien. Der Wertezerfall erreichte selbst die Provinz. Dies umso mehr, weil darunter noch ein viel tieferer Schock lag, der nur übertüncht, aber niemals verarbeitet wurde, der Schock über die Niederlage im Ersten Weltkrieg und die Deklassierung durch den Versailler Vertrag. Davon hatte sich die deutsche Gesellschaft nie erholt, sondern beides fraß sich in das Bewusstsein als eine nachhaltige Kränkung und tiefe Verunsicherung. Die grellen Plakate der Radikalen fielen selbst dem kleinen Joseph auf. Für seinen Vater bedeuteten die Saalschlachten, in die er als Polizist eingreifen musste, dagegen konkrete Erfahrungen. Der Polizeichef von Tittmoning, Josef Ratzinger, empfand eine tiefe Abneigung gegen die Nazis. Dieser einfache Mann, der nie eine hohe Schule besucht hatte, wusste von Anfang an, dass die Nationalsozialisten Verbrecher waren. Dass er das so sah, wusste man im Ort. So kam es, dass die Familie Ende 1932 wieder umziehen musste. Inzwischen hatten die Nazis so viel Macht in dem kleinen Ort erlangt, dass Josef Ratzinger um seine Familie fürchten musste.

Hier tun sich interessante zeitgeschichtliche Parallelen auf, die den bayerischen Konservativismus beleuchten. Falls sich Joseph Ratzinger in seiner Zeit als Erzbischof von München-Freising und der bayerische Ministerpräsident Franz-Josef Strauß einmal über ihre Väter unterhalten haben sollten, so wären ihnen diese Parallelen nicht verborgen geblieben. Die Väter beider empfanden aus katholischer Sicht eine heftige Abneigung gegen die Nazis, die der Polizist genauso offen äußerte wie der Metzger. Strauß senior betrieb seine Metzgerei gegenüber der Parteizentrale der NSDAP in München. Himmler selbst hatte ihm angeboten, zum Hauslieferanten der SS zu werden. Für einen eher schlecht als recht über die Runden kommenden Händler hätte das einen ungeahnten geschäftlichen Aufstieg bedeutet. Die einzige Bedingung, die Himmler stellte, bestand darin, in die NSDAP einzutreten. Das brachte der Mitbegründer der Bayerischen Volkspartei, einer konservativ-katholischen Partei, nicht für Geld und gute Worte übers Herz. Auch Ratzinger senior vermied es, in die NSDAP einzutreten, was immer mehr zum guten Ton, fast zur Pflicht für einen Beamten wurde. Doch wie wir gesehen haben, existierten die Möglichkeiten, sich zu separieren. Im Grunde wählte Vater Ratzinger den

Weg ins innere Exil. Er ließ sich in ein kleines Dorf versetzen und versuchte, die verbleibende Zeit bis zu seiner Pensionierung mit häufigen Krankschreibungen und dienstlicher Zurückhaltung zu überbrücken. Als Hitler am 30. Januar 1933 an die Macht kam, bemerkte der Vater lakonisch im Familienkreis: »Jetzt gibt's Krieg, jetzt brauchen wir ein Haus.« In Hufschlag bei Traunstein fand er ein altes Bauernhaus, dessen dazugehörige Ländereien bereits veräußert waren, und das in gewisser Übereinstimmung zu seinen finanziellen Möglichkeiten stand. Nach seiner Pensionierung wollte Ratzinger senior sich mit der Familie dorthin zurückziehen. Doch bis zu diesem heiß ersehnten Zeitpunkt zogen sich noch vier lange Jahre unter einem Regime hin, das er zutiefst verabscheute. Der Alltag veränderte sich merklich. Jüdische Geschäfte verschwanden, gerade das Jahr 1933 brachte eine Unmenge inszenierter Aufmärsche, mit dem das neue Regime sich feiern wollte. Mit der Devisenbewirtschaftung, d. h., dass jeder Bürger des deutschen Reiches nur einen festgelegten Betrag ausländischer Währung besitzen durfte, kam die Familie Ratzinger zwar persönlich nicht in Berührung, sollte aber zwei Jahre später davon erfahren, weil die Nazis genau dieses Gesetz benutzten, um unbotmäßige Priester wie den Meißener Bischof Petrus Legge, der 1935 in einem Devisenprozess verurteilt wurde, vor Gericht zu stellen. Im Übrigen scheint der Straftatbestand des Devisenvergehens von Diktaturen heiß und innig geliebt zu sein, um politisch Andersdenkende zu kriminalisieren, so im Dritten Reich beim Umgang mit Priestern, so in der Sowjetunion und in der DDR beim Umgang mit missliebigen Schriftstellern – die Fälle Pasternak und Heym sind bekannt.

Wann Joseph Ratzinger, der zu diesem Zeitpunkt noch nicht ganz sechs Jahre alt war, die Nationalsozialisten bewusst wahrnahm, lässt sich schwer sagen, aber dass sie die eigene heile Welt bedrohten, dürfte er schon recht früh zumindest gefühlt haben. Da waren die grellen Plakate, die überhaupt nicht der abgestimmten und fröhlichen Farbenpracht der barocken Meister entsprachen, sondern in aggressiven knalligen Tönen den Betrachter anfielen, die Karikaturen, denen immer etwas Gewalttätiges anhaftete, und nicht zuletzt waren da die Saalschlachten, die dem Vater zusätzliche Nachtschichten eintrugen. Die ganze Bild- und Wortwelt der Nazis bestand aus Vokabeln des Mordes, der Gewalt, der Vernichtung und der Rache. Tröstliches und Erlösendes, Freundliches und Verspieltes kamen da nicht vor. Das musikalisch geschulte Ohr des Kindes, der mit seinem Bruder schon von klein auf begeistert das Klavierspiel erlernte, hörte das dumpfe Dröhnen eines schaurig banalisierten Wagner, der von Klippschülern gespielt wurde, die ewigen Landsknechtslieder, denen »Parteidichter« neue, grausige Texte unterlegt hatten – an Mozart war nicht einmal im Entferntesten zu denken. Die Umzüge der Nazis hatte er erlebt und die Lieder gehört, die der Welt drohten, dass sie morgen den braunen Bataillonen gehören würde. Die Umzüge unterschieden sich deutlich von den katholischen Prozessionen. Bei einem Ausflug, den die Familie von Aschau ins geliebte Tittmoning unternahm, erlebte der Knabe, dass er nicht wie früher mit den Eltern einfach über die Brücke, die beide Länder verband, ins Österreichische spazieren konnte, denn nun gab es hier eine Grenze, die nicht passiert werden durfte. Eine weitere Vorliebe von Diktaturen: Sie sperren ihre Bevölkerung gern ein als Voraussetzung für eine effektive Kontrolle.

Ähnlich der Rezeption des Katholizismus verlief die Wahrnehmung des Nationalsozialismus für das Kind nach einem bestimmten Muster. Bevor Joseph Ratzinger den Nationalsozialismus in Begrifflichkeiten und Anschauungen zu fassen vermochte, bildeten sich auch bei der Wahrnehmung dieser Weltanschauung durch die praktische Alltagserfahrung zunächst starke Eindrücke, die sich allmählich verdichteten. Nur mit dem Unterschied, dass die Erfahrungen mit dem Katholizismus zutiefst positiv besetzt waren, im Gegensatz zur verabscheuten Brutalität der deutschen Faschisten. Die Begegnung mit den siegreichen Nationalsozialisten war die erste Erfahrung, die Joseph Ratzinger mit dem Zeitgeist machte, der jeden Tag aufs Neue die Welt des Kindes bedrohte und gegen den er sich behaupten musste – wenn nicht im Widerstand, so doch auf alle Fälle im persönlichen Widerstehen. Und Widerstehen hieß in diesem Falle, sich in den Schutz der Kirche zu begeben, zu ihr zu stehen und damit sie auch zu schützen.

Doch vorerst, Ende 1932, zogen die Ratzingers nach Aschau, tauchten unter in der Provinz. Zwar gab es auch auf dem Land bereits viele Nazis, aber hier hatte sich der Vater noch nicht exponiert. Die neue Heimat enttäuschte den Knaben, wurde er doch plötzlich aus dem Paradies der Kindheit vertrieben und in ein kleines unbedeutendes Dorf verschlagen, das armselig wirkte gegen die Kleinstadt Tittmoning. Trist, öde und bedeutungslos, gerade richtig für den Vater, um sich ganz klein zu machen und die Stürme der Zeit über sich hinweggehen zu lassen. Hatte der kleine Joseph nicht fürderhin allen Grund, dem Zeitgeist zu misstrauen, der dem Vater so zusetzte und die Familie in diese kulturelle Diaspora trieb, denn den Unterschied der Tittmoninger zur Aschauer Dorfkirche, das Fehlen einer Burganlage bekam er beim Gottesdienst und bei den Spaziergängen schon mit.

Viel Zeit zum Hadern blieb nicht, denn ein neues, viel größeres Abenteuer zog ihn sofort in seinen Bann, eines, das ein ganzes Leben anhält. In Aschau wurde Joseph Ratzinger eingeschult und lernte vor allem Lesen. Dieser Unterricht verband sich mit der Bibelkunde und den Katechismusstunden beim örtlichen Pfarrer. Das Hineingleiten, das sich Hinein-Leben in die Welt des Katholizismus wurde intensiver, weil zu den Gebeten und den Bildern die Geschichten und Gedanken traten, die der Schüler in der Bibelstunde hörte, die er aber auch sich selbst nunmehr erschließen konnte, indem er las. Lesen bedeutet Grenzen überschreiten, aus dem tiefen Wald der unmittelbaren Umgebung auf ein freies Plateau zu kommen und durch die Aussicht neue Einsichten zu bekommen.

Endlich vermochte er die Liturgie, die seine kindliche Phantasie anregte und beherrschte, immer besser zu verstehen, indem er sich ihre Bedeutungsinhalte erschloss. Noch heute wird seine Stimme wärmer und die Augen leuchten, wenn Benedikt XVI. sich an sein erstes Missale erinnert. In der Familie existierte der Schott, der den Eltern zur Hochzeit vom Pfarrer geschenkt worden war. Das Messbuch enthielt die Texte, den Ablauf und die Regelungen, die für den Priester notwendig waren, um die Messe richtig zu zelebrieren. Was bei der Messe geschah, wussten die Besucher der Messe allenfalls aus dem Katechismusunterricht, denn die Messe selbst konnten sie nur verstehen, wenn sie hinreichend Latein gelernt hatten. Der Benediktiner Anselm Schott wusste sich mit vielen praktizierenden Priestern einig, dass es für die Vertiefung der Frömmigkeit, des umfassenden Erlebens der Messe notwendig war, dass die Gläubigen auch die Liturgie verstünden, an der sie teilnahmen. Diese Bemühungen, die Menschen tiefer an der katholischen Liturgie teilhaben zu lassen, um ihren Glauben zu stärken, ihnen die Möglichkeit zu geben, den Glauben zu verinnerlichen, um ihn mit Wissen und Überzeugung bewusst zu leben, bündelten sich in der Liturgischen Bewegung als einem Engagement um ein erlebbares Christentum, das für Ratzinger bis heute eine große Rolle spielt. »Erlebbar« hat hier zweifache Bedeutung: Zum einen soll das Christentum gelebt werden können, zum anderen soll es auch immer wieder und von Neuem Erlebnis sein. So stand im Zentrum der Vorhaben die Übersetzung des Messbuches, des Missales, in die jeweilige Landessprache. Der Benediktiner Anselm Schott übertrug das lateinische Messbuch ins Deutsche, das von nun an nur kurz Schott genannt wurde. Die Vorstellungen der Liturgischen Bewegung waren in der Kurie dieser Zeit keineswegs unumstritten. Doch für den Sohn eines Polizeibeamten auf dem Lande wurde der Schott zu einem vorzüglichen Bildungsinstrument. Die Messe, die ihn emotional angerührt und umfangen hatte, begann er nun auch rational zu erfassen. Anfangs gab es ein Kindergebetbuch zum Missale. Darin wurde die Liturgie mit Hilfe von kurzen Texten und gezeichneten Bildern, wir würden es heute Comic nennen, erläutert. Die Ausführungen beschränkten sich nicht nur auf den Verlauf und die einzelnen Elemente, sondern, und das regte den Intellekt des Jungen sehr direkt an, sie erklärten zugleich, wann, in welchem Jahrhundert, wodurch und wozu die einzelnen Elemente dazukamen. Durch diese Darstellung verband sich das Verstehen der Elemente sofort mit der Erkenntnis des historischen Gewachsenseins der einzelnen Elemente. Die Struktur der Messe und ihre

Entstehung im Laufe der Jahrhunderte bildete eine Einheit in der Wahrnehmung des Kindes und legte so die Grundlage für Joseph Ratzingers Überzeugung von der Bedeutung der Überlieferung. Nach dem Kindergebetbuch schenkten die Eltern ihm den Kinder-Schott, also ein Messbuch für Kinder, später einen Sonntags-Schott, in dem die Liturgie der Sonn- und Feiertage vollständig abgedruckt war, und schließlich den vollständigen Schott. Von Anfang an unterstützten die Eltern die Neigungen ihres Sohnes. Und das Kind wusste es zu schätzen. Jedes neue Buch öffnete ihm eine neue Tür zu einem noch weiteren und noch wunderbareren Raum, als den, den der Lesende gerade durchschritten hatte. In unserem Zeitalter des Massentourismus und der verkürzten Entfernungen haben wir bereits vergessen, wie abenteuerlich diese Reisen im Kopf sind.

Zwei Momente des katholischen Lebens ergänzen sich somit in den frühen Jahren Joseph Ratzingers ideal. Auf der einen Seite steht ein starkes sinnliches, emotionales Erlebnis, das die Messe in dem Kind evozierte, auf der anderen Seite trat die rationale Erkenntnis der großen Überlieferung hinzu. Ehrfurcht und Neugier wetteiferten in dem Jungen, der plötzlich mit einer Realität konfrontiert wurde, die weit größer als er, weit größer als sein Dorf war. In dem Maß, in dem er in den ersten Schuljahren sich durch eigenes und selbständiges Lesen die Messe erschloss, wuchs seine Distanz zu Lehrern, die versuchten, eine Art Ersatzreligion anzubieten, indem sie Maibäume errichteten als Konkurrenz zum christlichen Kreuz und harmlose Gedichte an den heidnisch-germanischen Maibaum als »Liturgie« anboten, deren Gehalt und Gestalt geistig und ästhetisch durchweg lächerlich waren. Die Vertiefung in den Katholizismus und die Distanz zum Nationalsozialismus, die er auch zu Hause erlebte, schützten ihn vor den Versuchungen der »neuen Religion«. Körperlich nicht allzu robust und mit einer Abneigung gegen den Sport versehen, reizten ihn die Geländespiele der Pimpfe ohnehin nicht. Die Bekehrungsversuche der »neuen Religion« prallten an ihm ab, denn es war nur zu deutlich, dass sie von Menschen gemacht und mithin Menschenwerk, nämlich von Adolf Hitler waren. Die religiöse Realität des Katholizismus erlebte er hingegen als etwas Großes – zu groß, als dass ein Mensch sie sich hätte ausdenken können. Da wob für ihn eine andere Kraft mit, die er später als das geschichtliche Handeln Gottes identifizieren sollte, verwirklicht durch die Männer der Kirche. Der Bub erfuhr durch das Buch, dass es immer wieder Zeiten gegeben hatte, in der Willkür und Brutalität geherrscht hatten, in denen große Versprechungen gemacht worden waren von Menschen, die versuchten, sich selbst zu Göttern zu erheben, wie Hitler oder zeitgleich Stalin in der Sowjetunion. »Sic transit gloria mundi.« Sie alle, würde er später erleben und damit Bestätigung finden, hielten der Geschichte nicht stand und vergingen, ohne die Ewigkeit auch nur berührt zu haben. Was aber stets in den geschichtlichen Wirren überlebte, zuweilen verfolgt, war die Kirche. Das gab ihm Trost, Halt und eine innere, geistige Sicherheit. Die hatte er auch bitter nötig. In seinem kurzen Leben hatte er bereits zweimal den Ort gewechselt. In Aschau kam er das erste Mal mit anderen Kindern näher in Berührung, doch über bestimmte Dinge wollte er in der Schule nicht sprechen, besonders, was die Meinung des Vaters über das gegenwärtige Regime betraf. Andererseits war das katholische Engagement der Familie so deutlich, dass Fragen bei einigen Mitschülern entstanden, die sie ihm dann auch immer wieder stellten.

Die Nazis entfachten den Kampf gegen die Bekenntnisschule, wie sie die Schule nannten, in der es Religionsunterricht und das Kruzifix an der Wand gab. Sie wollten, dass ihr Hakenkreuz, auch geistig, die Stelle des Kruzifixes in der Schule einnahm. In den katholischen Priestern sahen sie schlicht Reichsfeinde. Und der Hühnerzüchter Heinrich Himmler, einer der Hauptverbrecher des Regimes, war bestrebt, einen germanischen Glauben wieder zu entdecken, der angeblich durch die katholische Mitleidsreligion dem deutschen Volk vor vielen Jahrhunderten ausgetrieben worden sein sollte. Dass es diesen germanischen Ur-Glauben so niemals gegeben hatte, störte ihn dabei wenig. In seinen wirren Vorstellungen sollte Adolf Hitler, das Werkzeug der Vorsehung, die Rolle von Jesus Christus einnehmen, zumal das Christentum unklarer jüdischer Herkunft war und mithin verdächtig. Man hatte dann im Verlauf immer wieder Kampagnen gegen den Katholizismus geführt, besonders in den Vierzigerjahren, doch eine Ausrottung nie konsequent durchexerziert, weil das Christentum in den Menschen noch zu tief verwurzelt war. Zunächst steuerte man das wichtigste Ziel an, nämlich die Vernichtung der Juden. Nach der »Endlösung der Judenfrage«, wie der millionenfache industrielle Mord perfide und technokratisch genannt wurde, und nach dem gewonnenen Krieg wollte man sich dann in Ruhe und mit aller Konsequenz der katholischen Kirche widmen. Die Abrechnung wurde nur aufgeschoben, nicht aber vergessen.

Zum einen begriff der Junge immer mehr, dass es eine Welt gab, die wirklich legitimiert war und auf eine große Tradition zurückblicken konnte, die nicht im musealen Sinne Tradition darstellte, also etwas, das man sich anschauen konnte, sondern eine Tradition, die wirklich lebte. Zum anderen spürte schon das Kind, wie sich eine zunehmend feindlicher werdende Gesellschaft herausbildete, die zusehends brutaler wurde und sich enthemmte, Phrasen vor sich hertrug, den Intellekt beleidigte und die menschliche Würde in den Dreck zog, mithin auch die Würde Christi, schließlich hatte der katholische Junge in der Bibelstunde den Vers gelernt: »Was ihr den Geringsten unter meinen Brüdern angetan habt, das habt ihr mir angetan.«

Den teils ehrlichen Fragen und teils höhnischen Anfeindungen der Mitschüler konnte der kleine Joseph sich nur erwehren, indem er tiefer in seinen Glauben eindrang, ihn besser verstand, um ihn überzeugender erklären zu können. So bestand die früheste kindliche Erfahrung Joseph Ratzingers darin, dass der Glaube auch der rationalen Durchdringung bedarf, will man ihn verteidigen. Die einzigartige Mischung aus emotionalem Engagement zu einer gelebten Frömmigkeit und dem suchenden, wissenschaftlichen Durchdringen der katholischen Liturgie, wie sie in Jahrtausenden erwuchs, entstand im Denken Joseph Ratzingers, ungeachtet der feindseligen Atmosphäre und des Drucks des Nationalsozialismus. Sein Denken hat sich in einer exilanten Form geprägt, in einer Form des inneren Exils inmitten einer abgelehnten äußeren Welt. Dass die Bischöfe den Kampf um die Bekenntnisschulen auf dem Boden des Konkordats führten, spürte das Kind, wenn der Priester in der Kirche die Hirtenbriefe verlas. Doch genauso spürte es instinktiv die Kraftlosigkeit dieser Bemühungen, den Widerspruch, der darin lag, eine Institution erhalten zu wollen und sie gleichzeitig der innerlichen Auszehrung preiszugeben.

Das Jahr 1935 brachte für die Familie große Veränderungen: Schwester Maria ging von nun an in die Mittelschule für Mädchen im benachbarten Kloster Au, die von Franziskanerinnen geführt wurde, während Bruder Georg in Traunstein ins humanistische Gymnasium und ins Erzbischöfliche Knabenseminar Sankt Michael, das Michael Kardinal Faulhaber 1929 gegründet hatte, eintrat. Joseph übernahm vom älteren Bruder zunächst die Ministrantenstelle. Zu dieser Zeit stand für den Jungen bereits fest, dass er einmal Priester werden wollte.

Zwei Jahre später sollte Joseph dem Bruder ins Seminar folgen. Das Erzbischöfliche Knabenseminar, das als Internat zur Ausbildung von Priesterzöglingen diente und unter der entschiedenen Förderung des Münchener Erzbischofs stand, war zu jener Zeit eine moderne Bildungseinrichtung. 1929 eröffnet, besaß es einen 60 m langen Seminartrakt, einen Musiksaal, Konferenzzimmer, Schlafsäle, eine Krankenstation, die zugehörigen Wirtschafts- und Verwaltungsräume, einen Theatersaal, eine Kapelle und eine Kegelbahn, die Joseph Ratzinger bei seiner Abneigung gegen Sport und seiner praktischen Unbegabtheit weniger interessierte. Auch eine Außenanlage mit großer Rasenfläche, Gewächshäusern und Beeten gehörte dazu. Die Innengestaltung war in einer noblen Einfachheit gehalten. Eine Warmwasseranlage, eine Zentralheizung und Fuß-, Brause- und Wannenbäder genügten modernstem Standard. Das Traunsteiner Progymnasium wurde durch direkte politische Intervention von Michael Kardinal Faulhaber beim bayerischen Kultusministerium 1934 zu einem humanistischen Gymnasium umgewandelt, denn, so Faulhaber: »Ich habe bei der Gründung meines Seminars in Traunstein als selbstverständlich vorausgesetzt, dass Traunstein ein Vollgymnasium erhalten wird. Ich denke nicht daran, meine Studenten vor dem Absolutorium von Traunstein wegzunehmen und wünsche, dass sie in Traunstein ihre humanistischen Studien vollenden.«[5]

Knabenseminar und Gymnasium standen unter der besonderen Protektion des Kardinals und wurden zu einer der wichtigsten Bildungseinrichtungen in Bayern, eine Eliteschule für breite Volksschichten, denn die Ratzingers waren in der Tat keine reichen Leute.

Es fällt auf, dass die Eltern den Kindern bei aller finanzieller Not das Wichtigste ermöglichten, was vermutlich Eltern, neben der Liebe, die sie ihnen geben, für ihre Kinder tun können: Sie sorgten dafür, dass die Kinder eine solide Ausbildung erhielten, mehr noch, dass ihnen der Zugang zum Wissen eröffnet wurde, und sie brachten sie in einer der besten Schulen des Landes unter.

Am 6. März 1937 beging die Familie Ratzinger den 60. Geburtstag des Vaters. Weil Gendarmen damals in Bayern mit 60 Jahren pensioniert wurden, feierte die Familie vor allem die Entlassung Josef Ratzingers aus dem Dienst eines Staates, den er zutiefst verabscheute. Die Familie zog ins bereits erworbene Haus in Hufschlag bei Traunstein um.

Der Umzug dorthin war aufregend, das Haus selbst in seiner Größe und in seinem baulichen Zustand abenteuerlich, sehr zur Freude der Kinder, sehr zum Leidwesen der Eltern, die das Haus Stück für Stück instand setzen mussten. An einer Stelle regnete es sogar herein. Fließend Wasser gab es nicht, dafür aber einen Brunnen vor dem Haus. Von seinem Zimmer aus, wenn er die Fensterläden öffnete und aus dem Fenster schaute, konnte Joseph die Berge sehen. Vor dem Haus erstreckte sich eine herrliche Sommerwiese. In den Stallungen, die zum Haus gehörten, aber nicht mehr genutzt wurden, und in der Weberstube auf dem Dachboden ließen sich aufregende Erkundungen unternehmen, die immer einen unbekannten Gegenstand wie beispielsweise ein Weberschiffchen zu Tage förderten. Und vielleicht war ja auch irgendwo ein Schatz versteckt, man wusste ja nie. Der kindlichen Phantasie offenbarte sich das alte, aus dem frühen 18. Jahrhundert stammende Haus als verwunschen. Der Vater ging oft mit dem Filius, der noch zu

Hause wohnte – der Bruder lebte ja inzwischen im Erzbischöflichen Internat –, im nahen Wald spazieren. Sie unternahmen ausgedehnte Wanderungen. Nie wieder würden sie eine so intensive gemeinsame Zeit verbringen. Vater Ratzinger, der ein guter Erzähler gewesen sein soll, wusste auf den Spaziergängen immer noch eine spannende oder vergnügliche Geschichte aus seinem Leben zu erzählen. Dass der Sohn ein paar Jahre später mit großer Begeisterung Werke von Storm, Mörike, Goethe, Stifter und Eichendorff verschlang, erscheint wie die ideale Fortsetzung der gehörten Geschichten des Vaters. Durchaus könnte das Haus in Hufschlag von Eichendorff beschrieben worden sein und die Wiese vor dem Haus könnte von Eduard Mörike stammen, dem Pfarrer aus dem Württembergischen, der nichts auf der Welt so sehr liebte wie seine Wiese hinter dem Haus:

»Am Waldsaum kann ich lange Nachmittage,
Dem Kuckuck horchend, in dem Grase liegen;
Er scheint das Tal gemächlich einzuwiegen
Im friedvollen Gleichklang seiner Klage.«[6]

Die Liebe für die deutsche Literatur des 19. Jahrhunderts, die Joseph Ratzinger bald empfinden sollte, erwachte bei den Spaziergängen mit dem Vater, der ja selbst seine Jugend noch im 19. Jahrhundert verlebt hatte.

Hatte sich der Volksschüler im vergangenen Jahr in Aschau schon deutlich gelangweilt, weil er den anderen weit voraus war und dennoch nicht vorankam, stellte der Eintritt ins Traunsteiner Gymnasium nun wirklich Ansprüche an seinen Intellekt. Die alten Sprachen mussten gebüffelt werden: Latein, Altgriechisch. Das humanistische Bildungsideal des deutschen 19. Jahrhunderts, das sich von Goethe und Winckelmann, von Voss und von Humboldt nährte, wirkte zunächst als Schutz gegen die Ideologie der neuen Herren und ihren Bildungsvorstellungen. Nicht Ariertum, sondern »Edle Einfalt und stille Größe« galten hier. Ein Musiklehrer, der die neuen Liederbücher benutzen musste, wies seine Schüler an, das Wort »Juda den Tod« durchzustreichen und zu ersetzen durch »Wende die Not«. Ungefährlich war das freilich nicht. Aus dieser Schule kamen natürlich keine Untertanen, deren Gewissen Adolf Hitler heißen sollte, wie es Göring einmal forderte. Deshalb richteten sich die Bestrebungen der nationalsozialistischen Schulpolitik auf die Beseitigung des humanistischen Bildungsideals und auf die Vertreibung des Religionsunterrichts aus den deutschen Schulen.

Zeitlich nicht einheitlich und mit landschaftlichen Verschiebungen, in der einen Region früher, in der anderen später, wurden zwischen 1934 und 1939 die katholischen Jugendorganisationen verboten, in den Jahren 1935 bis 1937 wurde der Klerus aus dem Religionsunterricht ausgeschlossen, und zwischen 1935 und 1941 wurde die Bekenntnisschule aufgehoben. In einzelnen Regionen wurde das Kreuz aus der Schule entfernt, musste dann aber nach massiven Protesten der Bevölkerung und der Geistlichkeit wieder eingeführt werden. Hinzu kam die Zensur der katholischen Presse. Praktisch wurde katholisches Leben auf ein Sakristeichristentum zurückgedrängt, es durfte also nur noch in den Kirchen selbst, nicht mehr im öffentlichen Raum stattfinden. Eine Ausnahme bildeten althergebrachte Prozessionen, die so fest in den Bräuchen der Bevölkerung verankert waren, dass man sie nicht plötzlich verbieten konnte. Diese Veränderungen erlebte der Gymnasiast Joseph Ratzinger ganz bewusst, stellten sie ihn doch auch tagtäglich vor Entscheidungen. Mag in den Tittmoninger und Aschauer Zeiten vieles von dem geistig außerordentlich wachen Kind unbewusst wahrgenommen worden sein, begriff er es jetzt auch rational. Es nahm für ihn klare Konturen an und lief auf eine Entscheidung hinaus: Entweder ging er den Weg des Staates oder den Weg Gottes, beides konnte nicht miteinander vereinbart oder auch nur austariert werden. 1937 war Joseph Ratzinger in die erste Klasse des Gymnasiums eingetreten, 1938 traf die Schulreform auch sein Gymnasium. Gymnasium und Realschule wurden zu einem Schultyp verschmolzen und fortan Oberschule genannt. Griechisch wurde verdrängt, Latein eingeschränkt, moderne Sprachen kamen hinzu, der Anteil des Sportunterrichts stieg erheblich an, und der Religionsunterricht wurde aus der Schule verbannt. Die Unterrichtsfächer Deutsch, Geschichte, Biologie und Geographie wurden weitgehend ideologisiert. Neue Lehrer kamen, die an den Nationalsozialismus glaubten und ihre Schüler zu fanatisieren suchten, dennoch ließ man dem alten Gymnasium mit seinem Lehrkörper eine Übergangszeit, in der es absterben sollte. Die Endabrechnung sah man für den Tag nach dem Endsieg vor. Das Ideal der nationalsozialistischen Erziehung beschrieb Hitler in großer Deutlichkeit und völlig ironiefrei so: »Diese Jugend, die lernt ja nichts anderes als deutsch denken, deutsch handeln, und wenn diese Knaben und Mädchen mit ihren zehn Jahren in unsere Organisation hineinkommen und dort oft zum ersten Mal eine frische Luft bekommen und fühlen, dann kommen sie vier Jahre später vom Jungvolk in die Hitler-Jugend, und dort behalten wir sie wieder vier Jahre. Und dann geben wir sie erst recht nicht zurück in die Hände unserer alten Klassen- und Standeserzeuger, sondern dann nehmen wir sie sofort in die Partei, in die Arbeitsfront, in die SA oder in die SS, in das NSKK und so weiter. Und wenn sie dort zwei Jahre sind und noch nicht ganze Nationalsozialisten geworden sein sollten, dann kommen sie in den Arbeitsdienst und werden dort wieder sechs und sieben Monate geschliffen, alles mit einem Symbol, dem deutschen Spaten. Und was dann nach sechs oder sieben Monaten noch an Klassenbewusstsein oder Standesdünkel da oder da noch vorhanden sein sollte, das übernimmt dann die Wehrmacht zur weiteren Behandlung auf zwei Jahre, und wenn sie nach zwei, drei oder vier Jahren zurückkehren, dann nehmen wir sie, damit sie auf keinen Fall rückfällig werden, sofort wieder in die SA, SS und so weiter, und sie werden nicht mehr frei ihr ganzes Leben.«[7]

So sah der Weg des Staates aus. Dieses Regime lebte davon, dass es ständig Mitschuldige erzeugte, die Menschen in Organisationen zwang, um sie erstens an den Verbrechen zu beteiligen – der alte Spruch »Mitgegangen, mitgefangen, mitgehangen« bewährte sich dann ja auch – und um sie zweitens besser kontrollieren zu können. Überzeugen bedeutete Einhämmern. Dagegen musste die katholische Welt immer mehr zum geistigen Schutzraum und zur

Gegenwelt werden, die noch dazu durch eine eindrucksvolle Geschichte und durch einen göttlichen Auftrag legitimiert war. Interesse, Flucht, geistiger Überlebenswillen trieben den Schüler in die Welt der alten Sprachen, der Mathematik, der Musik, der Kirche und zu den langen Spaziergängen mit dem Vater, bei denen man offen im wahrsten Sinne des Wortes über Gott und die Welt sprechen konnte. Es gelang den Ratzingers durch verschiedene günstige Umstände – der Vater war aus dem aktiven Berufsleben ausgeschieden, das Gymnasium hatte trotz Reform noch die alten Lehrer – ein privates Leben weitab vom Regime zu führen. Nachdem 1938 Österreich »angeschlossen« wurde, hatte das für die Ratzingers den positiven Nebeneffekt, dass die Grenze wieder verschwand und sie so manchen glücklichen Familienausflug ins nahe gelegene Salzburg unternehmen konnten. Die Atmosphäre der Stadt, die großartigen Kirchen mit der barocken und rokokohaften Bilderflut, der Besuch des Wallfahrtsorts Maria Plain stellten in diesen Monaten Familienereignisse ersten Ranges dar. Doch Salzburg bot noch eine andere Überraschung für sie. Der musikbegeisterte Bruder Georg fand heraus, dass es für verschiedene Konzerte der Salzburger Festspiele noch billige Karten gab. Durch die jüngsten politischen Entwicklungen blieben ausländische Besucher aus, denn der »Anschluss« hatte dem Renommee der Festspiele deutlich Abbruch getan. Hier hörten die Brüder zum ersten Mal die Regensburger Domspatzen, deren Leiter viele Jahre später der Priester Georg Ratzinger werden sollte. Und sie hatten das Glück, Beethovens Neunte unter dem Dirigat des inzwischen legendären Knappertsbusch zu hören. Natürlich auch Mozart, für den Joseph Ratzinger bis heute eine tiefe Verehrung empfindet.

1938 ist offiziell noch ein Jahr des Friedens, obwohl Hitler bereits Österreich und die Sudetengebiete der Tschechoslowakei annektiert hatte, was von den Westmächten in München noch sanktioniert wurde. Und in Hufschlag bei Traunstein verstand der pensionierte Polizeibeamte Josef Ratzinger nicht, weshalb die Franzosen, die er eigentlich sehr schätzte, Hitler einen Rechtsbruch nach dem anderen durchgehen ließen. Wenngleich das Grollen des großen Krieges von aufmerksamen Beobachtern, auch den Ratzingers, gehört wurde, so war dieses Jahr für die Familie doch ein verhältnismäßig gutes Jahr.

Doch das Jahr 1939 mit seinen einschneidenden Veränderungen stand bereits unabweisbar vor der Tür.

IM KRIEG

Der Gymnasiast hatte sich längst entschieden, er wollte Priester werden. Das blieb seinem Pfarrer nicht verborgen, deshalb schlug er dem Jungen vor und versuchte ihn auch zu überreden, ins Traunsteiner Knabenseminar einzutreten. Die Ausbildung verlief zweigleisig und getrennt voneinander, weltlich und geistlich. Während er sich im Gymnasium auf das Abitur vorbereitete, diente das Seminar, das als Internat angelegt war, als intensive Vorbereitung für den Priesterberuf. Im Internat genossen die Jungen nach der regulären, weltlichen Schule eine gründliche Erziehung, die zielstrebig zum Beruf des Priesters führen sollte. Wenn Joseph also wirklich Priester werden wollte, gab es keine bessere Vorbereitung, als in das Erzbischöfliche Knabenseminar einzutreten. Außerdem verstand er sich mit den Zöglingen in der Schule gut, und Bruder Georg wohnte ja auch bereits dort. Das Wohngeld allerdings stellte für die Familie Ratzinger ein Problem dar. Doch Tochter Maria hatte inzwischen eine Stelle im Büro eines großen Kaufhauses am Ort bekommen und musste nicht mehr versorgt werden. So trat Joseph Ratzinger Ostern 1939 ins Erzbischöfliche Knabenseminar zu Traunstein ein. Der bis dahin einerseits sehr behütet, andererseits sehr individuell aufwachsende Junge, der frei entscheiden konnte, wann er durch die Wälder streifte und wann und wo er seine Hausaufgaben erledigte, fand sich plötzlich in einem festen Tagesablauf wieder und war einer unter vielen Knaben, nicht mehr der von Eltern und Schwester gleichermaßen behütete Benjamin der Familie. In einem Studiersaal zur festgesetzten Stunde zu lernen wie viele andere Seminaristen, anstatt auf der Wiese oder im eigenen Zimmer fiel ihm sehr schwer. Die vorgeschriebenen zwei Stunden Sport täglich bedeuteten für ihn eine Qual. Denn für den sportlichen Wettkampf eignete er sich nicht. Dass er für die Mannschaft, die ihn beim Wettkampf aufnehmen musste, zur Belastung wurde, demütigte ihn. Das Einordnen in einen kollektiven Mechanismus bedeutete für den unabhängig aufgewachsenen Jungen täglich neue Überwindung. Morgens hieß es, um 6 Uhr aufzustehen, Sport zu treiben, sich zu waschen, die Messe zu besuchen, zu frühstücken, dann in Zweierreihen anzutreten und zur Schule hinunter in die Stadt zu marschieren. Nicht selten wurden Zöglinge des Knabenseminars unterwegs verspottet, verhöhnt oder beschimpft. Über ein Drittel der Tittmoninger hatten 1933 NSDAP gewählt, allerdings gewann die Wahl damals die Bayerische Volkspartei. Neben dem starken katholischen Element gab es in der Stadt auch sehr viele Nazis, für die das Knabenseminar ein Ärgernis war. Natürlich gab es unter den Nazis auch Katholiken. Inzwischen regierten die Nazis, und die Bayerische Volkspartei war, wie andere Parteien auch, aufgelöst. Die Hitlerjugend veranstaltete ganz bewusst ihre Treffen auf dem Platz vor der Kirche St. Oswald. Am liebsten veranstalteten sie wahre Pfeifkonzerte und Trommelwirbel während des Gottesdienstes, um die Predigt des Pfarrers Joseph Stelzle zu stören, der 1934 bereits einmal verhaftet worden war, weil er gegen die Nazis gepredigt hatte.

Nach dem Schulunterricht marschierten die Zöglinge zurück ins Internat und beschäftigten sich mit religiöser Erziehung, Selbststudium, Musik und Sport.

Im Knabenseminar lernte Joseph Ratzinger, was es hieß, soziale Beziehungen zu entwickeln, die abseits des Elternhauses stattfanden. Einem künftigen Priester konnten die Erfahrungen im Umgang mit anderen Menschen und der intensive Kontakt mit Jungen aus anderen Orten, Gesellschaftsschichten und mit anderen biographischen Erfahrungen nur nützlich sein. Hier lernte er im täglichen Zusammenleben die Kirche im wahrsten Wortsinn auch als Gemeinschaft der Gläubigen kennen. Insofern konnte der scheue

Junge, der eher Rückzugsorte schätzte, dem Internatsleben rational einige Vorteile abgewinnen, doch wirklich geliebt hatte er es nie. Das ständige Zusammenleben mit fremden Menschen auf engem Raum konnte er mit ganzem Herzen nicht wirklich schätzen, selbst wenn sie einem im Glauben nahe standen.

Mit dem Internatsleben ging es schneller zu Ende als geplant. Am 1. 9. 1939 begann mit Hitlers Überfall auf Polen der Zweite Weltkrieg, und die katholischen Internate, die man aus opportunistischen Gründen noch hatte bestehen lassen, wurden in Lazarette umgewandelt. So zogen die Ratzinger-Buben erst einmal wieder ins elterliche Haus und liefen wieder täglich zur Schule. Für Joseph mag es eine Freude gewesen sein, die aber nicht lange anhielt, denn der unerschrockene Direktor des Seminars, Dr. Johann Evangelist Mair, suchte nach Ausweichquartieren für das Knabenseminar, die er zunächst für kurze Zeit im Kurhaus der Stadt fand, dann aber in dem inzwischen leer stehenden Mädcheninternat der Englischen Fräuleins zu Sparz hoch oben über der Stadt. Die Englischen Schwestern oder Englischen Fräuleins, die in Oberbayern und München sehr aktiv waren, gingen auf die englische Katholikin Maria Ward zurück, die während der Katholikenverfolgung in England im 16. Jahrhundert auf das Festland emigrierte und eine Frauenkongregation gründete. Die Kongregation widmete sich vor allem der Erziehung und der Ausbildung von Mädchen. Sie lehnte ihr Statut sehr dicht an das der Jesuiten an, weshalb die Englischen Schwestern als ein weibliches Pendant der Jesuiten erschienen. Insbesondere wurden sie vom Münchener Kurfürsten unterstützt, auch in den Jahren ihres Konflikts mit der Inquisition.

Die Nazis hatten das Lyzeum 1937 geschlossen, daher stand es weitgehend leer. Der große Vorteil des neuen Domizils bestand für den Seminaristen Joseph Ratzinger eindeutig in einem erfreulichen Mangel: Es fehlte der Sportplatz, der Ort der unausweichlichen Niederlagen für den unsportlichen Jungen. Notgedrungen verzichtete man auf die Spiele und Wettkämpfe, die für ihn nur Quelle stetiger Pein waren, und durchstreifte stattdessen ausgiebig die Wälder der Umgebung. Zum idealen Spielplatz wurde ein nahe gelegener Gebirgsbach erkoren, in dem man Fische fing, Staudämme baute und allen möglichen Schabernack trieb, der einer Jungenphantasie entspringen konnte. Diese Ungezwungenheit versöhnte ihn mit dem Internatsleben und brachte ihn direkter und ständig in den Kontakt mit anderen Menschen. Mit der Einführung der HJ-Pflicht – jeder Junge musste Mitglied der Hitlerjugend werden – meldete das Seminar die Zöglinge, die noch nicht vorher Mitglied im Jungvolk der HJ waren und inzwischen aber das Alter von 14 Jahren erreicht hatten, selbst in der Hitlerjugend an. In die Hitlerjugend konnte und musste man ab 1936 schließlich Mitglied werden. Der HJ-Chef, Reichsjugendführer von Schirach, schuf mit dem Jungvolk, Pimpfe genannt, die Möglichkeit, schon mit 10 Jahren der nationalsozialistischen Jugendorganisation beizutreten. Dieser Kinderorganisation musste man noch nicht unbedingt angehören. Joseph Ratzinger trat ihr auch nicht bei, mit der HJ sah es freilich anders aus. Man hatte schon genügend Ärger mit den braunen Herren, da wollte man ihnen für Sanktionen zumindest keinen formalen Grund liefern. Dass sich Joseph Ratzinger dort hervorgetan hätte, ja dass er an den ihn ohnehin schon anödenden sportlichen Spielen, an den Wehrertüchtigungen teilgenommen hätte, ist nicht überliefert.

Der Hitler-Stalin-Pakt mochte in der Bevölkerung ein Staunen hervorgerufen haben, doch für die Ratzingers waren die, die sich verbündeten, nur zwei Diktatoren, die einander ähnelten. Josef Ratzinger, der Vater, mochte schier verzweifeln, denn alles, was es im Leben an Gesichertem gab, stand plötzlich Kopf. Den Überfall auf das östliche Nachbarland beantworteten die Franzosen und die Engländer zwar mit einer Kriegserklärung, doch der Krieg fand einfach nicht statt. Hitlers Erfolge, das Glücken der frechen und kaltschnäuzigen Strategie des Diktators, stürzte die Opposition in eine tiefe Depression und lähmte sie. Gelang dem Verbrecher denn alles? Schlief Gott? Als sei die Verzweiflung über die Siege des Diktators noch nicht tief genug, flogen ihm fast spielerisch die nächsten Erfolge zu: Norwegen, Dänemark, Luxemburg, die Niederlande und Belgien wurden okkupiert, Frankreich in einem lächerlich kurzen Feldzug niedergerungen, dann wie im Vorbeigehen der Balkan einschließlich Griechenland erobert. Für die Opposition und für die Menschen, die eine große innerliche Reserve gegenüber dem Regime empfanden, waren dies bittere Stunden, manchem brach es den Widerstandswillen, den er über Jahre im Abwehrkampf gegen eine totale gesellschaftliche Vereinnahmung mühsam aufrechterhalten hatte. Ohne Zweifel stand Hitler auf dem Höhepunkt seiner Macht. Selbst die Westmächte, auf die mancher gehofft hatte, befanden sich in einem paralytischen Schock. Andere sahen sich in dem Zwiespalt, das Regime abzulehnen, aber den deutschen Sieg über Frankreich gutzuheißen, ja eine Befriedigung darüber zu empfinden nach der tiefen Demütigung und Ausplünderung durch den Versailler Vertrag. Der Sieg über Frankreich verschaffte dem Regime im Land ein großes Renommee. Diese interessante Schizophrenie, das Regime eigentlich innerlich abzulehnen und den Sieg über Frankreich dennoch als Genugtuung zu empfinden, fand seine Entsprechung in der Unterscheidung zwischen dem finsteren Regime der Parteileute und der guten, alten Wehrmacht, auf die man auf konservativer Seite immer noch große moralische Stücke hielt. Wenn die Knaben in den Schulpausen die deutschen Siege diskutierten, dürfte Joseph Ratzinger abseits gestanden haben, denn von seinem Vater wusste er, dass Hitlers Siege nicht Siege für Deutschland waren, sondern der Triumph des Antichristen. In Hitlers Siegen erkannte der Vater die Ouvertüre zur Apokalypse.

Trotz dieser dramatischen Begleitumstände ging das tägliche Leben im Seminar weiter, der Umzug ins abgelegene Sparz, in die Waldeinsiedelei, entrückte die Seminaristen sogar ein wenig von den Tagesereignissen. Dennoch wuchs im Gymnasium der Anteil der nationalsozialistischen Lehrer, die ihren Unterricht ideologisierten, und freilich mussten auch die anderen sich an den Lehrplan halten. Selbst die Lehrer, die eine Abneigung gegen die Nazis empfanden, waren verpflichtet, wenn sie Biologie gaben, über Rassenkunde zu reden. Wichen sie davon ab, konnten sie sich nie sicher sein, von einem Schüler denunziert zu werden.

Christliche Studien und ausgelassenes Toben im Wald bestimmten die Tage. An einem wunderschönen Junisonntag, als sich Joseph und seine Klassenkameraden auf einen Bootsausflug auf einem nahen See vorbereiteten, platzte die ungeheure Nachricht herein, dass Hitler seinen Bundesgenossen, die Sowjetunion, überfallen hatte. Weder der Sonnentag noch die Bootsfahrt ließen bei dem Knaben rechte Freude aufkommen. Die Nachricht lag wie ein dunkler Schleier auf dem Tag. Russland galt seit jeher als ein geheimnisvolles Riesenreich, das am Rand Europas dräute und dem man besser nicht zu nahe kam. Schon der von Siegen verwöhnte Napoleon fand in Russland seinen Untergang und leitete mit dem Rückzug aus dem brennenden Moskau den Zerfall seines Imperiums ein. Diese historische Parallele kannte auch der Seminarist. Obwohl die Wochenschau in Bildern der deutschen Siege badete und der Volksempfänger die militärischen Triumphe an der Ostfront jubelnd verkündete, wurde die tägliche Wahrnehmung des Jungen immer mehr von anderen Bildern bestimmt. Vom Vater hatte er den skeptischen Blick, der sich eher vom Faktum als von der Propaganda leiten ließ, geerbt. Deshalb blieb er immun für die Agitation des Antichristen, der sich als Zeitgeist kaschiert hatte. Die Transporte mit zum Teil schwer verwundeten Soldaten, die ersten Berichte von Soldaten an der Ostfront, die in privaten Briefen zaghaft die Realität andeuteten, die rasche Radikalisierung des Krieges, all das enthüllte, dass Hitler Deutschland in einen schrecklichen Kampf getrieben hatte. Im gleichen Jahr wurde nun auch das Ausweichquartier des Internats als Lazarett benötigt. Die auswärtigen Schüler suchten in der Umgebung und in Traunstein nach Privatquartieren, Georg und Joseph kehrten ins elterliche Haus zurück. Im Sommer 1942 wurde Georg zum Reichsarbeitsdienst eingezogen. Bis 1943 wohnte Joseph wieder in Hufschlag und lief wieder täglich seinen alten geliebten Weg zur Schule. Das Elternhaus avancierte zum Refugium, zu einer Gegenwelt. Hier konnte er ohne Sorge, denunziert zu werden, mit dem Vater Gedanken, Ängste und Sorgen austauschen. Hier konnte er sich in die deutsche Literatur vergraben, die er beinahe süchtig las, die Spätromantiker und Realisten des 19. Jahrhunderts, die Literatur der Eichendorffs und Mörikes, der Storms und Stifters. Und natürlich Goethe. Es waren die Bildungs- und Erziehungsromane, die tiefen Eindruck auf ihn machten und die eine Welt aufleben ließen, die er liebte und die von den Nazis zerstört wurde. Die von ihm exzessiv rezipierte Romanwelt einer zuweilen problematischen, aber letztlich doch intakten Bürgerlichkeit und eines teils idyllischen, teils widersprüchlichen bäuerlichen Lebens, der hohe Grad an individueller Freiheit, den die Autoren beschrieben, eine Freiheit, die nicht in ein enges Staatskorsett gezwängt wurde, schufen für den suchenden Intellekt des Jungen Nahrung und für die vom nationalsozialistischen Alltag angeekelte Phantasie gewaltige Fluchträume. Lesen trat an die Stelle von Leben, denn die Wirklichkeit fand auf den Seiten der Bücher statt. Auf der anderen Seite setzte eine neue Beschäftigung mit der Liturgie ein, die für Joseph Ratzinger bis heute ein unerschöpflicher Quell einer zweitausendjährigen Überlieferung geblieben ist und zugleich das Signum Gottes und der Heiligen trägt. Heilig sei hier als Attribut eines Menschen verstanden, der in seiner Suche Gott außergewöhnlich nahe gekommen ist. Während der intensiven Beschäftigung mit dem Text der Liturgie dürfte der strebsame Adept eine aufregende Entdeckung gemacht haben: Text ist nicht nur Inhalt, sondern auch Sprachform. Auch wenn er es damals so nicht formuliert hätte: Bei ihm entstand ein Gefühl dafür, dass bereits in der Form ein Teil der Bedeutung sichtbar wird, oder anders ausgedrückt, die Form erzeugt durch ihre konkrete Struktur den Inhalt mit. So erhält beispielsweise ein Satz im Versmaß (zum Beispiel in einem Gedicht) durch den Vers noch eine andere, zusätzliche Bedeutungsebene. Wollte er tiefer den Geist der Liturgie verstehen, so musste er auch in die Sprachform der Liturgie eindringen, sie für sich neu übersetzen. Die vorliegenden Übersetzungen reichten hierfür nicht aus. Durch das eigene Übersetzen war der Fünfzehnjährige dazu gezwungen, die Form zu verstehen und fast archäologisch die verschiedenen Bedeutungsschichten der Wörter, die sich über lange Zeiträume abgelagert hatten, abzutragen, um zur ursprünglichen Bedeutung des Wortes zurückzufinden. Durch den Unterricht im Griechischen und Lateinischen, den er begeistert verfolgte, wobei ihm eine ausgesprochene Sprachbegabung zu Hilfe kam, standen ihm nun auch die

Werkzeuge für diese übersetzerische Arbeit zur Verfügung. Heute beherrscht Papst Benedikt XVI. zehn Sprachen, wozu neben den alten Sprachen Englisch, Französisch, Spanisch und Italienisch gehören. Wie alle geistig hochbegabten Kinder wählte sich der Knabe bereits ein Feld, das einem Professor alle Ehre gemacht hätte und seine Kräfte übersteigen musste. Doch Energie, Kühnheit und Unerfahrenheit des jugendlichen Geistes, der nicht nach unten blickte und somit nicht die Höhe wahrnahm, in der er agierte, folglich auch nicht vom Schwindel ergriffen werden konnte, schützten ihn davor, abzustürzen. Es würde zu weit führen, die frühen geistigen Entdeckungsreisen von Goethe bis Sebastian Haffner darzustellen, doch befindet sich Joseph Ratzinger hier in guter Gesellschaft. Die Übersetzungsarbeit beflügelte die Versuche im Verfassen von Gedichten. Zum einen ergab sich das einfach aus der Notwendigkeit, adäquate Formen für Lieder der Liturgie zu finden, zum anderen gab es einen enormen Ausdruckswillen, ja ein Sich-äußern-müssen. Die letzten zwei Jahre im Elternhaus wurden geistig zu einer sehr fruchtbaren und intensiv erlebten Zeit.

Bei allen Ausflügen in die Gegenwelt wurde dennoch das Bedrückende des Alltages immer schwerer. Die Totengottesdienste für ehemalige Seminaristen stiegen nicht nur in der Anzahl, sie rückten auch immer näher an den eigenen Jahrgang. Nach dem Reichsarbeitsdienst wurde Bruder Georg im Herbst 1942 zur Wehrmacht eingezogen. Von diesem Tag an saß die Sorge um den Bruder mit am Tisch.

Immer mehr gingen dem Regime die wehrfähigen Männer aus, die an allen Fronten Europas zu kämpfen hatten, ja verheizt wurden. Die Alliierten forcierten den Bombenkrieg, dem Deutschland immer weniger entgegenzusetzen hatte. Im Frühjahr des Jahres 1943 wurden die Internatsschüler, ganz gleich, ob sie zu Hause wohnten oder in Privatquartieren, nach München verlegt. Das hieß für Joseph Ratzinger Abschied nehmen vom Elternhaus. Das erste Mal geriet er sozusagen aus der Sichtweite der Eltern. Nach einem reduzierten Unterricht sollten die Seminaristen ihre Freizeit damit verbringen, dem Großdeutschen Reich als Flakhelfer zu dienen. Zunächst wurden sie in einer Baracke in Ludwigsfeld, dann in Unterföhring im Norden von München untergebracht. Besondere Objekte wie beispielsweise die BMW-Werke, in denen Flugzeugmotoren produziert wurden, sollten vor den alliierten Fliegerangriffen durch die minderjährigen Flakhelfer geschützt werden. Dreimal in der Woche fuhren sie anfangs mit der Straßenbahn zum Maximiliansgymnasium, wo ihr Notunterricht stattfand, später, als die Straßenbahn als Folge der Angriffe entweder nicht mehr oder nur noch sporadisch fuhr, legten sie den Weg zu Fuß zurück. Das erste Mal verließ Joseph Ratzinger die heimische, doch alles in allem geschützte Welt. Nicht nur das städtische Umfeld, sondern auch das Zusammentreffen mit Jungen seines Alters, die ihm in Griechisch und Latein vielleicht nicht das Wasser reichen konnten, dafür aber über ganz andere Erfahrungen verfügten, befremdete ihn wie auch seine Kameraden aus dem Seminar, die alle bayerische Landbuben waren und einmal Priester werden wollten. Bis auf den heutigen Tag sind München und Bayern zweierlei. Äußerlich sieht man das daran, dass in Bayern seit Jahrzehnten die Christlichsozialen regieren, während das Münchener Rathaus kontinuierlich von den Sozialdemokraten beherrscht wird. Die Münchener Jungen müssen sich gekugelt haben vor Lachen über die unerfahrenen Jungen vom Lande, die zudem noch Priester werden wollten. Das musste für Großstadtjungen, die vielleicht schon erste sexuelle Erfahrungen gemacht hatten, besonders unverständlich bleiben. Spötteleien und Hänseleien dürften anfangs auf der Tagesordnung gestanden haben. Doch das Schicksal, bereits ihr junges Leben zu Markte tragen, die Entbehrungen aushalten zu müssen, ließen allmählich eine Gemeinsamkeit zwischen den Jungen entstehen. Sie erlebten, wie eine Nachbarbatterie von einer Bombe getroffen und die Flakhelfer, Jungen wie sie, getötet wurden. Doch Joseph Ratzinger hatte Glück im Unglück. Er wurde zu einer militärischen Telefonvermittlung nach Gilching an den Ammersee verlegt. Der kommandierende Unteroffizier hütete die Eigenständigkeit seiner Jungs eifersüchtig. Von der militärischen Ausbildung wurden sie befreit, so dass sie nur noch ihren Dienst verrichten mussten. Kurz darauf bekam Joseph Ratzinger eine Unterkunft bei einer Nachbarbatterie, was dazu führte, dass er von nun an ein Einzelzimmer bewohnte. Nach dem Dienst konnte er wieder ungehindert und unbeobachtet seinen Interessen nachgehen, seinen Studien, Lektüren und dichterischen Versuchen. Die Katholiken unter den Flakhelfern, unter denen, wie sich herausstellte, es nicht wenige gab, veranstalteten Religionsunterricht und setzten den einen oder anderen Besuch des Gottesdienstes in der Kirche durch. Als einmal ein Offizier die Batterie inspizierte und die Flakhelfer nach ihrem Berufswunsch fragte, gaben viele Flieger an, das war normal. Doch der unauffällige Junge aus Oberbayern, der bis dahin niemandem aufgefallen war, antwortete der Wahrheit gemäß, dass er Priester werden wollte. Der übliche Spott und Hohn folgte. Auch wenn er es gewohnt war, verletzte es ihn doch, aber es machte ihn auch wieder sicherer, die richtige Entscheidung getroffen zu haben. Zweifel entstanden für ihn erst später.

Zehn Tage verbrachte Joseph im September 1944, inzwischen als Flakhelfer entlassen, bei seinen Eltern, bevor er sich in Österreich, genauer im Dreiländereck zwischen Österreich, der Tschechoslowakei und Ungarn zum Reichsarbeitsdienst melden musste, um, wie Hitler es ausdrückte, im »Zeichen des deutschen Spatens« zu schuften. Arbeit und militärische Ausbildung wechselten sich nahtlos ab, wobei die militärische Ausbildung zum großen Teil aus ödem Drill bestand. Exerziert wurde statt mit der Waffe mit dem Spaten. Der körperlich ungeschickte und unsportliche, dafür aber geistig umso wachere Jüngling schien in der Hölle angekommen zu sein. Österreichische Altnazis, primitive Ideologen, Sadisten, die ihren Fanatismus ausleben konnten, ganz die »mutigen« Heimatkrieger, drillten und schliffen die kaum dem Knabenalter entwachsenen jungen Männer. Eines Nachts wurden sie schlaftrunken aus den Betten geholt. Ein SS-Offizier ließ sie antreten und versuchte, sie mit forschen Befehlen »freiwillig« in die Waffen-SS zu pressen. Die Rechnung ging auf, denn ein Gutteil ließ sich übertölpeln. Die armen Jungen überschauten, übernächtigt und überrumpelt wie sie waren, gar nicht, wo hinein sie da gerieten. Wüsste man nichts anderes über die Zeit des Dritten Reiches, würde schon diese winzige Episode genügend über das zutiefst Verbrecherische des Regimes aussagen: wie unbedarfte Jugendliche in den Tod getrieben wurden. In diesem Moment schützte Joseph Ratzinger seine Gegenwelt: Er widerstand dem »großzügigen« Angebot mit dem Hinweis, dass er Priester werde wolle. Einige Traunsteiner Seminaristen taten es ihm gleich. Der SS-Offizier schrie sie an, beschimpfte sie, verhöhnte ihren Gott, ihre Kirche, aber Joseph Ratzinger spürte, dass ihn dieses Bekenntnis schützte und dass die Wut vor allem aus der Machtlosigkeit des SS-Mannes herrührte, sie nicht über diese unsichtbare Grenze zum Mitmachen ziehen zu können. Schon am nächsten Tag bekamen sie den Zorn ihrer Ausbilder zu spüren, die sie nun doppelt schikanierten und drangsalierten. Diese Not aber wollten sie schon tragen, waren sie doch der anderen, weit größeren Gefahr entronnen.

Die Front rückte näher, und wie durch ein Wunder oder die Umwege der Bürokratie, die für den Menschen unerforschlich sind, wurde Joseph Ratzinger am 20. November 1944 nach Hause entlassen. Auf dem Weg ins heimatliche Traunstein kam er durch das zerbombte Wien, sah mit blutendem Herzen das zerstörte Salzburg, die Stadt der großartigen Familienausflüge und der zutiefst anrührenden Konzertbesuche. Doch all das Schwere, die Not, die Bilder des Todes und des Entsetzens, die Erfahrung der Verwüstung und Verwahrlosung, die diese Ideologie in den Herzen der Menschen angerichtet hatte, fielen von ihm ab, als er die Heimat in der lieblichen Nachmittagssonne entdeckte und das elterliche Haus in Hufschlag betrat. Er war wieder bei den Seinen, und wie durch Gottes Fügung lag noch kein Einberufungsbefehl auf dem Tisch.

Doch das Großdeutsche Reich vergaß seinen Volksgenossen Joseph Ratzinger natürlich nicht. In den letzten Kriegsmonaten erhielt er den Gestellungsbefehl und hatte sich in München zu melden. Der verantwortliche Offizier war offensichtlich kein fanatischer Anhänger des Regimes und empfand wohl auch Mitleid mit dem zierlichen jungen Mann, und so tat er, was er für ihn tun konnte, und kommandierte ihn in die Traunsteiner Infanteriekaserne. Die letzten Tage des Regimes waren an Absurdität wohl nicht zu übertreffen, nur dass diese sehr vielen Menschen das Leben kostete und blutiger Ernst war. Gemeinsam mit kriegsuntauglichen älteren Familienvätern, erhielt er eine militärische Grundausbildung. Die Auflösungserscheinungen und die Ratlosigkeit in der Armee wuchsen von Tag zu Tag. Der Soldat Ratzinger lernte mehrere Standorte in der Umgebung von Traunstein kennen, bis er sich nach einer Erkrankung in Traunstein wiederfand. Nun musste er hin und wieder mit seiner Kompanie durch die Stadt marschieren und schmissige Lieder singen. Der großdeutsche Rundfunk verkündete am 1. Mai um 22.26 Uhr den Tod Hitlers und die Regierungsübernahme durch Großadmiral Dönitz, was schon eine Farce war, weil wenige Tage später Keitel in Karlshorst die bedingungslose Kapitulation unterzeichnete. Gleichwohl ließ der Einmarsch der Amerikaner auf sich warten. Es entstand ein gefährliches Machtvakuum. Die Zentralgewalt gab keine Weisungen mehr aus, aber es gab noch Wehrmachtseinheiten, die Befehle, die von Gott weiß woher kamen, ausführten und SS-Männer, die weiterkämpfen wollten und als gute Weltanschauungskrieger alle jagten, die sie für Feinde, Deserteure oder Kapitulanten hielten, um sie zu töten. Des Wartens müde und nur eine halbe Stunde Fußweg von zu Hause entfernt, entschloss sich der Soldat Ratzinger, aus der Armee des toten Führers auszutreten, und ging nach Hause. Wissend, dass die Stadt von Soldaten abgeriegelt war, die den Befehl hatten, Deserteure aufzuspüren und zu erschießen, nutzte er nicht den direkten Weg, sondern schlich sich vorsichtig über abseitige, kleine Pfade nach Hufschlag. Fast war er schon zu Hause, als er aus der Bahnhofsunterführung heraustretend auf einen Posten stieß. Jetzt half nur noch Gottvertrauen, doch wie im ganzen Krieg, so hatte sein Schutzengel auch jetzt sozusagen Tuchfühlung aufgenommen. Die beiden Soldaten, die nach einem Vorwand suchten, den Kameraden nicht festnehmen zu müssen und dem Jungen damit den sicheren Tod zu ersparen, wiesen erfreut auf seinen Arm, der wegen einer kleinen Verletzung in einer Schlinge hing: »Kamerad, du bist verwundet. Geh weiter!« Als er das Haus betrat, entdeckte er zwei Englische Schwestern, wie sich später herausstellte, Freundinnen seiner Schwester Maria, die versuchten, mit Hilfe der Landkarte herauszubekommen, wann mit der Ankunft der Amerikaner zu rechnen sei. Die Freude der Eltern war natürlich groß, den Sohn wieder zu Hause zu haben, wenngleich kurz vor Toresschluss sich ein großes Unglück abzeichnete. Zwei SS-Männer, die Deserteure jagten, wurden im Haus einquartiert. Sie vermuteten Joseph, der zwar jünger wirkte, als er tatsächlich war, dennoch im wehrfähigen Alter und begannen nachzuforschen. Zu allem Überfluss konnte Vater Ratzinger seine Meinung über Hitler vor den beiden Henkersknechten nicht zurückhalten. Dass die nach verlorenem Krieg noch ihr Unwesen trieben, das konnte er nicht verkraften. Es war und bleibt ein Wunder, dass dem alten Mann nichts geschah und auch dem Sohn nicht, sondern dass die beiden SS-Männer so plötzlich wie sie kamen auch wieder verschwanden.

Und dann kamen endlich die Amerikaner. Sie quartierten sich im elterlichen Haus ein und schickten den Sohn erst einmal in ein Gefangenenlager. Der Vater steckte in der Eile dem Sohn noch Bleistifte und ein Heft ein, was sich für die langen Tage des Wartens auf dem zum Gefangenenlager umfunktionierten nackten Acker bei Ulm als äußerst günstig erwies. So konnte der Sohn Gedanken und Überlegungen, auch dichterische Versuche mit griechischen Hexametern niederschreiben und sich die Zeit sinnvoll vertreiben, denn nichts ist tödlicher für das Überleben als das bloße Ausharren ohne Beschäftigung, das in Lethargie und dann vielleicht in Agonie umschlägt. Die Zeit von Mai bis Ende Juni maß nicht lang, doch zum einen wusste niemand, wie lange er in diesem Lager zu bleiben hatte, und zum zweiten kampierten auf einem blanken Acker 50 000 Menschen ohne Unterkünfte, die Gefahr von Krankheit und Ansteckung war mithin sehr hoch. Doch Ende Juni konnte der Vater, der allein zu Hause war, seinen jüngsten Sohn überglücklich in die Arme schließen. Bald darauf kehrten in größter Eile die Mutter und die Schwester zurück, die in der Kirche gebetet hatten, weil ihnen unterwegs berichtet worden war, dass man ihren Joseph gesehen hatte. Als kaum einen Monat später auch Georg braun gebrannt aus der Gefangenschaft in Italien zurückkehrte, war die Familie wohlbehalten und glücklich wieder vereint. Es war, als ob in den düsteren Tagen eine höhere Macht schützend die Hand über sie gehalten hätte. Diese Macht, deren Schutz er so stark empfand, hatte die ersten 18 Jahre des Lebens von Joseph Ratzinger geprägt.

Georg und Joseph beteiligten sich bei den Aufräumarbeiten in dem zum Lazarett umfunktionierten Knabenseminar, um es wieder für seine ursprüngliche Bestimmung herzurichten. Im Dezember veranstalteten die ehemaligen Seminaristen eine Weihnachtsfeier, die vor allem veranschaulichte, welche menschlichen Lücken der Krieg in ihre Reihen gerissen hatte. Wie viele ihrer Kameraden waren gefallen, andere schwer verletzt, für das Leben gezeichnet. In diesem Moment muss Joseph Ratzinger eine tiefe Dankbarkeit seinem Herrgott gegenüber empfunden haben, der ihn und die Seinen in Not und Gefahr beschützt hatte. Sein geistliches Fundament dürfte spätestens ab diesem Zeitpunkt tief in ihm verankert gewesen sein.

Doch inzwischen hatte schon ein neues, aufregendes Kapitel im Leben des jungen Mannes begonnen.

LEHRLING DER WAHRHEIT

Im Dezember 1945 ging Joseph Ratzinger nach Freising, um am dortigen Priesterseminar die Ausbildung fortzusetzen. Der erste Jahrgang umfasste 120 Seminaristen, deren Alter vor allem durch den Krieg weit auseinander lag. Die jüngsten hatten gerade ihren 18. Geburtstag gefeiert, die ältesten kamen aus dem Krieg zurück, den einige von ihnen von Anfang an mitmachen mussten, und zählten nun 37 oder gar 38 Jahre. So sehr sich das Alter der Seminaristen unterschied, so unterschiedlich waren die Erfahrungen, die sie geprägt hatten. Andererseits verband sie, dass sie für ihren Glauben Schmähungen erfuhren und dass sie der Hölle einer totalitären Diktatur entronnen waren – die jüngsten hatten den Krieg als Flakhelfer in Bombennächten erlebt, während die älteren das Inferno der Vernichtungsschlachten im Osten erleiden mussten. Sie hatten Gräuel unvorstellbaren Ausmaßes gesehen, und sie alle hatten den nationalsozialistischen Staat, seinen Terror und seine Untergangsorgien mit heiler Haut überstanden, mit heiler Seele wohl weniger. Doch das Geschenk, am Leben zu sein und etwas Neues aufbauen zu können, das empfanden sie alle mit großer Intensität. Jetzt konnte es endlich losgehen, das wirkliche Leben.

Der Seminarist Joseph Ratzinger fühlte sich wie neugeboren und stürzte sich wie seine Kommilitonen auf alle Bücher, die nur irgendwie und irgendwo greifbar waren und Wissen für jeden bereithielten, der danach verlangte. Heute, im Zeitalter von Amazon und Buecher.de, ist es schwer nachzuvollziehen, wie dramatisch der Mangel an Büchern sein kann. Dennoch, der Mangel herrschte.

Viele Bibliotheken waren in den Bombennächten samt Inhalt bis auf die Grundmauern niedergebrannt, viele Menschen mussten ihre Bücher durch Evakuierung und Vertreibung zurücklassen, oftmals war es nur das nackte Leben, das sie retteten. Überhaupt fand die deutsche Literatur entweder im Ausland statt oder schlummerte in den Schubladen der Autoren. Schließlich waren während der vergangenen zwölf Jahre viele Autoren, deren Werke Goebbels auf dem Opernplatz in Berlin hatte verbrennen lassen, bei Strafe verboten. Selbst wenn das eine oder andere Werk an wirklicher Literatur inmitten des Schundes und der Propaganda erschien, so konnten diese spärlichen Veröffentlichungen doch keine literarische Blüte am Leben erhalten, die eines solchen Namens würdig war. In Deutschland brach unter der Herrschaft der Nationalsozialisten eine geistige Dürre aus. Wer etwas zu sagen hatte, schwieg, hatte Publikationsverbot, schrieb nette Heimatromane und besonnte Kindheitserinnerungen oder verdingte sich als Drehbuchautor für die Ufa.

So wurde erst einmal von den lektürehungrigen Seminaristen die einigermaßen erhalten gebliebene Handbibliothek des Seminars geradezu aufgesogen. Dabei blieb das Interesse Joseph Ratzingers nicht auf theologische Werke beschränkt, sondern er las auch an Gegenwartsliteratur, was aufzutreiben war. Zum ersten Mal erfuhr der Junge vom Land etwas von den verschiedenen religiösen und kulturellen Strömungen in der deutschen Gesellschaft außerhalb des Katholizismus – und er las in einem schönen und spannenden Buch die Geschichte einer Konversion. So in dem Werk von Gertrud von Le Fort, die in ihrem zweiteiligen Roman »Das Schweißtuch der Veronika« ihre Konversion zum Katholizismus literarisch verarbeitete. Als streng behütete Tochter eines protestantischen, preußischen Offiziers suchte sie nach Sinn und Emanzipation in ihrer Welt und stieß sehr schnell an die Grenzen. Sie beschreibt die Auseinandersetzung mit der deutschen Welt vor und nach dem Ersten Weltkrieg, mit den kulturellen Strömungen, auch an der Universität Heidelberg, wo sie in den Bannkreis des Dichters Stefan George geriet, der ein heidnisch-sakrales Dichterfürstentum propagierte. Ihr Buch wurde zu einer Abrechnung mit der liberalen Geisteswelt in der Gestalt des protestantisch-preußischen Fortschrittglaubens. Der Erste Weltkrieg geriet für die Zeitgenossen zur Bankrotterklärung dieser Art des Liberalismus. Wenn Joseph Kardinal Ratzinger in seinen späteren Jahren die Sammelbezeichnung »Liberalismus« benutzte, dann ist diese historische Dimension des Liberalismus unbedingt mitzudenken, einer breiten geistigen Grundhaltung am Vorabend des Ersten Weltkrieges, die ein ungebrochener Fortschrittsoptimismus und ein Glauben an den Menschen als unumschränkten Demiurg und Weltenherrscher kennzeichnete.

Indem sich Gertrud von Le Fort auf der Suche nach dem Sinn des Lebens dem Liberalismus entfremdete und dem Katholizismus zuneigte, eröffnete sich für den jungen Mann, der katholisch war, seit er denken konnte, eine großartige Möglichkeit: Durch die Augen der Schriftstellerin konnte er sich seinem Glauben von außen nähern.

Die heute kaum noch gelesene Elisabeth Langgässer wurde vom jungen Joseph Ratzinger geradezu verschlungen. Hier schrieb eine katholische Schriftstellerin, die den ganzen Kreis des Leidens durchschritten hatte, beruflich wie privat. Als Tochter eines zum Katholizismus konvertierten Juden stuften die Nürnberger Rassegesetze sie als Volljüdin ein. Sie wurde aus der Reichsschrifttumskammer ausgeschlossen. Ihre Tochter Cordelia verschleppten die Nazis noch im letzten Jahr des Dritten Reiches zunächst nach Theresienstadt und dann nach Auschwitz, wo sie wie durch ein Wunder überlebte. Ab der Mitte der 30er-Jahre erkrankte Elisabeth Langgässer an multipler Sklerose. Die Nazis belegten sie mit einem strikten Schreib- und Publikationsverbot. Die Gedichte (»Der Wendekreis des Lammes«, »Ein Hymnus der Erlösung«) wie auch die frühen Romane beschäftigen sich eindringlich mit der Erweiterung der Liturgie im Kirchenjahr. Und die Liturgie wurde für den jungen Ratzinger immer wichtiger. Zum anderen beschäftigte sich die Schriftstellerin mit der Kraft der Sünde. Wie wenig Erfahrung hatte der junge Seminarist, der im Grunde die Welt seines Elternhauses kaum verlassen hatte, mit dem Leben gemacht, wie wenig wusste er doch von den Anfechtungen, denen der Mensch ausgeliefert war, und den zuweilen seltsamen Verschlingungen der Lebenswege. Die elterliche Welt, unter deren Schutz er stand, war klar und einfach geordnet: hier die Welt Gottes, dort die Welt des Antichristen. Die Moral wurde in 10 Geboten und durch den Katechismus definiert. Wenn man einen sozialen Status errungen hatte, der einem ermöglichte, eine Familie zu gründen, dann suchte man die rechte Frau dafür, heiratete, bekam Kinder, die man dann gottesfürchtig und gut katholisch erzog. Das alles war sehr ehrbar und sollte in einer Zeit, in der den Menschen immer mehr die Maßstäbe verloren gegangen waren und eine geradezu metaphysische Verzweiflung wucherte, nicht hochmütig abgekanzelt werden, doch waren sie für den jungen suchenden Menschen nicht ausreichend und für einen angehenden Priester, der Menschen führen und beraten, ihnen in ihren seelischen Kämpfen beistehen sollte, allemal zu schmal. Für Joseph Ratzinger wurden die Romane, die sich mit diesen großen Kämpfen der Seele auf dem heimtückischen Kampfplatz, den die Welt darstellte, zu Lehrstücken, zu einer einzigartigen Möglichkeit, ungefährdet Wege der Drangsal und der Verführung der Menschen kennen zu lernen, die großen Leidenschaften, die ihm immer auch ein wenig verdächtig bleiben sollten.

Nicht weniger, aber in ganz anderer Weise wurde Ernst Wiechert für ihn eine wichtige Lektüre. In dem 1946 erschienenen Bericht »Der Totenwald« teilte der konservative Autor, der wegen seines unerschrockenen Auf- und Eintretens für Martin Niemöller ins KZ verschleppt wurde, die Erlebnisse und Erfahrungen seiner Lagerhaft mit. Goebbels hatte ihm nach seiner Entlassung persönlich gedroht, ihn physisch zu vernichten, wenn er es wagen sollte, sich noch einmal gegen das Regime zu äußern. In dem 1950 kurz vor seinem Tod erschienenen Roman »Missa sine nomine« verarbeitete der Autor die Probleme der Auseinandersetzung mit der Nazizeit, die zu einer notwendigen Diskussion in der unmittelbaren Nachkriegszeit hätten werden sollen, in der literarischen Form der Messe. So lernte der »Hinterwäldler« nach und nach die aktuelle

Diskussion der Zeit kennen. Zu den tief empfundenen Lektüren Joseph Ratzingers, die auch ein geistiges und seelisches Ringen darstellten, gehörten in diesen jungen Jahren die Romane der großen katholischen Schriftsteller Frankreichs, Georges Bernanos und Paul Claudel, die gegen die Entchristianisierung Frankreichs anschrieben, und natürlich die Romane des Russen Dostojewski. Es ist interessant, dass Ratzinger nirgendwo den Gottsucher Tolstoi erwähnte, dafür aber um so vehementer den existentialistischen Dostojewski. Gerade Dostojewskis fast barocke Verknüpfung von aufeinander prallenden menschlichen Leidenschaften und einer nicht weniger leidenschaftlichen Suche nach dem Sinn des Daseins inmitten einer schmutzigen und korrupten Welt, die die metaphysische Befreiung der körperlichen Befriedigung entgegenstellte, wühlten ihn auf. Diese metaphysische Befreiung empfand der begeisterte Leser Joseph Ratzinger als eine Art Rettungstau aus dem Inferno des Alltags. Das Auseinanderdriften von kirchlicher Realität und religiöser Utopie in der hochberühmten Diskussion zwischen dem Großinquisitor und Jesus Christus, das Gespräch Dimitrij Karamasows mit Starez Sosima über die richtige Art zu leben in »Die Brüder Karamasow« oder die Entstehung von terroristischem und totalitärem Denken, das einer kalten Idee zuliebe das Leben entwertet, in den »Dämonen« – die Seminaristen hatten das noch wenige Monate zuvor selbst erfahren müssen – sorgten nicht nur für eine Lektüre, die die ganze Persönlichkeit herausforderte, sondern sie provozierte tage- und nächtelange Diskussionen unter den Seminaristen. Spannungen untereinander gab es da mit Sicherheit.

Die jüngeren wie Joseph Ratzinger kamen fast direkt von der Schulbank ins Seminar und hatten das Lernen nur für kurze Zeit unterbrochen. Ihnen fiel das Lernen natürlich leichter. Den älteren hingegen bereitete es Mühe, wieder zu Schülern zu werden nach all dem, was sie erlebt hatten. Dafür schien ihr Glauben wesentlich konturenreicher, ihre Vorstellungen von dem, was sie einmal machen wollten, gereifter, nachdem sie mit viel Glück dem Tod in der Schlacht entronnen waren. In diesen Diskussionen spürte der Junge aus Traunstein, wie viel ihm an Lebenserfahrung fehlte, wie wenig er von den Irrungen und Wirrungen des Schicksals wusste. Das wollte er nachholen, und die beste Form des Nachholens schien ihm die Lektüre zu sein. Die einschneidende Erfahrung geschlechtlicher Liebe musste er sich versagen, wenn er Priester werden wollte. Dabei sollte man diese Erfahrung nicht auf eine kurze körperliche Begegnung reduzieren, sondern den Bogen viel weiter spannen: Liebe, Leidenschaft, vielleicht Glück, vielleicht aber auch Verunsicherung oder gar die Ablehnung unerwarteter Vaterschaft, all das sind Erfahrungen, die Joseph Ratzinger fehlen und die sich auch nicht über die fleißigste Lektüre erschließen lassen. Hierin liegt das Problematische späterer lehramtlicher Festlegungen des Präfekten der Glaubenskongregation zu Fragen der Verhütung und des Schwangerschaftsabbruchs. Die Frage, die sich weder einfach vom Tisch wischen lässt noch überheblich und ignorant negativ zu beantworten ist, lautet schlicht: Kann jemand, der für sich sexuelle Erfüllung und geschlechtliche Liebe ausgeschlossen hat, über Verhütung und Schwangerschaftsabbruch entscheiden? Doch dazu später, denn noch hatte der junge Mann nur für sich zu entscheiden, und schon das war gar nicht so einfach.

Joseph Ratzinger, der Seminarist, war neugierig und sein Tag ausgefüllt mit geistigen Abenteuern. Er war ein junger Mann und natürlich spürte er das Verlangen, das im Gegensatz zu seinem Berufswunsch stand, doch noch ließ es sich zurückdrängen in einer Männergesellschaft, die das Priesterseminar in Freising war, im Kreis von Gleichgesinnten, die sich gegenseitig bestätigten im Verzicht. Natürlich wurde nicht über den Verzicht gesprochen, dafür über die Größe der Aufgabe und über die Forderung der Reinheit. Ein wenig ironisch ausgedrückt, hatten im Seminar die Sünde und die Versuchung noch wenig Chancen, sich ihm zu nähern. Das eigentliche Drama – ein Lieblingswort Joseph Ratzingers – stand ihm noch bevor.

Im Seminar deutete sich bereits an, was er später an der Universität noch viel tiefer erfahren und was ihn prägen sollte: die Begegnung mit Hochschullehrern, mit Wissenschaftlern und Autoren, die ihre entscheidenden Lehrjahre in der Zeit nach dem Ersten Weltkrieg durchlebten.

Einer seiner Lehrer im Freisinger Seminar, der noch dazu Präfekt seines Studiensaals war, Alfred Läpple, hatte noch vor dem Krieg bei dem Moraltheologen Theodor Steinbüchel in München studiert. Von den modernen Strömungen des theologischen Denkens, das eng mit den philosophischen Auseinandersetzungen zusammenhing, hatte Joseph Ratzinger allenfalls im Zusammenhang mit dem Modernismus gehört, der von der offiziellen katholischen Theologie inzwischen abgelehnt wurde. Ob es den Modernismus überhaupt gab oder ob er nur ein römisches Konstrukt, eine Sammelbezeichnung darstellte, darüber diskutiert momentan die historische Wissenschaft. Ende des 19. Jahrhunderts versuchten katholische Theologen, das wissenschaftliche Denken ihrer Zunft dem der anderen wissenschaftlichen Disziplinen anzupassen. Papst Pius X. verurteilte kurz vor dem Ersten Weltkrieg diese von ihm unter dem Begriff Modernismus zusammengefassten Versuche und verbot sie. So viel, und dass der Modernismus eine Irrlehre war, wusste der Neuling im Seminar. Von Läpple erfuhr er weit mehr. Dass der Modernismus inzwischen, nicht durch das Verbot des Papstes, sondern aus Gründen der gesellschaftlichen und wissenschaftlichen Entwicklung überholt war, konnte er nicht wissen. Für den jungen Joseph Ratzinger bedeuteten die Anregungen des jungen Lehrers einen Sprung in die Aktualität. Er erfuhr, dass die europäischen Mächte und Gesellschaften am Vorabend des Ersten Weltkrieges einen ungeheuren Fortschrittsschub erlebt hatten, man denke beispielsweise nur an die uns bestens bekannte Einführung der Sozialversicherung durch Bismarck in Deutschland, und dass die Entwicklung der Wissenschaften und der Technik ein atemberaubendes Tempo vorlegten. Das erzeugte eine zutiefst optimistische Stimmung in der Gesellschaft, die sich auf alle Lebensbereiche übertrug. Man glaubte, dass man im besten aller Zeitalter lebte und der Wohlstand sich notwendig einstellen müsste. Und da man die beste aller Gesellschaften hatte, wollte man damit auch die Welt beglücken: die Engländer, die als positiv besetztes Programm den Begriff liberalen Imperialismus prägten, die Franzosen, die als *grande nation* ohnehin das *savoir vivre* gepachtet hatten, und schließlich auch die Deutschen, an deren Wesen die Welt genesen sollte. Für die Philosophie bedeutete dies, dass man in der Nachfolge Kants, der große Kritiken verfasst und alles der Vernunft untergeordnet hatte, nun große Systeme erstellte, die auf den allgemeinen Gesetzen der Vernunft und der Logik fußten. Zwar konnte man die Welt, das Ding an sich, nicht wirklich erkennen, aber man behalf sich mit einer Hilfskonstruktion, dem Neukantianismus, der alles vernünftig definierte – übrigens auch Gott – und mit seinem Dogma der Vernunft und seiner Leidenschaft, Systeme zu konstruieren, durch den Positivismus mit seiner Lust am Zähl- und Messbaren ideal ergänzt wurde. In der Theologie hieß das, dass in dieser vernünftigen Welt letztlich Gott als vernünftiges Wesen Platz zu nehmen hatte. Die Auslegung der Bibel nach vernünftigen Kriterien auf der Grundlage historisch-kritischer Textanalyse machte Gott im Grunde zu einem Autor, dem man mit den Mitteln der Textanalyse zu Leibe rücken konnte. Es galt nur der geschriebene Text, und die Bibelauslegung reduzierte sich auf die philologische Analyse des geschriebenen Wortes. Die wissenschaftlichen Instrumente lieferten Wilhelm Dilthey, Adolf von Harnack und Ferdinand de Saussure. Das Zeitalter war fortschrittsgläubig, und der Fortschritt ließ sich in Zahlen und Maßen ausdrücken. Der Mensch wurde zum eigentlichen Gott, denn er konnte alles schaffen, er war ein Weltenbauer, die Krone der Schöpfung, das Maß aller Dinge. Der Katholizismus hatte ohnehin gerade ein wenig, durchaus selbst verschuldet, den wissenschaftlichen Anschluss verloren, so dass sich mehr oder weniger eine preußisch-deutsche Staatsreligion auf den Prinzipien Verstand und Protestantismus durchsetzte. Nicht umsonst hatte zu dieser Zeit Max Weber den Geist des Protestantismus als Geist des Kapitalismus erkannt. So kam es, dass man im 19. Jahrhundert in den Ersten Weltkrieg zog und geschlagen und gedemütigt, desillusioniert und leiddurchlebt am Ende des Krieges im 20. Jahrhundert ankam. Der selbstgewisse Mensch, die Krone der Schöpfung fand sich als verwirrtes Wesen wieder. Goethes Zauberlehrling ließ schaurig grüßen.

Zum ersten Mal verstand Joseph Ratzinger den Hintergrund des Modernistenstreits. Doch Läpple drückte ihm nun das aufwühlende Buch »Der Umbruch des Denkens« seines Lehrers Theodor Steinbüchel in die Hand und machte ihn so mit der Revolution im Denken, die die Philosophie, die Naturwissenschaft und die Theologie grundlegend veränderte, bekannt, die sich in der Mitte der Zwanzigerjahre vollzog.

Dieser Bruch kam dem tiefgläubigen Jungen aus der Provinz sehr entgegen, denn er führte bei ihm ein Denken ein, das ihm näher lag als der kalte Verstandesglaube. Was war geschehen? In den Materialschlachten, in der Industrie des massenhaften Tötens brach der brav-liebenswerte Liberalismus der Vorkriegszeit zusammen. Der Fortschritt zeigte seine brutale Kehrseite und diskreditierte den Glauben an die Vernunft. Husserls »Phänomenologie«, der das einzelne, das konkrete Phänomen im Verhältnis zum alles bestimmenden System wieder in seine Rechte einführt, öffnete die Tür für ein neues Denken. Martin Buber, Karl Jaspers und vor allem Martin Heidegger, die Theodor Steinbüchels Buch dem Seminaristen nahe brachte und die er anschließend gründlich studierte, führten den Menschen wieder in seine Rechte ein, den Menschen, der kein rationales Konstrukt, sondern ein eigentlich irrationales Wesen war, weil er allein und verloren in einer Welt, die er nicht verstand, hin und her geworfen wurde. Deshalb brauchte er ein Bezugssystem, zu dem er sich ins Verhältnis setzen, mit dem er kommunizieren konnte, mit dem er, besonders bei Martin Buber ausgeführt, eine Beziehung aufzubauen vermochte. Für die Theologie hieß dies, dass der Mensch nur die Rettung aus der Finsternis der Welt erhoffen konnte, wenn er versuchte, mit Gott ins Gespräch zu kommen. Dieser Personalismus wurde zur Grundlage des Denkens von Joseph Ratzinger. Gottes Antwort bestand in der Liebe, er nahm den Menschen an, er kommunizierte mit ihm, beispielsweise im Gebet oder in der Liturgie. Martin Heideggers »Sein und Zeit«, Karl Barths »Römerbrief«, Rudolf Bultmanns Schriften, der Eingang, den die liturgische Bewegung in die offizielle Theologie fand, darin äußerte sich die geistige Revolution in den Zwanzigerjahren. Der Mensch brauchte, das hatte das Kind Joseph Ratzinger bereits erfahren, ein höheres und ewiges Prinzip, einen unwandelbaren

Maßstab, zu dem er sich ins Verhältnis setzen musste. Andernfalls machte er sich selbst zum Gott und zerstörte in dieser Selbstüberhöhung die Gesetze der Moral, der Kultur und der Zivilisation. Aus dem Reich des Menschen würde die Hölle. Der mit heißem Verlangen nach Wahrheit suchende Seminarist und spätere Student der Theologie Joseph Ratzinger vertiefte sich in die Schriften von Joseph Pieper und Romano Guardini, beides Autoren, die in den Zwanzigerjahren von diesen Ideen als Schüler angesteckt worden waren und weitergesucht hatten. Wenn die menschliche Hybris zu katastrophalen Folgen führte, ergab sich für diese Schriftsteller der einzig mögliche Ausweg in der erneuten und tieferen Hinwendung zu Gott. Diese Hinwendung zu Gott, zur Liturgie und zur Überlieferung der Kirche kamen dem begeisterten Schüler Ratzinger zupass, denn sie verband sich mit seinen eigenen Erfahrungen lebendigen Glaubens, seiner eigenen Welt, in die man sich nach seiner Überzeugung ganz und gar begeben musste. Für seine Lehrer stand das Erlebnis über der Erkenntnis – das war die wichtigste Lehre des Umbruchs. In »Der Umbruch des Denkens« las der Seminarist mit pochendem Herzen, dass – analog zur Abkehr der Physik vom mechanischen Weltbild Newtons – sich in der Betrachtung des Lebens eine Abkehr von einem geschlossenen und berechenbaren Weltbild vollziehen müsse hin zu einem, das offen war und Gott wieder zuließ. Das verlangte nicht mehr und nicht weniger als die Metaphysik – die Lehre dessen, was hinter der erkannten und berechneten Welt lag – wieder als gemeinsame Basis aller Wissenschaften erneut zum Leben zu erwecken. Fast gleichzeitig verschlang er die »Philosophie der Freiheit« von dem Münchener Philosophen Aloys Wenzel, der zeigte, wie das klassische Weltbild der Physik, in dem Gott keine Rolle spielte, abgelöst wurde durch eines, das offen für Gott war. Das Buch beschrieb die philosophischen Konsequenzen der Physik Albert Einsteins, die Jahre später dazu führen sollten, dass die Physiker das Gespräch mit den Theologen oder dem Dalai Lama suchten, weil sie in ihren Überlegungen zu einem Punkt kamen, an dem nur Gott sein konnte.

Für den kristallenen Logiker Thomas von Aquino konnte sich

Joseph Ratzinger nicht erwärmen, denn seine ganze Erfahrung bestand aus erlebtem Glauben. Dieses große Maß an Erleben wollte er nun auch intellektuell und wissenschaftlich durchschauen, aber er mochte das Erkennen nicht einfach durch das Erleben ersetzen, sondern vielmehr das Erleben erweitern durch das Erkennen. In diesen Jahren bildete sich der theologische Ansatz bei ihm heraus, das Erleben des Herzens als Akt des Gefühls mit dem Erleben des Intellekts als eines Akts des Verstehens zu kombinieren und zu erweitern. Wenn er nach all den intellektuellen Anstrengungen der Lektüre und der Diskussionen mit seinen Kommilitonen Unterricht in der Gemeindepredigt bei dem volkstümlichen Michael Höck erhielt, den die Nazis mehrere Jahre im KZ Dachau eingesperrt hatten, spürte der junge Seminarist so etwas wie Heimat, eine geistige Rückkehr in seine Gemeinde. Letztendlich waren es die vertrauten Erfahrungen des praktischen Christentums und der Liturgie, die ihn davor bewahrten, bei der Erkundung neuer geistiger Sphären in die Schwerelosigkeit der reinen Reflexion abzuheben. Zum Tagesablauf des Freisinger Seminaristen gehörten natürlich die täglichen Gebete in der Hauskapelle, die regelmäßigen Messen und Andachten im Dom und nicht zu vergessen das Musizieren, das er sehr liebte. Schließlich spielte er seit seiner Kindheit regelmäßig und ausgezeichnet Klavier. Dem Theaterspielen wohnte er lieber nur als Zuschauer bei, denn eine flammende Rede à la Karl Moor zu halten, lag dem immer noch sehr introvertierten Jungen vom Lande nicht. Das Leben im Priesterseminar hatte seine Neugier für die Philosophie und für die Geschichte der Theologie geweckt. Nun war er ja nach Freising gekommen, um Priester zu werden und in der Gemeinde zu wirken. Doch konnte er das überhaupt? Er verfügte nicht über die menschlichen Erfahrungen und über das sichere und selbstgewisse Auftreten seiner älteren Kommilitonen, die an der Front gekämpft hatten, auch war ihm nicht das schöne, selbstsichere Naturell einiger Gleichaltriger gegeben, mit dem sie den Mangel an Erfahrungen wettzumachen schienen. Die Frage stellte sich leider viel verzwickter, denn ganz davon abgesehen, ob er dazu in der Lage war: Wollte er es denn überhaupt noch? Das philosophische Studium in Freising hatte ihn tief aufgewühlt und in einem gewissen Sinn auch erweckt. Unausweichlich stand die Frage, wo und vor allem wohin er seinen Weg fortsetzen wollte. Dass sein Ziel, Priester zu werden, immer noch feststand, änderte nichts an der Tatsache, dass es ihn weniger in die Seelsorge, sondern stärker in die Wissenschaft zog. Er war jetzt im wissenschaftlichen Sinn mündig geworden, ein strebsamer Lehrling der Wahrheit. Denn eines wusste er nun, nämlich was es für ihn dringend zu erfahren und zu erforschen galt. Seine ganze jugendliche Leidenschaft hatte ihr Ziel gefunden. Nun gab es verschiedene Lehreinrichtungen, die für ihn in Frage kamen. Sie unterschieden sich vor allem darin, ob sie schnell und zielgerichtet zur Ausbildung des Seelsorgers, des Pfarrers führten oder ob sie die Chance boten, später auch wissenschaftlich tätig zu sein. Von den 120 Seminaristen des Freisinger Priesterseminars baten drei ihren Bischof, an der Theologischen Fakultät der Münchener Universität, dem Georgianum, studieren zu dürfen. Einer von ihnen war Joseph Ratzinger. Froh, glücklich und im Innern seines Herzens erleichtert empfing Joseph Ratzinger die Erlaubnis seines Bischofs. Seine Liebe zur Wissenschaft war von großer Leidenschaft geprägt, ähnlich wie die Liebe zur Musik, die sein Bruder Georg hegte.

Sein erstes akademisches Jahr an der Theologischen Fakultät der Münchener Universität 1947/1948 begann für den frisch gebackenen Studenten Joseph Ratzinger fast direkt im Anschluss an das Seminar, weil der Beginn des Studiums für den 1.9.1947 festgelegt wurde. Die Studenten der katholischen Theologie trafen sich bereits Ende August zu geistlichen Übungen. Heizmaterial war noch immer knapp, so hatte die Fakultätsleitung entschieden, den Beginn des Semesters in den Spätsommer vorzuverlegen, und um Heizmaterial zu sparen, dafür lieber in der kalten Zeit eine verlängerte Pause zwischen den Semestern einzuräumen. Die Zeit zwischen Weihnachten und Ostern verbrachten die Studenten deshalb zu Hause. Bis zum Herbst 1949 studierte Joseph Ratzinger unter kuriosen Bedingungen. Durch einen Bombentreffer war die eigentliche Fakultät schwer beschädigt und musste wieder aufgebaut werden. Deshalb bezog das Georgianum ein Ausweichquartier in Fürstenried, im ehemaligen Königlichen Jagdschloss im Süden von München. Als 1949 der Wiederaufbau der Münchener Universität so weit fortgeschritten war, dass die Fakultät zurück in die Stadt ziehen konnte, zog Joseph Ratzinger in seinem letzten Studienjahr mit ins Stadtinnere.

Die Vorlesungen fanden in Fürstenried ungewöhnlicherweise, aber durch die Not der Zeit und die Gegebenheit des Ortes vorgegeben, im Gewächshaus statt, was dazu führte, dass die Studenten im Sommer schwitzten und in der kühleren Jahreszeit froren. Doch die Studenten dürsteten nach Wissen, sie hatten ja gerade erst die Katastrophe überstanden, und die Dozenten freuten sich, wieder lehren und dies vor allem ohne Zensur tun zu können. So nahm man die Unzulänglichkeiten in Kauf. Das Leben ging nach der furchtbaren Katastrophe weiter und es begann, sich Stück für Stück zu normalisieren. In Fürstenried studierte man nicht nur, sondern hier wohnte man auch. Um Platz zu sparen, hatte man die Unterkünfte mit Doppelstockbetten belegt, was ihn mehr als einmal beim morgendlichen Aufstehen für Augenblicke in seine Zeit als Flakhelfer zurückversetzte.

Das Klima an der Universität unterschied sich deutlich von dem des Priesterseminars. Die Studenten interessierten sich wesentlich stärker für die wissenschaftlichen Fragen der Theologie, das Verbundenheitsgefühl, das aus dem gemeinsamen Ziel, Seelsorger zu werden, erwuchs, fehlte hier weitgehend. Ungebundenheit und Individualität, wie sie zu wissenschaftlichem Arbeiten nun einmal gehören, waren hier weit stärker ausgebildet. Distanz und Kühle stellten für den jungen Mann ein Problem dar, hatte er bis dahin immer in Gemeinschaften gelebt, die dazu noch durch den starken Druck eines feindlichen Umfeldes gefestigt worden waren. Zwar war er selbst eher ein distanzierter und scheuer Mensch, der sich lieber zurückhielt, dennoch irritierte ihn die Kühle anfangs sehr. Außerdem wurde er zum ersten Mal mit einem Thema konfrontiert, das es bisher in seinem Leben nicht gegeben hatte: die Karriere. Für jeden Studenten, der Seelsorger werden wollte, fand sich auch eine

Pfarrei, in der er beginnen konnte, aber nicht für jeden Studenten der Theologie, den es zu den Wissenschaften zog, würde sich auch eine Stelle an der Universität finden, wenngleich damals durch den Krieg viele Stellen vakant waren. Doch die Kommilitonen waren damit beschäftigt, ihre wissenschaftlichen Arbeiten voranzutreiben. Manche älteren Semester, mit denen er zusammenwohnte, arbeiteten ja bereits an ihren Dissertationen. Ein Gefühl der Einsamkeit beschlich ihn, das er durch intensive wissenschaftliche Arbeit zu kompensieren versuchte. Das unabweisbare Gefühl der Einsamkeit hatte noch eine zweite Quelle, die weit stärker war und ihn in große persönliche Krisen stürzte.

In Fürstenried wohnte die gesamte Fakultät wie eine große Familie zusammen: Professoren, sofern sie noch keine Wohnung in München hatten – ein Teil des Lehrkörpers kam aus Breslau und aus dem ostpreußischen Braunsberg –, sowie Studenten und auch Studentinnen. Nun existierte natürlich das körperliche und seelische Verlangen eines normalen jungen Menschen, auf der anderen Seite stand die Forderung des Zölibats. Die katholische Kirche hatte klar vorgeschrieben, dass derjenige, der zum Priester geweiht werden will, weder heiraten noch geschlechtliche Beziehungen zu einer Frau unterhalten darf (über das Thema der gleichgeschlechtlichen Liebe ganz zu schweigen, die ohnehin Sünde war und ist). Wenn der Präfekt der Glaubenskongregation Joseph Kardinal Ratzinger über fünfzig Jahre später immer noch am Zölibat und dessen Forderungen, die nicht mit der Natur des Menschen übereinstimmen, festhielt, so wusste er zumindest auch aus eigener durchlittener und durchkämpfter Erfahrung, worüber er sprach. Dass ihn diese Erfahrung nicht daran hinderte, am Zölibat festzuhalten, wird noch genauer zu betrachten sein. Zunächst kämpfte er seinen eigenen Kampf, oder, wie er es selbst ausdrückte, das eigene Drama. Dass er beim Anblick, beim Gespräch, beim Scherzen mit einer Kommilitonin Lust und Verlangen nach Nähe und mehr spürte, das ließ sich ja vielleicht bekämpfen, mit Gebeten in der Kapelle, mit einer Flucht in einen Rigorismus hinein, der päpstlicher erscheinen konnte als der Papst, mit Beichten, ausgedehnten Spaziergängen als Mittel der Beschwichtigung und mit noch intensiverem Studieren als Mittel der Verdrängung, doch die wirklich schwierige Frage lautete: Werde ich immer und in jeder Situation die Stärke aufbringen, der Versuchung zu widerstehen und mein Gelübde halten? Wäre er weniger gewissenhaft und der Wahrheit verpflichtet, deren Lehrling er ja war, hätte er sich antworten können: Hab ich es diesmal geschafft, werde ich es immer schaffen. Für eine so große, das ganze Leben umfassende Entscheidung, dieses gewaltige Gelübde abzulegen mit all den Konsequenzen, dafür genugte eine so läppische Selbstberuhigung nicht. Woher also konnte er die Gewissheit nehmen, dass er immer bis ans Ende seiner Tage dieses Gelübde halten könnte? Hatte er nicht bei Dostojewski gelesen, wie die Leidenschaft den Menschen bezwingen, ihn zu Handlungen verleiten konnte, die seinem Wollen entgegenstanden? Bei ausgedehnten Spaziergängen im Fürstenrieder Park hatte er darüber spekuliert, d. h. theoretisch darüber nachgedacht, im Gebet in der Kapelle sein Herz befragt. Die Fundamente des katholischen Glaubens waren bei ihm durch Herkunft, Erziehung und Erfahrungen im Dritten Reich, wie wir gesehen haben, von Anfang an klar gelegt. Von ihnen würde er sich das ganze Leben nicht entfernen. Darin bestand die Basis für alle Auseinandersetzungen und Kämpfe, die folgen würden. Die ruhige und gewachsene Gewissheit des Glaubens besaß er, der Wunsch, Priester zu werden, schwankte nicht – die Frage, die er sich immer wieder und immer auch aus aktuellem Anlass vorlegte, lautete, ob er auch die Kraft besitzen würde, das Gelübde zu halten. In den Bekenntnissen des Augustinus las der fleißige Student: »Das Fleisch begehrt auf gegen den Geist und der Geist gegen das Fleisch. Ich selbst stand auf beiden Seiten, aber mehr bei dem, was ich in mir bejahte, als bei dem, was ich in mir verwarf. Denn bei dem, was ich missbilligte, war mein Ich weniger es selbst, weil ich es zum großen Teil eher gegen meinen Willen erduldete, als dass ich es willentlich getan hätte.«[8]

Diese Frage sollte ihn immer wieder bis zur Priesterweihe, und wohl sicher auch noch danach, beschäftigen, und je näher er der Weihe kam, desto stärker. Aber es existierte neben dem Glauben ein zweites Vademekum gegen die Anfechtungen: die Wissenschaft.

Der im Seminar begonnene Erkenntnisweg zu einem wissenschaftlich durchdrungenem und gelebten Glauben konnte an der Fakultät ideal fortgesetzt werden. Bei Michael Schmaus, der aus Münster kam, hörte er Dogmatik. Besonders die Glaubenslehre aus dem Geist der Liturgischen Bewegung vermittelt zu bekommen, also eines nicht erstarrten, sondern lebendigen Christentums, lag ganz in Ratzingers Richtung und eröffnete ihm durch die Heranführung an die Kirchenväter neue Zusammenhänge, die er sogleich für sich nutzte. Denn für den Studenten zeichnete sich immer mehr und vor allem immer fundierter ab, dass der Katholizismus nur gelebter Glaube sein konnte und nicht rein wissenschaftliche Spekulation werden durfte. Dieser Glaube verknüpfte sich mit der Liturgie und der Überlieferung. Hierzu gehörten die Schriften der Kirchenväter Augustinus, Athanasius, Tertullianus, Irenäus, um nur einige zu nennen, die in einem knapp fünfhundert Jahre dauernden Prozess die Vorstellungen der Kirche herausgearbeitet, systematisiert und durchgesetzt hatten, und die Heilige Schrift als die »Seele des theologischen Studiums«. Anfangs wurden für ihn das Studium und die Auslegung (Exegese) des Neuen Testaments, gelehrt von dem legendären Friedrich Wilhelm Maier, zu einem Erlebnis – Maier, der so ganz aus einer anderen Zeit zu kommen schien und der mit seinen Vorlesungen geradezu die Platzkapazität des Gewächshauses sprengte, so dass Joseph Ratzinger immer weit vor Beginn der Vorlesung eintraf, um sich einen Platz zu sichern. Maier sprach und lebte in der imponierenden, kaiserzeitlich bombastischen Theatralik, die dem Studenten jedoch mit der Zeit zu verschnörkelt vorkam, zumal Maier in der Auslegung zwar einen weiten Bogen zu spannen vermochte, aber in der liberalen Tradition der Textauslegung verharrte. Seine Textauslegung berücksichtigte weder die liturgischen Elemente noch die der Überlieferung, es blieb Sprach- und Literaturwissenschaft, die sich allein am Text ausrichtete. Für den Studenten, der gerade die dramatische Veränderung des Denkens in den Zwanzigerjahren rezipiert und klar eine Position gegen die Liberalen und für die Existenzdenker eingenommen hatte, wurde Maier immer mehr zu einem anschaulichen und unterhaltsamen

Vertreter dieser liberalen Epoche, die er selbst ja nicht mehr erlebt hatte. Im Rückblick wird der Kardinal über den alten Lehrer milder urteilen, als der ungeduldige Student, der sich bei Schmaus in die lebendigen Quellen der Liturgie und bei Söhngen in die Literatur der Kirchenväter einlas. Söhngen und Pascher wurden für ihn die geistigen Führer seiner Studienjahre. Der Pastoraltheologe Pascher, der in den Zusammenhang der Elemente des praktischen Gottesdienstes einführte, richtete alles Denken und Handeln auf das Zentrum der täglich gefeierten Messe, der Liturgie, in der für Joseph Ratzinger von klein auf das Erlebnis seiner Religion schlechthin bestand. In der Messe verspürte er die Beziehung zu Gott, ja er empfand sich im Bund mit Gott. Hier sprach Gott unmittelbar durch die lebendige Überlieferung des alten Ritus zu ihm. Die Liturgie ist für ihn »der Lebensgrund der Theologie«.

Aus diesem unverrückbaren Bewusstsein, das in den Vorlesungen von Pascher erheblich erweitert und vertieft wurde, findet sich die Motivation für den jugendlichen Konzilsberater Joseph Ratzinger, gut 10 Jahre später seinem Kardinal vorzuschlagen, die wesentlichen Gedanken der Liturgischen Bewegung in die Diskussion des II. Vatikanischen Konzils einzubringen.

Doch so weit sind wir noch nicht, denn vorerst sitzt der künftige Star-Theologe in den Vorlesungen seines eigentlichen wissenschaftlichen Lehrers und Doktorvaters Gottlieb Söhngen.

Söhngen, der am 21. Mai 1892 in Köln geboren wurde, kam von der Philosophie zur Theologie. Er hatte 1914 bei dem großen Philosophiehistoriker Clemens Baeumker, einem exzellenten Kenner der mittelalterlichen Geisteswelt, über Immanuel Kants Urteilstheorie (»Über analytische und synthetische Urteile. Eine historisch-kritische Untersuchung zur Logik des Urteils«) promoviert. Über diese Arbeit entwickelte sich bei ihm ein Interesse an der Theologie von Thomas von Aquino, dem Begründer der scholastischen Philosophie. In der Folgezeit wurde er zu einem führenden Denker des dynamischen Neothomismus, d. h., er stellte zwar die Überlegenheit der Erkenntnis, die einen klar strukturierten, logischen Weltaufbau zur Folge hatte, über das Erlebnis, wollte aber auf der anderen Seite das Gespräch offen halten und die logische Sichtweise durch das Verständnis des Erlebnisses bereichern. Im engen Thomismus gibt es ein geschlossenes Lehrgebäude, das in sich stark gegliedert ist, in dem aber die lebendige Überlieferung, die aus den Schriften der Kirchenväter und der Liturgie, die sich über Jahrtausende hinweg entwickelte, keinen Platz hat. Dieses geschlossene System öffnete Söhngen hin zur Überlieferung. Mit Thomas von Aquino fragte Söhngen nach dem Grund und dem Ziel alles Wirklichen, doch zur Beantwortung dieser Frage bezog er die aktuelle philosophische Diskussion mit ein. Vor allem aber war er ein großer Anreger. Vom Interesse an der mittelalterlichen Philosophie reichte seine Neugier über die Liturgische Bewegung bis zum Kirchenrecht. Gleichzeitig beschäftigte er sich mit der evangelischen Theologie, diskutierte mit Karl Barth und gehörte seit 1946 dem berühmten interkonfessionellen Gesprächskreis an, dem so genannten »Jäger-Stählin-Kreis«. Das Interesse an der Annäherung der beiden christlichen Religionen gab er an seinen Schüler Joseph Ratzinger weiter. Allerdings bedeutete »ökumenischer Dialog nicht das Ende der Kontroverstheologie«, einer Theologie die vom eigenen fest umrissenen Standpunkt als Grundlage des Gesprächs ausging, und den man auch nicht um des lieben Gesprächswillens verheimlichen oder gar aufgeben konnte. Diese Haltung übernimmt der Student, sowohl das Interesse an der evangelischen Theologie als auch die Leidenschaft für die klare Formulierung des eigenen, wenn auch abweichenden Denkens als Voraussetzung eines Dialogs. Eine solche Position sind wir heute, in Zeiten von Konsens und kleinbürgerlicher Sehnsucht nach dem lieben Frieden, nicht mehr gewohnt. In der öffentlichen Diskussion ist das Streitbare, das Duell zwischen geschliffen formulierten Positionen verloren gegangen, vielmehr geraten wir in Gefahr, in schnell medial wirksame Etikettierungen zu verfallen. So führt die Unfähigkeit, sich mit dem unbequemen Argument auseinander zu setzen, zu einer moralischen Abwertung, ja Verdächtigung des Argumentierenden. Vor diesem Hintergrund gerät ein Autor wie Ratzinger schnell in eine Schublade.

Die entscheidenden Lehrjahre hatte Ratzinger bei Meistern der

Kontroverstheologie wie Söhngen verbracht. Doch noch etwas viel Wichtigeres lernte er bei Söhngen, nämlich das Denken von den Quellen her, d. h. das Zurückgehen in der Überlieferung. Hatte er sich bis dahin nur sporadisch mit den Kirchenvätern beschäftigt, so drang er nun unter Söhngens Anleitung in die Welt des frühen Christentums, der Kirchenväter ein. Vor allem Augustinus musste ihn beeindrucken, der Philosoph, Theologe und Bischof war, der Glauben dachte und Glauben lebte, einer der mitten im Leben stand, mit allem, was dazugehörte, und auf der Höhe der Theologie war. Diese Figur imponierte ihm. Augustinus hatte den großen Kampf für das Reich Gottes und gegen die Versuchungen geführt. Bei ihm wurde Theologie zur Weltgeschichte und zur Geschichte des Individuums. Augustinus kam durch den Platonismus zum Christentum. In der Weltgeschichte wie in der Seele des Menschen kämpfen die Anhänger zweier gewaltiger Reiche gegeneinander: die Freunde des Irdischen, Anhänger des Weltreiches und Feinde Gottes gegen die Anhänger des Gottesreiches. Die katholische Kirche setzte er nicht mit dem Gottesreich gleich, aber sie war für ihn auf dem Weg dorthin. Grundlegend war für ihn die Überzeugung, dass der Mensch sich seines wahren Wesens bewusst werde, und dieses Bewusstsein wirklicher Grund für das Wissen um Gott und die Kraft der Liebe, die uns Gott erkennen lässt, sei. Gut platonisch definierte er, dass Gott in der Schöpfung bereits alles angelegt habe und man sich dessen nur erinnern müsse. Das faszinierte den Studenten. Nicht die aristotelische Logik und nicht der darauf fußende Thomismus, der ihm mit seiner eisernen Logik kalt und ein wenig gefühllos erschien, begeisterte den werdenden Theologen, sondern dieses Ringen um Erkenntnis. Und diese Erkenntnis konnte nur durch die Beziehung zum liebenden Gott, durch die Beschäftigung mit der Heiligen Schrift und mit der Überlieferung der Kirche, in der sich Gott offenbarte, gelingen. Die Überlieferung bezog hierbei die Liturgie, die Theologie und die in zwei Jahrtausenden entstandenen Lehrsätze, Dogmen und Gesetze der katholischen Kirche mit ein. Diese Vorstellung des heiligen Augustinus traf Joseph Ratzinger mit aller Gewalt und aller Herrlichkeit, denn sie stimmte mit seinen Erfahrungen, Gefühlen, Ahnungen und Sehnsüchten überein. Hatte er nicht gerade das Reich des Antichristen, der Anhänger des Weltreichs überstanden, heil an Leib und Seele? Hatte nicht seine Kirche, seine Gegenwelt, das Reich Gottes ihn davor bewahrt? Hatte er nicht mit Gottes Hilfe widerstanden? Wie wäre sein Leben verlaufen, wenn ihn in dieser schlimmen Nacht in Österreich, als jener SS-Offizier die Buben aus dem Schlaf gerissen und sie schlaftrunken in die SS getrieben hatte, nicht das Bekenntnis zu seinem Gott und zum Wunsch, Priester zu werden, gerettet hätte? Wo wäre er heute? Lebte er überhaupt noch?

Joseph Ratzingers stark von Augustinus und von der platonischen Philosophie geprägte Vorstellung vom Christentum bildete sich während des Studiums heraus und sollte sich nur noch vertiefen und vervollständigen, nicht aber mehr ändern.

Elisabeth Langgässer, deren Werke Joseph Ratzinger gelesen hatte, beschrieb in ihrem letzten Roman »Das unauslöschliche Siegel«, der 1946 erschienen war, die Welt als gigantischen Kampfplatz dieser beiden Reiche. In einem Essay hatte sie das so ausgedrückt: »... die Bühne aber, auf der sich diese Kräfte an den verschiedenen Punkten der Welt entladen und wirksam werden, ist die eines großen Amphitheaters, in welchem Gott und Satan einander entgegentreten. Wie sich das Individuum nun in dem Kampf zwischen Gott und Satan verhält«, das war es, worauf es ankam. In dem Roman beschrieb sie das Ringen eines Menschen, der Kampfplatz dieser Kräfte wurde. Auch Augustinus erzählte in seinen »Bekenntnissen« von der Versuchung durch den Teufel, der sich hierbei durchaus des sexuellen Triebes und der Erotik bediente. Sah Joseph Ratzinger bei Dostojewski, wie sehr das ungestüme Verlangen den Menschen auch gegen den eigenen Willen versklavte, so fand er bei Augustinus die Möglichkeit des Widerstehens.

Die Lektüre der Kirchenväter trieb er mit größtem geradezu persönlichem Interesse, mit nicht erlahmender Neugier und Akribie voran, weil er spürte, dass die Väter, je tiefer er in ihre Gedanken einzudringen vermochte, auch ganz direkt zu ihm sprachen und ihm auf die drängenden Fragen, die ihn bewegten, antworteten. Ihre Erkenntnisse waren nicht totes Wissen längst vergangener und vermoderter Denker, sondern sie bezogen sich direkt auf ihn und seine Situation. Er kommunizierte mit der lebendigen Überlieferung der Kirche. Doch besonders zog ihn immer wieder Augustinus an. Bei seinem verehrten Lehrer Söhngen belegte er ein Seminar über den Kirchenvater. Es kann dem Professor, der ein leidenschaftlicher Lehrer und Förderer von Talenten war, nicht verborgen geblieben sein, mit welcher Ernsthaftigkeit sein Student sich mit Augustinus auseinander setzte. Im Herbst schenkte ihm Alfred Läpple, der ehemalige Lehrer aus dem Freisinger Priesterseminar, mit dem er aber weiterhin in Kontakt stand, Henri du Lubacs »Glauben aus der Liebe« (frz. Originaltitel: »Catholicisme«) in der Übersetzung von Hans Urs von Balthasar. Auf ideale Weise ergänzte dieses Werk Ratzingers Kirchenväter-Lektüre und verlebendigte sie noch. In dem Buch wollte du Lubac zu einem offenen Kirchenverständnis kommen. Es ging ihm um den Glauben als Gemeinschaftsgefühl, um das Wir der Kirche, das er gegen einen privatisierten moralisierenden Individualglauben stellte. Und er erweckte die Grundvorstellung des Augustinus zu neuem Leben, Gott sei solidarisch mit den Menschen und diese Beziehung müsse in der Kirche ihren Ausdruck finden. Etwas Besseres, als die von einem bedeutenden Denker ins Heutige übertragene Botschaft der Väter zu lesen, konnte dem Studenten, für den die Theologie nicht akademischer Selbstzweck, sondern die Vertiefung des Glaubens durch die Erkenntnis war, parallel zu seiner Augustinus-Lektüre nicht widerfahren. Das Buch faszinierte ihn, so dass er versuchte, mehr von du Lubac zu lesen. Im »Corpus Mysticum« fand er ein Werk des Franzosen, das über die Betrachtung des Abendmahls wieder zu Augustinus fand. Alle Wege, die der Student ausprobierte, führten ihn fast schicksalhaft zu Augustinus.

Im Sommer 1950 legte Joseph Ratzinger das Schlussexamen in Theologie ab. Fast gleichzeitig ermunterte ihn sein Lehrer Gottlieb Söhngen, an der akademischen Preisaufgabe teilzunehmen. Es war Brauch in der Theologischen Fakultät, dass jedes Jahr von einem der Professoren eine Preisaufgabe zu einem wissenschaftlichen Thema gestellt wurde. Die Professoren wechselten jedes Jahr, so dass alle theologischen Disziplinen einmal an die Reihe kamen, eine Aufgabe zu stellen. Das Thema musste innerhalb von neun Monaten in einer wissenschaftlichen Schrift bearbeitet und anschließend anonym unter einem Kennwort eingereicht werden. Der Gewinner erhielt ein kleines Preisgeld, und was noch viel wichtiger war, die Arbeit wurde als Dissertation mit dem Prädikat summa cum laude anerkannt. Der Student, entschlossen, der expliziten Aufforderung seines wissenschaftlichen Lehrers Folge zu leisten, erwartete, wie man sich denken mag, mit Spannung das Thema, das Gottlieb Söhngen stellen würde. Der Professor hatte seinen begabtesten Schüler nicht umsonst aufgefordert, denn das Thema, das er auswählte, lautete: »Volk und Haus Gottes in Augustins Lehre von der Kirche«.

DER MOZART DER THEOLOGIE

»Ich sage Ihnen, ich möchte ein Finale schreiben, das eine halbe Stunde dauert! Aus einem Quartett wird ein Quintett, ein Sextett – und weiter und weiter, umfassender und umfassender – die Töne multiplizieren sich und wachsen – und es entsteht ein Klang, der völlig neu ist! ... Ich möchte wetten, so hört Gott die Welt! Millionen Töne steigen gleichzeitig empor und vereinen sich in seinem Ohr zu einer nie endenden Musik, die für uns ganz unvorstellbar ist.«

Peter Shaffer in »Amadeus«

DAS DRAMA DER HABILITATION

Der fleißige und bescheidene Student, der sich aktiv, kenntnisreich und mit interessanten Fragestellungen am Augustinusseminar des Professors beteiligte, fiel Gottlieb Söhngen auf. Aus der bayerischen Provinz kommend, war er von einem wahren Erkenntnishunger getrieben. Joseph Ratzinger war das, was man einen ernsthaften jungen Mann nannte. Der erfahrene Hochschullehrer, den selbst die Leidenschaft auf der Suche nach der Wahrheit einen nicht immer einfachen Weg geführte hatte, erkannte das große wissenschaftliche Talent in dem jungen Mann und begann es behutsam zu fördern. Schließlich wollte es der Zufall, dass Söhngen die Preisaufgabe in diesem Jahr zu stellen hatte. So verpflichtete der Professor zunächst seinen Schüler, sich am Preisausschreiben zu beteiligen und formulierte die Aufgabe mit Blick auf Joseph Ratzinger, für den sie das ideale Thema bedeutete. Es war geradezu das Geschenk einer idealen Förderung. Von Semester zu Semester wuchs in Joseph Ratzinger der Wunsch, Wissenschaftler zu werden. Die Verwirklichung mag uns einfach erscheinen, sie war es aber mitnichten. Mit der Genehmigung seines Bischofs studierte der Traunsteiner Zögling und Freisinger Seminarist an der Theologischen Fakultät der Universität. Deshalb hatte der Bischof ein entscheidendes Wort mitzureden bei der Verwendung des künftigen Priesters. Für Joseph Ratzinger, der sich ganz in den Dienst der Kirche gestellt hatte, war es daher völlig undenkbar vorzubringen, dass er nicht Pfarrer, sondern Wissenschaftler werden wollte. Denn wenn auch sein Herz der Wissenschaft zuneigte, so war es in seinem Kopf noch nicht ganz entschieden. Hatte er – auch in schlimmen Zeiten – diesen Weg nicht beschritten, um Pfarrer zu werden, um in der Seelsorge, im Dienst am Menschen im Auftrag seiner Kirche zu arbeiten? War er nicht von Traunstein aufgebrochen, um Pfarrer zu werden? Und waren nicht die Eltern, die seine Ausbildung durch persönliche Opfer finanzierten, nicht zu Recht stolz darauf, dass ihr Sohn Pfarrer werden würde? Die Tragweite dieses Entschlusses wird nur deutlich vor dem Hintergrund der verinnerlichten Werte. Dass sein Sohn Priester werden würde, darauf war der alte Ratzinger sehr stolz. Er hatte ihn in seinem Glauben erzogen, nie in die geistliche Laufbahn gedrängt, aber es mit großer Freude und großem Wohlwollen zur Kenntnis genommen und schließlich, weil der Junge es ja so wollte, auch gefördert.

Aus diesem Grund wies die Aufforderung von Gottlieb Söhngen dem Studenten einen Weg in die Wissenschaft. Kam nun der Anstoß von außen, hatte nicht er seinen Willen angemeldet, dann war es Gottes Wille, der ihn berief. Oder in der Sprache Benedikts XVI. formuliert, dann war es das, was Gott mit ihm vorgehabt hatte. Auch im Denken Joseph Ratzingers hat der Mensch einen freien Willen und ist auch frei in der Entscheidung, die ihm Gott zubilligt, diese Freiheit liegt jedoch im Willen Gottes und nicht außerhalb von ihm.

Gottlieb Söhngen hatte beobachtet, wie intensiv sein Student sich mit dem Denken des Augustinus auseinander setzte. Er ahnte, dass dieses Thema dem Studenten willkommen und vor allem hilfreich sein musste, weil es seine Studien auf ein Nahziel lenkte. Ratzingers konstante Beschäftigung mit Augustinus in diesen Jahren stieß einen Dialog an, den der Student in einer wissenschaftlichen Arbeit systematisieren, äußern und gestalten wollte. Es drängte ihn immer mehr und immer stärker dazu, doch er haderte noch mit der Form dieser schriftlichen Beschäftigung. So traf diese von Söhngen gestellte Aufgabe ins Schwarze und löste den berühmten Knoten. Ein Professor, der nicht nur Wissenschaftler, sondern auch Pädagoge ist, fördert seine Schüler durch die richtige Aufgabenstellung, die den Schüler genau dort packt, wo er weitersuchen muss, mit anderen Worten: Mit Hilfe des Themas stupst er ihn ein wenig auf den richtigen Weg. Mit diesem Thema machte Söhngen seinem Schüler Ratzinger ein großes Geschenk, denn in der Vielzahl der Möglichkeiten, sich mit Augustinus auseinander zu setzen, gab er ihm den einen, notwendigen Weg vor.

Es gibt merkwürdigerweise im Leben Joseph Ratzingers eine eigenartige Harmonie des Ineinandergreifens. Seit er lesen konnte, drang er mit dem Schott in das Wesen der Liturgie ein. Lebendiges, beseeltes Christentum, wie er es erlebt hatte, bildete den Ausgangspunkt seiner wissenschaftlichen Beschäftigung mit dem Glauben. Kirche bedeutete für ihn Leben, sie war keine tote Formel.

Der Pastoraltheologe Pascher hatte Ratzinger das Abendmahl als Feier der Glaubenden, an der alle Katholiken teilhaben sollten, ganz gleich, ob sie Latein verstanden oder nicht, nahe gebracht. Der Student verschlang die Werke du Lubacs, der Ähnliches forderte, geradezu atemlos. Zu dieser Zeit wurde die Messe auf Latein zelebriert, so dass der Normalkatholik nicht verstand, was der Priester sagte. Der Priester sprach bewusst leise, weil die Gläubigen es auch nicht verstehen sollten, denn darin bestand das Geheimnis der großen Opferhandlung. Nun konnte sich Joseph Ratzinger mit der Vorstellung von Volk und Haus Gottes in der Kirche des Augustinus beschäftigen, also mit der Vorstellung, die Augustinus von der Kirche und der Rolle der Glaubenden entwarf. Musste das nicht geradezu eine Zusammenführung dessen sein, womit er sich nunmehr seit Jahren beschäftigte, denn wo kamen Volk und Haus Gottes zusammen? In der Messe, und dort im Zentrum der Liturgie, nämlich im Abendmahl. Und weiter gedacht: Ist nicht das Volk eigentlich das Haus Gottes? Hier schloss sich das erste Mal ein Kreis der Beschäftigung und des Denkens im Leben des Joseph Ratzinger. Alles, was er separat bedacht hatte, wurde nun durch die Auseinandersetzung mit dem Kirchenvater zusammengeführt.

Mit Feuereifer machte er sich gleich Ende Juni ans Werk. Der ganze Augustinus musste unter diesem Aspekt noch einmal durchgelesen und abweichende Textfassungen verglichen werden. Dank seiner ausgezeichneten Sprachkenntnisse konnte er die Werke im lateinischen Original lesen. Gleichzeitig mussten relevante Zeitgenossen des Augustinus zur Kenntnis genommen werden, um das gedankliche Umfeld des Kirchenvaters zu rekonstruieren und seinen Standpunkt auch aus der Zeit heraus zu betrachten. Die Literatur über Augustinus, die man als Wissenschaftler, der zu diesem Thema arbeitete, zur Kenntnis nehmen musste, war äußerst zahlreich, denn an Augustinus kam eigentlich niemand vorbei. Außerdem musste der Autor Gedanken anstellen zu Fragen der Eucharistie, der Liturgie, des Ritus in seiner Bedeutung und der geschichtlichen Entwicklung. Schließlich durfte die zeitgenössische Diskussion nicht außer Acht gelassen und musste aus dem Blickwinkel des Augustinus neu befragt werden. Wollte man das Thema gründlich bearbeiten, benötigte man vor allem Zeit, Konzentration und Kraft. Bis Ende Oktober konnte er sich ganz auf die Arbeit an der Preisschrift konzentrieren. Doch dann griff die kirchliche Realität wieder zu, und der ganz durch die Forschung an seinem Thema in Beschlag genommene Student wurde sozusagen wieder zum Seminaristen. Ende Oktober 1950 wurde Joseph Ratzinger zum Subdiakon geweiht, was damals die unterste Stufe der Weihe darstellte. Damit ging er bereits die Verpflichtung zum Zölibat ein. Die Überzeugung, einer großen Aufgabe zu dienen, deren Voraussetzung die Reinheit war, gab den Ausschlag. Als Priester würde er den Menschen das Wort Gottes bringen, aber er würde auch während der heiligen Messe durch sein priesterliches Handeln das Bindeglied der Gemeinschaft der Gläubigen mit Christus sein. Um diese heiligen Handlungen vollziehen zu können und das Messopfer nicht zu beflecken, musste der Priester rein sein. Dies hatte Joseph Ratzinger für sich akzeptiert, denn er wollte seine Eltern weder enttäuschen noch sie in ihrem hohen Alter der Schande im Ort aussetzen. Hohes Ansehen im unmittelbaren Lebensumfeld bedeutete im katholischen Milieu, wenn aus der Familie ein, und hier sogar gleich zwei Priester kamen. Bruder Georg war auf dem gleichen Weg, und durch Georgs Wehrpflicht befand sich der ältere Bruder im gleichen Seminarjahrgang. Zum anderen und unabhängig davon begriff er, dass das Opfer, das er brachte, nur den Wert dessen steigerte, was er für sich anstrebte. Was wäre eine Priesterschaft wert, die einem geschenkt würde? Wenn es nichts kostete, Priester zu werden, wozu sollte es dann überhaupt Priester geben? Was befähigt Priester dann, die kultischen Handlungen zu zelebrieren? Wenn die Priesterweihe sich aller Forderungen entledigte, die sie aufstellte, dann könnte jeder Mensch, der in der Lage war, sich die Abfolge der Handlungen zu merken und gut Latein gelernt hatte, die Messe zelebrieren. Doch das wäre nach allem, woran Joseph Ratzinger glaubte, nicht mehr die heilige Messe. Die Verbindung der Gemeinde mit Christus im Abendmahl als Wirklichkeit der Kirche, die auch der mystische Körper Christi genannt wurde, käme nicht mehr zustande. Und das bedeutete das Ende der Kirche. In der Größe der Aufgabe des Priesters, wie er sie verstand, und im leidenschaftlich betriebenen Studium fand der Seminarist schließlich die Gegenmittel gegen alle weltlichen Anfechtungen. Er war entschlossen, dem Weg Christi zu folgen, ohne Einschränkungen und ohne Kompromisse. Bei der Diakonatsweihe hatte er diese Frage für sich entschieden, ungeklärt blieb einstweilen, wie die Tätigkeit als Pfarrer und die Liebe zur Theologie sich verbinden ließen.

Doch es stellten sich noch ganz andere Fragen, die nicht so leicht zu beantworten waren und die ihn in den letzten Jahren immer stärker beschäftigten. Unmittelbar während der Einweisung in die Aufgabenfelder eines Priesters sorgte sich der Scheue, der Unsportliche, der Unpraktische, ob er überhaupt in der Lage sei, eine Jugendgruppe zu führen und zu begeistern, ob er die Kinder in der Katechese für den Glauben begeistern könnte, ob er in der Lage wäre, die Kranken und Alten zu trösten und sie auf dem letzten Weg angemessen zu begleiten. Der Diakon Joseph Ratzinger bekam immer mehr Respekt vor der Aufgabe, je näher die Weihe rückte. Nicht die Wissenschaft ängstigte ihn, auch nicht die Liturgie, aber das Leben in seiner vielfältigen Form, von dem er doch noch so wenig wusste. Im »Tagebuch eines Landpfarrers« von Georges Bernanos hatte er die Not eines jungen Priesters eindrucksvoll vorgeführt bekommen, der an den Anforderungen, die das

Amt an ihn stellte, beinah zerbrach, weil er schier an der eigenen Unzulänglichkeit verzweifelte. Immer tiefer fand Joseph Ratzinger sich in den Glauben und hatte dabei auch die Erfahrung gemacht, dass Gott ihm in der Not entgegenkam. Auf ihn würde er vertrauen können, wenn er nicht weiterwusste, deshalb hoffte er, den begonnenen Weg fortsetzen und durchstehen zu können.

Die Weihe zum Subdiakon, der als Weihegrad 1972 in der katholischen Kirche abgeschafft wurde, und die Weihe zum Diakon gehörten als Stufen zum dreigliedrigen Weiheweg zum Priester. Der Diakon musste dem Priester bei der Messe assistieren. Bereits mit der Weihe zum Subdiakon verpflichtete der Geweihte sich, den Zölibat zu achten, also in Keuschheit zu leben, weder geschlechtliche Beziehungen zu einer Frau zu unterhalten, noch sie zu heiraten, und der Brevierpflicht nachzukommen, das bedeutet, täglich zu den festgesetzten Zeiten das Brevier, das aus der Tradition der Mönche herrührende Stundengebet zu sprechen.

Nach der Weihe zum Diakon begann die Vorbereitung auf die Priesterweihe, die ein intensives halbes Jahr in Anspruch nehmen sollte. Im April musste er die begonnene Arbeit einreichen, die erst in den Anfängen steckte, gleichzeitig wurden seine Zeit, seine Energie und seine Konzentration von der Vorbereitung auf die Priesterweihe im Juni in Anspruch genommen. Es sah so aus, als müsse er sich entscheiden, und die Entscheidung konnte nur für die Priesterweihe ausfallen. Nun hatte er aber die Aufgabe angenommen, ja die Erledigung seinem verehrten Lehrer auch versprochen. In ihm glomm die Liebe zur Wissenschaft unvermindert stark – und er wollte sie auch nicht bezwingen. Außerdem zielte der Gegenstand seines Nachdenkens und Forschens direkt ins Herz des Selbstverständnisses eines Priesters und seiner Kirche. Die Frage nach Haus und Volk Gottes in der Lehre des Augustinus, die so fern und historisch klang, verblüffte ihn selbst durch ihre Aktualität, denn im Zentrum stand die Frage der Liturgie. So wagte der Diakon Joseph Ratzinger beides, die wissenschaftliche Arbeit voranzutreiben und sich auf die Priesterweihe vorzubereiten. Für diese Zeit zogen die Seminaristen wieder ins Freisinger Priesterseminar ein und begannen gemeinsam mit der Vorbereitung, die zum einen in der Einübung von Predigt und Katechese, die im Glaubensunterricht für die Katechumen, also derer, die in der Kommunion getauft werden, bestand. Die Priesterweihe ist die Voraussetzung dafür, die Eucharistie feiern, die Bußsakramente und das Sterbesakrament spenden zu dürfen.

Mit der Hilfe seines Bruders und seiner Lehrer und dank der großen Selbstdisziplin, mit der er beinah seine Kräfte überstrapazierte, vermochte er seine Arbeit, die seine Schwester abgetippt hatte, noch rechtzeitig einzureichen. Das Los war nun geworfen. Er konnte nichts mehr tun, nur noch abwarten – wenn er denn Zeit und Muße zum Abwarten gehabt hätte! Die Vorbereitungen auf die Weihe, die in zwei Monaten stattfinden sollte, nahmen ihn nun ganz in Anspruch.

Und dann war plötzlich der große Tag da. Im Freisinger Dom wurde Joseph Ratzinger, gemeinsam mit seinem Bruder Georg und mit weiteren 40 Diakonen, am 29. Juni 1951 zum Priester geweiht. Der Tag strahlte im freundlichen Sonnenlicht und war angenehm warm. Als Kardinal Faulhaber ihm die Hände zur Weihe auflegte, bemerkte Joseph Ratzinger, dass ein Vögelchen hoch im Dom aufflog und jubilierte. Für ihn war es wie eine Bestätigung, wie der sprichwörtliche Wink Gottes, dass er sich richtig entschieden hatte und dass der Heilige Geist ihn führte.

Nach der Priesterweihe kehrte Joseph Ratzinger in die Heimat nach Hufschlag zurück. Es war eine Rückkehr im stillen Triumph, er hatte seine Eltern nicht enttäuscht. Die Primiz, die erste Messe der frisch geweihten Priester Georg und Joseph Ratzinger, fand in Traunstein in ihrer heimischen Kirche St. Oswald statt, in der sie schon als Kinder den Gottesdienst besucht hatten, während vor den Toren des Gotteshauses die Nazis krakeelten und der Weg von ihrem Seminar in die Kirche nicht selten einem Spießrutenlauf der Drohungen und Beschimpfungen geglichen hatte, einem kleinen Kreuzweg gewissermaßen. Die NSDAP gab es nicht mehr, dafür waren Georg und Joseph Ratzinger inzwischen Priester ihrer Kirche geworden, die immer noch, wie schon seit einer ganzen Ewigkeit existierte.

Nach der Primiz brachten die Brüder den Segen in die Häuser der Katholiken, in denen sie freundlich empfangen wurden. Die freundliche Aufnahme und das Gefühl, dass die Menschen auf den Segen warteten, bestärkten den jungen Priester; zum ersten Mal empfing er tief dankbar das Glück, den Segen nicht nur zu empfangen, sondern verspürte die große Freude und Befriedigung, den Segen selbst im Namen des Herrn austeilen zu dürfen. Es gibt ein Foto vom 8. Juli 1952, auf dem die Familie Ratzinger nach der Primiz der beiden Söhne abgebildet ist. Man erkennt auf dem Bild deutlich den Stolz und die Freude der Eltern.

Am 1. August trat der Priester Joseph Ratzinger die erste Stelle als Diener seiner Kirche an. Er wurde Kaplan der Pfarrei Heiliges Blut in München-Bogenhausen. Bogenhausen war ein gutbürgerliches Viertel, in dem höhere Beamte, Intellektuelle, Geschäftsleute und Künstler wohnten, aber es gab auch Straßen, in denen die Angestellten lebten. Zeit zum Nachdenken blieb nicht, der neue Kaplan wurde sofort ganz in die Gemeindearbeit eingebunden. Das hieß, in der Woche 16 Stunden Religion in fünf verschiedenen Klassen zu geben, auf die sich der junge Kaplan, der noch keinerlei Unterrichtserfahrung besaß, gründlich vorbereiten musste. Denn Unterrichten bedeutete ja nicht nur, Wissen weiterzugeben, sondern auch Wissen zu vermitteln. Es war vor allem eine didaktische Aufgabe, die nicht nur Talent, sondern auch Übung und Erfahrung verlangte. Die bisher hochwissenschaftlich diskutierten Gegenstände des Glaubens musste den Kindern einfach und fasslich erklärt werden. Jeden Sonntag zelebrierte er zweimal die Messe, jeden Morgen von 6 bis 7 Uhr saß er im Beichtstuhl und samstags ganze vier Stunden. Hinzu kamen die Arbeit mit der Jugendgruppe und natürlich die Taufen, Hochzeiten und Beerdigungen, die eben anfielen, wie sie anfielen. Von jeher gehörte es zum Charakter Joseph Ratzingers, eine Aufgabe, die er angenommen hatte, auch vollständig, mit aller Konsequenz und ohne Wenn und Aber auszufüllen. So hatte er sich ganz in die seelsorgerische Tätigkeit geworfen, zumal sein Vorgesetzter, der Pfarrer Blumenschein, sich selbst nicht schonte und ganz in seiner

Tätigkeit aufging. Konnte da der junge Kaplan im Engagement zurückstehen?

In dem Rausch und der Überforderung durch die vielen neuen Tätigkeiten erfuhr Joseph Ratzinger, dass er das Preisausschreiben gewonnen hatte und ihm der Weg zur Promotion offen stand. Die Arbeit war so brillant, dass er am 1. Oktober 1952 an das Freisinger Priesterseminar zurückkehrte, diesmal jedoch zum Dozenten berufen. Neben der Vorlesung über die Aufgaben und den Umgang des Pastors beim Erteilen der Sakramente (Pastoral der Sakramente), der Führung einer Jugendgruppe sowie der Beicht- und Predigerdienste im Dom sollte und wollte er sich auf seine Promotion vorbereiten. Die Dissertation war zwar angenommen, doch nun musste er noch in acht Fächern mündliche und schriftliche Prüfungen ablegen. Im Juli 1953 verteidigte Joseph Ratzinger die Dissertation und war nun Doktor der Theologie. Nach einem Jahr in der seelsorgerischen Praxis war der begabte junge Theologe wieder in die Wissenschaft zurückgekehrt.

Obwohl er nun endlich an den Ort und zu der Tätigkeit kam, an den und zu der es ihn mit aller Kraft zog, und die kleine Hoffnung, die ihn beim Verfassen der Preisschrift unter komplizierten Umständen geführt hatte, sich erfüllte, kam der Wechsel vom quirligen und immer auch etwas chaotischen Gemeindeleben zur stillen Studierstube so plötzlich, dass er zum ersten Mal in der vertrauten Stille eine unvertraute Einsamkeit verspürte. In dem knappen Jahr in der Seelsorge war er mit allen Problemen, die Menschen haben konnten, in Berührung gekommen und hatte darauf reagieren müssen. Er war für die Gemeindemitglieder verantwortlich. Natürlich nicht allein, sondern mit der Hilfe und unter der Anleitung des erfahrenen Pfarrers Blumenschein – alles andere hätte ihn auch überfordert. Zeit für Reflexionen blieb wenig, denn Handlungsbedarf gab es an allen Ecken und Enden. Und noch ein Problem fiel ihm hier auf, das ihn und seine Kirche forderte. Die Form der Jugendarbeit, die sich über die Jahrzehnte nicht veränderte hatte, erreichte immer weniger die jungen Menschen, die in immer stärker sich auflösende gesellschaftliche Strukturen hineinwuchsen. Der beginnende Wohlstand führte zu einer Verweltlichung und Loslösung vom Christentum. Zum einen verschwand durch den fehlenden staatlichen Druck das Gefühl, einer in Gott verschworenen Gemeinschaft anzugehören, zum anderen wirkte in der beginnenden Popkultur ein für die Jugend höchst attraktives neues säkulares Weltbild. Hier spielten die in Deutschland stationierten amerikanischen Streitkräfte eine große Rolle. Die ersten Vorboten einer Konsumgesellschaft amerikanischen Zuschnitts fielen bei den jungen Menschen auf fruchtbaren Boden. Von dieser Situation, analysierte der Kaplan, müsste eigentlich eine erfolgreiche katholische Jugendarbeit ausgehen. Stattdessen setzte die Kirche die bewährten Formen der Zwanzigerjahre fort. Doch Bill Haley hatte längst den Zupfgeigenhansl, das populäre Liederbuch des Wandervogels und der Pfadfinder, im Leben der Jugendlichen ersetzt. Wie kurz die Zeit auch gewesen sein mag, die Joseph Ratzinger als Kaplan in der Gemeinde gearbeitet hatte, so genügte die Zeit für den außerordentlich wachen Geist des jungen Mannes, die Probleme, die sich hier ankündigten, in ihrer Sprengkraft wahrzunehmen und sie später in einer viel diskutierten Schrift »Die neuen Heiden und die Kirche« darzulegen. Die Kirche müsse die Jugendlichen dort abholen, wo sie waren, in ihren Formen moderner werden, um ihnen die Botschaft besser vermitteln zu können, die zwar noch in Fragebögen das Kreuz bei katholisch machten und die Kirche besuchten, aber praktisch längst den Glauben aus ihrem Leben verbannt hatten. Sie nannten sich Christen, lebten aber immer mehr wie Heiden.

Die Ruhe des Studierzimmers blieb Joseph Ratzinger nur für kurze Zeit. Schon bald übernahm er wieder eine Jugendgruppe. Man darf nicht vergessen, Lehre und Missionierung wurden für den jungen Priester zum stark empfundenen Auftrag und die Lehre zu einer wachsenden Freude. Im gewissen Sinn fand in der Lehre ein wichtiger Teil der Kommunikation des jungen Mannes mit seinen Mitmenschen statt. Er wollte sich mitteilen, anregen und junge Menschen auf den Weg bringen. Da er dies nicht aus dem Fundus einer langen Lehrerfahrung unternehmen konnte, pflegte er einen direkten Stil des Miteinanders, der Disputation. Er war ja fast gleichaltrig mit seinen Schülern am Seminar.

Der junge Priester fiel seinen Oberen auf. An der Theologisch-Philosophischen Hochschule wurde ihm eine Dozentur angeboten in Dogmatik, einem Kernfach der Theologie. Die Vorlesung in einem anderen Kernfach, der Fundamentaltheologie, sollte er aus Lehrkräftemangel gleich mit übernehmen. Unter einem Dogma versteht die katholische Kirche eine verbindliche Festlegung einer Interpretation der Offenbarung, wie sie in der Bibel und im Bekenntnis der Kirche vorlag. Die Dogmatik stellt mit wissenschaftlichen Methoden die Glaubenslehre als ein System von Interpretationen in einem Gesamtzusammenhang dar, während die Fundamentaltheologie wissenschaftlich die Rechtfertigung und die Verteidigung der christlichen Lehre unternimmt. Diese Kenntnisse den Studenten zu vermitteln, wurde zu seiner Aufgabe.

Fehlte nur noch die Habilitation. Gottfried Söhngen schlug vor, nachdem Joseph Ratzinger ein Thema aus der alten Kirche zu Fragen der Ekklesiologie, der Kirche gewählt hatte, sich nun mit dem Mittelalter und hier mit dem Offenbarungsbegriff zu beschäftigen. Wieder wurde der junge Gelehrte mit Fragen am Schopf gepackt, die ihn brennend interessierten. Wenn die Offenbarung nicht rein rational und statisch als Textsammlung des Neuen und des Alten Testaments unter der Zufügung der aufgestellten Dogmen begriffen würde, wie es die Lehre des Thomas von Aquino besagte, sondern wenn die Offenbarung im geschichtlichen Handeln Gottes bestand, dessen Wahrheit sich Stück für Stück erschloss und die man erkunden und stets erforschen musste, dann sollte in Ratzingers Untersuchung festgestellt werden, ob es bei dem heiligen Bonaventura, einem Zeitgenossen des Thomas von Aquino, einen Begriff von Geschichte gab und ob dieser Begriff im Zusammenhang mit der Offenbarung stand. Hinter dieser für uns sehr fernen und sehr fachspezifischen Problematik stand eine sehr aktuelle Frage: Was bedeutet geschichtliches Handeln? Und daraus abgeleitet: Inwieweit wäre dieses Handeln ein heilsgeschichtliches, ein innerkirchliches Moment und ließe sich dieses Handeln in die

Gesellschaft hineintragen? Auf einen groben Nenner gebracht verbirgt sich dahinter letztlich im vornehmen Theologengewand die praktische Frage: Wie politisch darf die Kirche sein? Wenn man heute die Habilitationsschrift Joseph Ratzingers liest, verschlägt es einem den Atem über so viel unbeabsichtigte Prophetie und Vorwegnahme, die in diesem schmalen Band stecken. Dramaturgisch und intellektuell hatte der junge Gelehrte, ohne es wissen oder auch nur ahnen zu können, den Kampf des Glaubenswächters Joseph Ratzinger gegen die Theologen der Befreiung, gegen Gustavo Gutiérrez, gegen Leonardo Boff und gegen Ernesto Cardenal, bis in die Diktion hinein vorweggenommen.

Wie das? Im Paris des 13. Jahrhunderts hatte der Theologieprofessor Bonaventura Post vom Generalkapitel (der Generalversammlung) seines Ordens, der Franziskaner, erhalten, das zu dieser Zeit in Italien tagte. Ihm wurde mitgeteilt, dass er in Abwesenheit des (nicht ganz freiwillig) zurückgetretenen Ordensgenerals Johannes von Parma zum neuen General des Franziskanerordens gewählt worden war. Der Orden selbst befand sich in der Krise. Nach dem Tod des heiligen Franziskus, der den Orden gegründet hatte, wuchs er rasant. Der Orden verschrieb sich der Armenseelsorge und der Predigt. Er wirkte vor allem in den Städten, in denen eine breite Schicht von Proletariern entstand. Franziskus hatte aber nur eine sehr unausgearbeitete und sich auf einige wenige Prinzipien stützende Ordensregel hinterlassen, weil er im Grunde keine Regel aufstellen wollte. Zu seinen Lebzeiten konnte er jederzeit die Richtung bestimmen. Doch nach seinem Tod und durch das explosive Wachstum des Ordens wurde die knappe Ordensregel zum Spielball der Interpretationen, die nicht aufgrund der intellektuellen Freude an den Auslegungen entstanden, sondern auf der Veränderung der gesellschaftlichen Situation beruhten. Die Massenverarmung der Bevölkerung nahm zu, der Reichtum der Kirche dagegen wuchs. Der Zisterzienserabt Joachim di Fiore reagierte auf diese Veränderungen und stellte die Dreireichelehre auf, die besagte, dass das Zeitalter des Vaters (das Alte Testament) vom Zeitalter des Sohnes (das Neue Testament) abgelöst wurde. Nun aber breche das

Zeitalter des Heiligen Geistes an, das einer neuen Verkündigung bedurfte. Eingeläutet wurde es durch den heiligen Franziskus, wie Jesus seinerzeit das Zeitalter des Sohnes durch sein irdisches Erscheinen eröffnete. Im Zeitalter des Heiligen Geistes würden sich die Menschen wieder mit Gott verbinden, indem sie, das war die Lehre des heiligen Franziskus, dem weltlichen Reichtum entsagen und arm vor Gott treten würden. Die Lehre des Joachim di Fiore, der Johannes von Parma zugeneigt war, fiel bei den Franziskanern auf fruchtbaren Boden. Eine Minderheit unter ihnen, die Spiritualen, wollte diese Botschaft allerdings auch politisch umsetzen. Sie forderten von der Kirche und von den Reichen, gleich ob Adliger oder ob Kaufmann, ihre Besitztümer zu verschenken, um arm zu werden in der Nachfolge Christi, der auch arm war. Einige unter ihnen ließen den Forderungen auch Taten folgen, indem sie den Reichtum durch Brandstiftung vernichteten. Die Bewegung der Spiritualen politisierte sich zusehends. Bonaventura teilte die Kritik der Spiritualen, nicht aber ihre Schlussfolgerungen. Die Kirche als Leib Christi durfte sich nicht zu einer Kraft des politischen Kampfes um eine diesseitig zu errichtende Utopie machen. Ihr Auftrag lag darin, das geschichtliche Handeln Gottes immer mehr und immer besser zu verstehen und dadurch in Vorbereitung der Erlösung einen Teil des Lichtes Gottes in die Welt zu bringen und nicht umgekehrt eine diesseitig und absolut definierte Utopie zu verwirklichen. Es ging darum, »wie Geschichte recht gestaltet werden kann und wie sie verdorben wird«. Die Erfahrungen des letzten Jahrhunderts haben die Utopien gründlich diskreditiert. Alle Versuche, Utopien zu verwirklichen, endeten letztlich im Arbeitslager, im GULag, oder hinter einer großen Mauer.

Bonaventura ließ Johannes von Parma in Klosterhaft nehmen und griff im Kampf gegen diese Lehren hart durch. Schließlich stellte er seine Geschichtstheologie dagegen, die darauf setzte, die Welt zu verbessern, indem der Mensch durch sein religiöses Handeln ein Stück weit Gott in die Welt brachte. Für Ratzinger, das las er bei Bonaventura, hatte Gott die Offenbarung ein für alle Mal gegeben, aber so endgültig sie war, so unausschöpflich war sie auch, weil sie immer neue Tiefen der Erkenntnis zuließ. Es galt nicht, eine letztlich von Gott losgelöste Utopie zu realisieren, die den Menschen betrügen musste, sondern es galt, das geschichtliche Handeln Gottes immer tiefer zu verstehen, um unser Leben zu verbessern. Für den Präfekten der Glaubenskongregation werden gute dreißig Jahre später diese Auseinandersetzungen, die er in seiner Kirche im 13. Jahrhundert beschrieben hatte, wiederkehren, nur dass diesmal die Spiritualen sich Befreiungstheologen nennen und er glaubt, die undankbare Rolle des Bonaventura übernehmen zu müssen.

Doch noch ahnte der junge Gelehrte nicht, dass er als Theoretiker an einem Thema arbeitete, das ganz praktisch wiederkehren sollte, um ihn in einen der größten Kämpfe seines Lebens zu verwickeln. In der abenteuerlichen Suche nach dem Denken Bonaventuras wird er bei sich selbst ankommen.

Einstweilen kämpfte er aber einen wahren Sisyphoskampf, nämlich mit der Dame, die seine Habilitation abtippte. Sie tat genau das, was einen Wissenschaftler in die Verzweiflung treiben konnte, indem sie neben allen möglichen Fehlern auch Seitenzahlen in den zitierten Stellen vertauschte, so dass die Verweisstellen plötzlich nicht mehr zutrafen. Er konnte nur noch atemlos hinterherkorrigieren, doch wachsen Fehler in solchen Fällen wie von Geisterhand geführt nach. Schließlich konnte er Ende 1955 doch noch die Habilitation einreichen. Söhngen las sofort und begeisterte sich derart, dass er bereits in Vorlesungen, die er hielt, aus der Arbeit zitierte.

Privat wurde seinen Geschwistern und ihm in dieser Zeit immer deutlicher, dass das zwar romantische, aber unbequeme Haus in Hufschlag, das doch recht abseits gelegen war, für den achtundsiebzigjährigen Vater und die einundsiebzigjährige Mutter nicht mehr geeignet war und ihre Kräfte überstieg. Welten trennen die heutige Mobilität von den Bewegungsmöglichkeiten der frühen Fünfzigerjahre. Die Eltern besaßen kein Auto, der Weg nach Traunstein zum Einkaufen oder zum Arzt musste zu Fuß zurückgelegt werden, weil es kein Nahverkehrsnetz, wie wir es heute kennen, gab. Die Benutzung eines Taxis wäre ihnen nie in den Sinn gekommen. Ganz abgesehen davon, dass es in einem so großen und alten Haus immer etwas zu tun gab, was bereits beim Heizen begann. All das muss man sich vor Augen halten, wenn man verstehen will, wie drängend sich inzwischen die Situation gestaltete, zumal auch die aufmerksamsten Kinder, die in den Eltern immer die Starken sehen, eigentlich zumeist zu spät bemerken, dass ihre Eltern die Stärke, die sie vorgeben, nicht mehr besitzen und Hilfe erforderlich ist. Georg hatte gerade das Studium an der Musikhochschule begonnen und kam nicht in Frage. Es gibt Situationen, wo die Umstände Gründe diktieren, die geradezu auf einen Punkt hinauslaufen, man kann das auch das Walten des Schicksals oder den Willen Gottes nennen. Dem jungen Lehrer am Seminar wurde nicht nur die Dozentur an der Hochschule angeboten, auch eine frei gewordene Professorenwohnung am Domberg stand zur Miete. Der Wunsch, sich wissenschaftlich weiterzuqualifizieren und die akademische Karriere voranzutreiben, traf sich in wunderbarer Weise mit der Notwendigkeit, die Eltern bei sich aufzunehmen. Nicht nur Sohnespflicht konnte er erfüllen, es bot sich zudem die Möglichkeit, wieder mit den Eltern zusammenzuleben und dem Gefühl der Einsamkeit durch ein familiäres Leben ein Ende zu bereiten. In der Familie, die die Gemeinde dem Kaplan war, lebte er nicht mehr, und in der Familie der Wissenschaft und Lehre war er noch nicht angekommen. Die Wohnung wurde gemietet, das Haus in Hufschlag schweren Herzens aufgegeben, und auf die Verteidigung der eingereichten Habilitation gewartet. Joseph Ratzinger befand sich, inzwischen gut situiert, auf dem Weg zur Professur, und das mit 28 Jahren.

Ostern 1956 fuhr er zu einer Tagung der Dogmatiker und Fundamentaltheologen, auf der er den berühmten Karl Rahner kennen lernte, mit dem er während des II. Vaticanums zusammenarbeiten sollte. Während der Tagung bat ihn der Koreferent seiner Habilitation, Michael Schmaus, zu sich und eröffnete dem angehenden Professor kurz und kühl, dass er die Habilitationsschrift ablehnen müsse, weil sie nicht den wissenschaftlichen Ansprüchen genügen würde. Das war ein Schock! Was war geschehen? Was sollte er jetzt tun? Als gescheiterter Habilitant musste er die Hochschule verlassen und die Professorenwohnung aufgeben. Hatte er zu leichtfertig gehandelt, als er mit dem sicheren Gefühl, sich bald zu habilitieren, die Eltern veranlasste, ihr Haus aufzugeben und zu ihm zu ziehen? Wie würden die alten Herrschaften auf diese Katastrophe reagieren? Persönlich, menschlich, wissenschaftlich brach für ihn in diesem Augenblick eine Welt zusammen. Söhngen kämpfte in der Fakultätssitzung wie ein Löwe für seinen Schützling, doch hatte Schmaus die besseren Verbindungen im Lehrkörper, während Söhngen doch eher ein Außenseiter blieb in der universitären Kamarilla. Dass der verehrte Lehrer, der nicht die öffentliche Meinung in der Fakultät beherrschte, im Gegensatz zu seinem Kontrahenten, objektiv nichts für ihn tun konnte, außer persönlich integer für ihn zu kämpfen, lenkte den Blick des wissenschaftlich Hochbegabten, in der Politik aber, und sei es auch nur in der Hochschulpolitik, gänzlich naiven Joseph Ratzingers auf eine Realität, die ihm entgangen sein musste, nämlich auf die Welt universitärer Intrigen. Immerhin konnte Söhngen erwirken, dass die Arbeit nicht abgelehnt wurde, sondern zur Überarbeitung an den Kandidaten zurückging. Für Schmaus war es ein Leichtes, sozusagen als Danaergeschenk an den Verfasser, die Arbeit mit den Anmerkungen, die er auf jeder Seite angebracht hatte, zurückzugeben, mit der Maßgabe, dass allen Einwänden entsprochen werden müsse. Mit schlecht verhohlener Freude bemerkte er im Kollegenkreis, dass die Überarbeitung auf der Grundlage seiner Anmerkungen wohl Jahre in Anspruch nehmen würde. Jahre, die Joseph Ratzinger nicht hatte. In der Tat, da gab es für ihn nichts zu beschönigen, er stand vor dem Abgrund. Die Nerven lagen blank. Dennoch schaute er sich in Ruhe die Anmerkungen von Schmaus an. Mit den Anmerkungen stimmte er zwar zumeist nicht überein, aber er fand den Grund für die Ablehnung: verletzte Eitelkeit. Schmaus beanspruchte in München als Ergebnis eines reichen wissenschaftlichen Lebens die Autorität in der Mediävistik, in der Mittelalterforschung. Mit diesem Thema hätte Joseph Ratzinger zu ihm kommen müssen und nicht zu Söhngen.

Und nicht genug dieser Majestätsbeleidigung, die an sich schwer wog, der junge Spund wagte, den Meister scharf zu kritisieren. Ratzinger hatte sich in der wissenschaftlichen Recherche stark von der neuen, in der Hauptsache französischen Forschung anregen lassen, die Schmaus nicht mehr zur Kenntnis genommen hatte.

Dieser Vorgang belehrte den naiven jungen Wissenschaftler darüber, dass es nicht nur die Wissenschaft, sondern auch den »menschlichen Faktor« gab, dass es nicht nur die reine Forschung war, um die es ging, sondern auch um persönliche Interessen, Motive und Empfindlichkeiten. Den Grund, und das war außerordentlich lehrreich, kannte er nun, doch immer noch war guter Rat teuer. Beim wiederholten Durchblättern der Arbeit kam ihm die rettende Idee. Schmaus hatte den ersten Teil der Arbeit mit Anmerkungen kontaminiert, da war wirklich nichts mehr zu retten, aber dem zweiten, in dem es speziell um die Geschichtstheologie von Bonaventura ging, fehlten die Anmerkungen. Das konnte die Rettung sein. Er schlug Söhngen vor, dass er den unzensierten zweiten Teil aus der Habilitationsschrift herauslösen, überarbeiten und einreichen würde. Der Umfang würde immer noch ausreichen. Söhngen begeisterte die Idee, und er stimmte zu. Das alles hatte schon einen Hauch Eulenspiegelei – in München musste man es wohl besser Valentiniade nennen. Schmaus hatte die Bedingung gestellt, dass seine Anmerkungen eingearbeitet werden müssten, wo aber keine waren, konnten auch auf keine Bemerkungen Rücksicht genommen werden. Und da er tatsächlich keine Anmerkungen zum zweiten Teil angebracht hatte, er aber die ganze Arbeit bewertet haben musste, konnte er schlecht nachträglich welche hinzufügen. Das hätte den Eindruck vermittelt, dass er die Arbeit, die er als unzureichend abgelehnt hatte, nicht ganz zur Kenntnis genommen hatte. Ob er die Arbeit bis zu Ende gelesen hatte oder nicht, vor der wissenschaftlichen Öffentlichkeit dürfte er schon aus Gründen seiner Reputation niemals auch nur den Anschein erwecken, eine eingereichte Habilitationsschrift nicht durchgearbeitet zu haben.

Gleichviel, die durch den inkriminierten Teil reduzierte und überarbeitete Schrift wurde zur Habilitation angenommen. Die öffentliche Disputation erregte so große Neugier, dass die Zuhörer sich im nunmehr zu kleinen Raum drängelten. Nach dem Autorenreferat und einigen Fragen an den Referenten entzündete sich ein heftiger, wissenschaftlich vorgetragener Streit zwischen Söhngen und Schmaus, bei dem der Habilitant ganz und gar in den Hintergrund geriet. Bei der Affäre um die Ablehnung der Arbeit ging es wohl nur zum Teil um Joseph Ratzinger.

Der Kampf um die Habilitation, den er das Drama der Habilitation nannte, hatte ihn tief in die Gefährdungen und Abgründe des universitären Lebens schauen lassen. Nach einer kurzen Tätigkeit als Dozent für Dogmatik an der Hochschule in Freising und einer Privatdozentur an der Münchener Universität eröffnete sich ihm eine großartige Möglichkeit: Die Universität Bonn bot dem jungen, aufstrebenden Dozenten den Lehrstuhl für Fundamentaltheologie an. So schön das war, so sehr auch sein Herz ihn dorthin zog, wusste er auch, dass er seinen alten Eltern einen erneuten Umzug nicht zumuten konnte. Er beriet sich mit seiner Schwester und seinem Bruder. Georg Ratzinger hatte gerade die Musikhochschule absolviert und trat eine Stelle im heimatlichen Traunstein als Chordirektor in der Pfarrkirche St. Oswald an. Als Wohnung wurde ihm das wunderschöne, mitten in der Stadt gelegene Benefiziatenhaus angeboten, das genug Raum bot. Der alte Spruch, dass man einen alten Baum nicht verpflanzt und dass man alte Menschen nicht der gewohnten Umgebung berauben sollte, traf mit Sicherheit zu, doch immerhin würde dieser Umzug eher eine Heimkehr in eine vertraute Umgebung bedeuten. Die Eltern willigten ein, zogen zu ihrem Sohn Georg nach Traunstein zurück, und Joseph Ratzinger machte den ersten großen Schritt in seiner Karriere: Er war jetzt ordentlicher Professor für Fundamentaltheologie in Bonn. Mit ihm an den Rhein ging seine Schwester Maria, die von nun an bei ihm bleiben und ihm den Haushalt führen sollte. Insofern hatte er eine familiäre Form des Zusammenlebens gefunden, die ihm entsprach und die er sich als Professor auch wirtschaftlich leisten konnte.

In Bonn schloss er die ersten wissenschaftlichen Freundschaften, ein erstes Band, das sich auch in Zukunft bewähren sollte. Das

1 (oben) In diesem fast 300 Jahre alten »Mauthaus« im bayerischen Ort Marktl am Inn wurde Joseph Ratzinger am 16. April 1927 geboren.

2 (unten) Der Geburtseintrag im Taufbuch von Marktl

3 (oben) 1997 überreicht Hubert Gschwendtner, der Bürgermeister von Marktl, dem großen Sohn des Ortes vor dessen Geburtshaus die Ehrenbürgerurkunde.

4 (rechts) Aschau im Chiemgau. In politisch bedrohlicher Zeit tauchte die Familie in diesem kleinen Ort in der Provinz unter.

5 (links) Die sinnenfrohe und bilderreiche Welt des bayerischen Barock – wie hier in Ottobeuren – hat Joseph Ratzinger früh geprägt.

6 (unten) Das Erzbischöfliche Knabenseminar St. Michael in Traunstein

7 (rechts) Mit seiner Verpflichtung als Luftwaffenhelfer im Jahr 1943 rückte dem streng christlich eingestellten 16-jährigen Joseph Ratzinger das glaubensfeindliche nationalsozialistische System bedenklich nahe.

8 (unten) Die Gegenwelt: Der große Moment der Priesterweihe wird 1951 im Rahmen der Familie dokumentiert. Von links, vorne: Die Schwester Maria, die Mutter, der Vater. Dahinter links: der ältere Bruder Georg. Rechts: Joseph Ratzinger.

9 (oben links) Kurz vor dem II. Vatikanischen Konzil (1962-1965) hatte Josef Kardinal Frings anlässlich eines beeindruckenden Vortrags von Joseph Ratzinger erkannt, welches Potenzial in dem jungen Bonner Professor der Fundamentaltheologie steckte.

10 (oben rechts) Papst Paul VI. lernte Ratzinger auf dem II. Vatikanischen Konzil schätzen und ernannte ihn 1977 zum Bischof.

11 (unten) Auf dem II. Vatikanischen Konzil, hier die Vollversammlung im Petersdom in Rom, prägte der junge Theologe Joseph Ratzinger als »Peritus« (Berater) von Kardinal Frings die Ergebnisse dieses Konzils der Erneuerung.

12 (rechts) Nach Bonn war Ratzinger Professor für Dogmatik und Dogmengeschichte in Münster, Tübingen und Regensburg und auf vielen Kongressen und Synoden zu hören, wie hier 1971 in Würzburg.

13 (unten) Der Schock von 1968: Nicht nur die deutsche Gesellschaft ist in einem fundamentalen Umbruch.

14 (oben) Seit dem 28. Mai 1977 leitet Joseph Ratzinger als Erzbischof von München und Freising die Geschicke des Bistums. Noch im selben Jahr wird er zum Kardinal ernannt.

15 (unten) Die Stunden der Muße werden für den Erzbischof zunehmend kostbarer.

16 (oben) Die katholische Kirche, in Bayern zumal, ist immer eine von der Tradition getragene Volkskirche gewesen.

17 (unten) Auch der bayerische Ministerpräsident Franz Josef Strauß empfängt vom Kardinal die Heilige Kommunion.

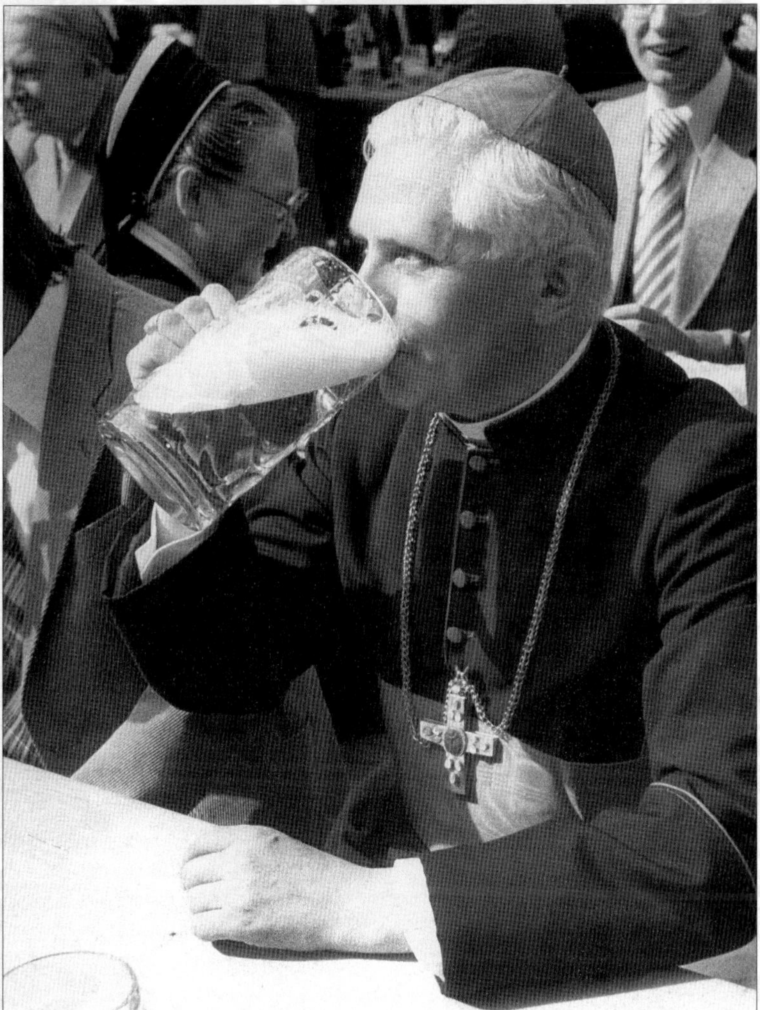

18 Joseph Ratzinger, ein Intellektueller von hohen Graden, hat keinerlei Berührungsängste gegenüber den Gläubigen: der Kardinal im Biergarten

19 Die katholische Kirche ist eine Weltkirche: Besuch des Erzbischofs von Hanoi, Kardinal Joseph Marie Trinh van-Can, und des Bischofs von Haiphong, Joseph Nguyen Tung Cuong, am 14. Juli 1980 bei Kardinal Ratzinger in München.

20 Trotz aller Amtsverpflichtungen findet Joseph Ratzinger immer wieder Zeit, eine große Zahl von theologischen Werken zu publizieren.

21 (oben) 1989 wird Ratzinger der Karl-Valentin-Orden verliehen, eine Auszeichnung wider den tierischen Ernst.

22 (unten) Die christlichen Kirchen sind seit dem II. Vaticanum in Bewegung. Der katholische Kardinal und der evangelische Frère Roger Schutz, Gründer der ökumenischen Communauté de Taizé, im Jahr 1997.

23 (rechts)
Zwanzig Jahre:
Joseph Kardinal
Ratzinger im Jahr
1977…

24 (unten)…
und im Jahr 1997

25 (links) Joseph Kardinal Ratzinger war bereits Mitglied des Konklaves als Karol Kardinal Wojtyła 1978 zum Papst Johannes Paul II. gewählt wurde. Von Anfang an gehörte Ratzinger zu dessen engsten Vertrauten, 1980.

26 (unten) Im Jahr 2002: Johannes Paul II. prägt trotz der Gebrechen des Alters die Kirche mit Hilfe Joseph Ratzingers.

27 (oben) 19. April 2005. Der neu gewählte Papst Benedikt XVI. zeigt sich auf der Loggia des Petersdoms. Joseph Ratzinger aus Marktl am Inn hat ein großes Amt übernommen.

28 Ein Geniestreich des Boulevard-Journalismus. Die »Bild«-Zeitung bringt die Gefühle vieler Deutscher unübertroffen auf den Punkt.

29 (oben) Am Tag nach seiner Wahl zelebriert Papst Benedikt XVI. in der Sixtinischen Kapelle die traditionelle Messe als neuer Papst.

30 (unten) Schon wenige Stunden nach der Wahl tauchen die ersten Devotionalien mit dem Konterfei des neu gewählten Papstes in den Andenkenläden rund um den Petersplatz auf.

31 Die katholische Kirche hat ein neues Oberhaupt. Wie schon auf dem II. Vatikanischen Konzil wird Joseph Ratzinger die Kirche zur Erneuerung führen müssen, ohne dass sie ihre unverwechselbare Basis verliert.

waren vor allem der Historiker Hubert Jedin, der Moraltheologe Werner Schöllgen, der Dogmatiker Johann Auer, mit dem er dann in Regensburg zusammenarbeiten würde, und der Bonaventura-Spezialist Sophronius Clasen, ein Franziskaner. Auch Heinrich Schlier lernte er in Bonn kennen, mit dem er zehn Jahre später in der Sommerakademie am Bodensee zusammenarbeiten sollte. In der Nähe gab es eine ganze Reihe von Theologischen Hochschulen, so dass hier ein Freundes- und Kontaktkreis wuchs. Der Indologe Paul Hacker machte ihn nicht nur mit Luther bekannt, sondern interessierte ihn auch für den Reformator, den Erzfeind schlechthin. Ganz gleich, ob man in der ökumenischen Diskussion mit ihm zu allen Zeiten übereinstimmte, Joseph Ratzinger ist ein Kenner Luthers und hatte sich intensiv mit der evangelischen Theologie auseinander gesetzt.

In den ersten großen Ferien besuchten Maria und er den Bruder und die Eltern in Traunstein. Wieder war die Familie vereint. Die Kinder beschlossen, einen Ausflug nach Tittmoning zu machen, auch um Kindheitserinnerungen aufzufrischen. Die Eltern unternahmen einen langen Spaziergang. Als die Kinder zurückkamen, fanden sie den Vater im Bett liegend, von einem schweren Schlaganfall niedergeworfen und nicht mehr fähig zu sprechen. Dass er seine Kinder, auf die er stolz war, in den Stunden seines Sterbens, des allmählichen Verlassens dieser Welt bei sich hatte – und das nahm er wahr –, erfüllte ihn mit einer großen Ruhe und Dankbarkeit. Für Joseph Ratzinger freilich muss es bei allem Glauben an eine bessere Welt, an die Heimkehr seines Vaters zu Gott in diesem Moment ein tiefer Schmerz gewesen sein, der sich im Laufe der Zeit immer stärker zum Gefühl eines Verlustes, einer Lücke entwickeln würde – einer Lücke, die sich niemals schließt.

BERATER DES II. VATIKANISCHEN KONZILS

Die katholische Akademie in Bensberg hatte den Bonner Professor Joseph Ratzinger zu einem Vortrag über das I. Vatikanische Konzil eingeladen. Dieses historische Thema bekam 1962 plötzlich eine unabweisbare Aktualität. Der als Übergangspapst betrachtete Johannes XXIII. hatte von Rom aus verkündet: »Am 24. Dezember des vergangenen Jahres, am Feste der Geburt unseres Herrn Jesus Christus, haben Wir einen seit langem erwogenen Entschluss wahr gemacht und einer gemeinsamen Erwartung der Katholiken entsprechend, durch die Apostolische Konstitution *Humanae Salutis* das Zweite Ökumenische Vatikanische Konzil für dieses Jahr einberufen. Nach reiflicher Überlegung haben Wir Uns nun, um jenen, die von Rechts wegen daran teilnehmen müssen, alle notwendigen Vorkehrungen in der rechten Weise zu ermöglichen, entschlossen, die Eröffnung des Zweiten Ökumenischen Konzils für den 11. Oktober dieses Jahres festzulegen.«[9] Der Begriff des Ökumenischen Konzils kann immer noch zu Verwechslungen führen, es meint kein Konzil, das gemeinsam mit der evangelischen Kirche abgehalten wird, sondern es meint, im Gegensatz zu den National- oder Provinzialkonzilien, ein allgemeines Konzil, das die gesamte katholische Kirche betrifft.

Wenn es also ein II. Vaticanum geben würde, dann wollte man sich schon etwas genauer vergewissern, was das erste gebracht hatte und erfahren, was vom zweiten zu erwarten wäre. Ein Studienfreund aus Fürstenried, Hubert Luthe, der inzwischen als Sekretär dem Kölner Erzbischof Josef Kardinal Frings mit ganzem Herzen diente, hatte seinen Chef nicht nur auf den jungen Theologen in Bonn aufmerksam gemacht, sondern ihn über den angekündigten Vortrag des Freundes in Bensberg informiert. Frings hörte sich interessiert die Ausführungen des jungen Professors an und unterhielt sich im Anschluss ausgiebig mit ihm. Für ihn stand spätestens nach diesem Gespräch fest, dass er in dem jungen Gelehrten den idealen theologischen Berater für das große Konzil gefunden hatte und dass Luthe nicht übertrieben hatte, als er seinen Freund empfahl und beschrieb. Mit dem Vortrag hatte Ratzinger sich empfohlen. Es war, beabsichtigt oder nicht, eine Bewerbungsrede. Den Kardinal gemeinsam mit seinem Freund Luthe zum wichtigsten und aufregendsten Ereignis der katholischen Welt nach Rom zu begleiten, kam einem Ritterschlag gleich. Was in Rom zur Verhandlung stand, war nichts Geringeres als die künftige Verfasstheit seiner Kirche. An dieser Verfasstheit durfte Joseph Ratzinger mitwirken. Um die Größe der Aufgabe und die Ehre für den jungen Mann zu verstehen, muss man die grundlegende Bedeutung würdigen, die Konzilien für die katholische Kirche haben. Form und Gestalt der Kirche, wie wir sie heute kennen, bildeten sich in Jahrtausenden in den zu Zeiten großer gesellschaftlicher Kämpfe oder Veränderungen einberufenen Versammlungen der Kirchenfürsten, die Konzilien genannt wurden. In diesen Versammlungen der Bischöfe, der Kardinäle, der Leiter der Orden, der römischen Kurie und des Papstes wurde um die Glaubensinhalte und um das, was Ketzereien sind, um das Kirchenrecht, um das Verhältnis zu anderen Kirchen, um die Dogmen und um Sittenfragen gerungen. Es würde zu weit führen, diesen Weg der Kirche durch die Konzilien vom I. Ökumenischen Konzil, das Kaiser Konstantin 325 nach Nicaia einberief, bis zum II. Vaticanum darzustellen. Im Übrigen ist dieser Weg durch die Konzilien von dem bedeutenden Kirchenhistoriker Hubert Jedin, der hoch geachteter Kollege und schließlich väterlicher Freund von Ratzinger an der Universität in Bonn war, exzellent dargestellt.

Das I. Vaticanum, das nach offizieller Zählung das 20. Ökumenische Konzil war, wurde unter Papst Pius IX. von 1869–1870 in Rom abgehalten. Es verabschiedete drei dogmatische Konstitutionen, d. h. drei Definitionen, die Verfassungsrang haben, einmal über den katholischen Glauben, was er enthält und wie er zu verstehen sei, zum zweiten über die Kirche Christi, die das bekannte Unfehlbarkeitsdogma des Papstes enthielt, und drittens das Jurisdiktionsprimat, wonach dem Papst das Recht zukommt, in allen Personalfragen bis in die Diözesen hinein zu entscheiden. Das Konzil, das selbst in großer Aufregung verlief, musste dann wegen des Ausbruchs des Deutsch-Französischen Krieges abgebrochen werden.

Nun also rief der Papst die Verantwortlichen der Kirche nach Rom, um über die drängenden Fragen, die das zwanzigste Jahrhundert immer unabweisbarer an die Kirche stellte, zu verhandeln. Die Kirche drohte den gesellschaftlichen Anschluss zu verlieren, vieles schien veraltet. Der Papst wollte mit dem Konzil die Fenster aufreißen und frische Luft hineinlassen. Engagierte Katholiken, Priester oder Laien, fühlten nur allzu deutlich, dass Änderungen vonnöten waren. Nach dem Krieg empfanden gerade die deutschen Christen, dass es eine neue Chance für den Glauben, für einen Aufbruch gab, nachdem der Kerker der nationalsozialistischen Diktatur gesprengt worden war. Katholiken in den kommunistischen Diktaturen benötigten eine starke Kirche, die den atheistischen Regimen widerstehen konnte. Außerdem wurde der Glaube in einer sich säkularisierenden und ganz dem wirtschaftlichen Erfolg verpflichteten Welt als Möglichkeit eines moralischen und bewussten Lebens nach Ansicht der westeuropäischen Kardinäle immer wichtiger. Ratzinger hatte seine Erfahrungen mit den neuen Heiden gemacht, die sich von den Erfahrungen seiner belgischen, niederländischen und französischen Kollegen nicht sehr unterschieden. Die Kirche geriet durch ihre starren Formen, die sich von der gesellschaftlichen Entwicklung längst verabschiedet hatten, immer mehr ins Abseits. Die Krise und vor allem die tiefe Verunsicherung konnten nicht länger ignoriert werden. So groß die empfundene Not war, so groß erschien auch die Hoffnung, die sich mit der Ankündigung von Johannes XXIII. verband, der mit der Kirche ins 20. Jahrhundert springen wollte. *Aggiornamento*, Sprung ins Heute, wie er es nannte. Außer für Teile der Römischen Kurie – für sie war diese Idee allerdings so erschreckend, dass sie schon bald eine regelrechte *psicosi del Concilio* (eine Konzilspsychose) befiel – entsprach der Gedanke, sich in Rom zu versammeln, sich besser kennen zu lernen und gemeinsam darüber nachzudenken, was Glaube und was Kirche war und wie beides authentisch ins Heutige wirken kann, einer allgemeinen Stimmung.

Für Joseph Ratzinger eröffnete sich die einzigartige Möglichkeit, Kollegen aus anderen Ländern kennen zu lernen und an seinem eigenen, kleinen Netzwerk zu knüpfen. Und es gelang. In Rom lernte er den verehrten Henri du Lubac, dessen Werk er als Student verschlungen hatte, und den bedeutenden Theologen Yves Congar kennen und flocht ein enges Band zum französischen, holländischen und belgischen Katholizismus.

Im Vorfeld des Konzils forderte der Papst die Bischöfe und Ordensoberen in der ganzen Welt auf, Vorschläge einzureichen zu den Themen des Konzils. Zur Vorbereitung und Bearbeitung der Vorschläge hatte er eine aus etwa einhundert Kardinälen, Bischöfen und Ordensoberen bestehende Zentralkommission gebildet, die unter sich zehn Vorbereitende Kommissionen hatte, die je nach Ausrichtung die einzelnen Vorschläge bearbeiteten.

Am 9. Oktober 1962 gegen 10.30 Uhr, unmittelbar vor der aufregenden und spannenden Abreise zum Konzil nach Rom, begleitete Professor Ratzinger seinen Chef in den Kölner Dom, der ja die Bischofskirche von Kardinal Frings war. Betend durchschritt der fast erblindete Mann den weiten Raum und ließ sich in die Gruft des Doms führen, um sich die Stelle zeigen zu lassen, wo er dereinst beigesetzt würde. Andächtig berührte er die Stelle. Den jungen Professor, der empfänglich war für Gesten tiefen Glaubens, berührte diese Andacht, dieses *memento mori* des alten Kardinals. Die Erwartungen konnten höher nicht gesteckt sein. Die kleine Kölner Gruppe, Frings und seine beiden Berater Ratzinger und Luthe, kamen im kleinen deutsch-österreichischen Priesterkolleg »Santa Maria dell'Anima« in der Gasse Via della pace unter.

Mit einer feierlichen Messe begann am 1.10. das Konzil, das

zwei Tage später im Petersdom die Beratungen aufnahm. Intensiv dachte man darüber nach, wie so ein Konzil verlaufen konnte, denn niemand hatte persönlich Erfahrungen mit einem Konzil erwerben können, dazu fanden diese großen Versammlungen zu selten statt, wie gesagt, es waren 21 in 2000 Jahren. Den erbetenen Rat des Historikers und Kenners der Konziliengeschichte, Hubert Jedin, auf die Wahl der Konzilskommissionen zu achten, weil die Zusammensetzung der Kommissionen ausschlaggebend für den Verlauf der Konzilien war, verinnerlichte Kardinal Frings.

Die Generalberatungen des Konzils begannen mit einem Paukenschlag. Pericle Felici, der Generalsekretär des Konzils, schlug vor, die Kommissionen sofort zu wählen. Die Listen lägen den Anwesenden vor. Noch hatte niemand geklärt, wie die Geschäftsordnung aussah, wann man sich wie äußern konnte, außer, dass man Redebeiträge drei Tage vorher unter Angabe des Themas, über das man zu reden gedachte, einzureichen hatte. Kardinal Liénart nahm das Wort, weil er neben dem Präsidenten saß, den er als französischen Landsmann gut kannte, und erhob Einspruch gegen das Verfahren. Gleich darauf sprach Frings: »...Wir (gemeint waren Döpfner, König und er – der Verf.) schlagen vor, dass die Wahl der Kommissionsmitglieder verschoben wird bis zur nächsten Generalkongregation (*Beifall in der Aula*), die am Dienstag stattfindet, dass nicht eine Sache von so großer Wichtigkeit mehr oder weniger dem Zufall überlassen bleibt, und damit die Väter einige Tage Zeit haben, um sorgfältig zu überlegen und untereinander abzusprechen, wen sie für besonders geeignet halten. Ich habe gesprochen (*Beifall in der Aula*).«[10]

Wer nun keine Zeit mehr hatte, waren Luthe und Ratzinger, denn jetzt lief unerbittlich die Uhr – und zwar gegen sie. Es mussten neue Vorschlagslisten erarbeitet werden, die mit den Vorgeschlagenen abgestimmt waren, und es musste ihr Einverständnis zu kandidieren eingeholt werden. Schließlich sollte der Nominierte ja von seinem Glück, dass er auf der Vorschlagsliste stand, vor der Wahl erfahren. Luthe wurde in diesen Tagen zum Artisten des Telefons, so dass Frings schon spottete, dass, sollte sein Sekretär einmal heilig gesprochen werden, über sein Attribut keinerlei Zweifel bestünden: das Telefon. Der Abstimmung mit einer möglichst großen Gruppe von Bischöfen und Kardinälen kam hohe Bedeutung zu. Zudem mussten passende Kandidaten recherchiert werden, denn zum Prinzip für die Vorschläge wurde erhoben, dass die Kommissionen sich aus Vertretern von allen Kontinenten und aus allen Bereichen – Episkopat, Universität, Orden – zusammensetzen sollten.

Schließlich wurden die Vorschlagslisten in der Nacht vom 15. zum 16. 10. vervielfältigt. Kaum mehr vorstellbar, aber es gab eine Zeit ohne Kopiermaschinen, und es wurde dennoch vervielfältigt. Pünktlich am 16. 10. zur Fortsetzung des Konzils lagen die Vorschläge vor. Die erste Schlacht hatten die Konzilsskeptiker und -gegner verloren. Ein Teil der römischen Kurie und nicht wenige italienische Bischöfe standen dem Konzil ablehnend gegenüber oder empfanden es schlicht als überflüssig. Deshalb gab es starke Kräfte in der Kurie, die das Konzil im Sande verlaufen lassen wollten. Die Kurie versuchte, die Kommissionen, die schließlich die Textvorschläge, Schemata genannt, erarbeiteten und die bei Ablehnung durch das Konzil oder den Papst erneut überarbeitet werden mussten, mit ihren Gewährsleuten zu besetzen, um die Versammlung mit eigenen Texten entweder zu überrumpeln oder ungewollte Änderungswünsche totzuredigieren. Dieser dreiste und selbstherrliche Versuch, das Konzil zu kapern, schlug fehl.

Nun konnte sich das Konzil dem ersten Thema widmen, das ein zentrales Thema von Joseph Ratzinger war. Beschlossen wurde, weil man in Rom die Brisanz des Themas sträflich unterschätzte, mit Fragen der Liturgie zu beginnen.

Bis zu diesem Zeitpunkt fand die Messe in lateinischer Sprache statt. Die Glaubenden verstanden nicht, worüber der Priester sprach, und konnten an der Messe nicht innerlich teilnehmen. Für die Italiener stellte dies nie ein Problem dar, weil die Begriffe der Messe für das sprachverwandte Italienisch zu verstehen war.

Der Text, den die Vorbereitende Kommission vorlegte, wollte daran nichts ändern, weil die Kurie versuchte, mit Dokumenten, die im Grunde nur alte Positionen festschrieben, die Idee des Konzils auszuhebeln.

Der vom Konzil heimgekehrte Berater Ratzinger sollte später resümieren: »Am Anfang des Konzils stand ein gewisses Unbehagen, stand die Sorge, das Ganze möchte in eine Bestätigung vorgefasster Beschlüsse sich verkleinern und dadurch der notwendigen Erneuerung der Kirche mehr schaden als nützen, indem es die Hoffnungen der vielen enttäuschte, sie mutlos machte, die Dynamik des Guten lähmte und all die neuen Fragen, die die Zeit der Kirche stellt, wieder einmal mehr oder weniger beiseite schob.«[11] Dagegen standen Frings und dessen junger Berater (*peritus*) Joseph Ratzinger. Deshalb schlug Frings im Vorfeld bereits dem Papst vor, den Beginn des Konzils zu verschieben, weil der Kardinal es in Ansehung der Texte schlecht und ungenügend vorbereitet fand. Frings, der ein vorzüglicher Bibelkenner war, genoss eine enorme Reputation bei den Konzilsvätern, und zwar nicht nur bei den deutschen. Während der Münchener Döpfner zu den Progressiven gezählt wurde, galt Frings als Mann der Mitte. Seine Voten bestimmten oftmals den Verlauf der Verhandlungen, und beraten wurde er von Joseph Ratzinger und Hubert Luthe. Da Frings zu diesem Zeitpunkt nahezu erblindet war, benötigte er die Unterstützung seiner Berater in weitaus höherem Maße als andere Konzilsväter, da sie ihm die entsprechenden Dokumente vorlesen mussten. Für gewöhnlich verlief die Arbeit an einer Rede Frings nach folgendem Schema: Mit Luthe und Ratzinger, hin und wieder konnte noch jemand hinzugezogen werden, diskutierte er das Problem, und es wurde die Argumentationslinie festgelegt. Anschließend entwarfen die *periti* (Berater) die Rede und lasen sie dem Kardinal vor, der die einzelnen Passagen und Linien mit ihnen diskutierte, die wiederum die Änderungen in den Text einarbeiteten. Dieser neue Entwurf wurde wieder diskutiert und möglicherweise erneut überarbeitet, bis Frings zufrieden war. Nun begann der fast erblindete Kardinal, den Text mit Hilfe der Berater zu memorieren. Denklinien, Begriffe und Vorstellungen lernte er auswendig, wobei es vorkommen konnte, dass es bei diesem intensiven Akt der Verinnerlichung noch einmal zu Veränderungen kam.

Der offizielle Text zur Liturgie, der die römische Praxis der Formelandacht – in der Gemeinde und, wenn man so will, das Volk Gottes im Haus der Kirche nicht vorkamen, fortschrieb, blieb weit hinter den Erwartungen zurück. Im Auftrag von Kardinal Frings verfasste der theologische Berater Ratzinger bereits im Vorfeld einen alternativen Text zur Offenbarung. In diesem Text gingen die Ideen der Liturgischen Bewegung und die Erfahrungen des Theologen mit der frühen Kirche, dem Gewordensein der Kirche ein. Offenbarung hieß geschichtliches Sprechen Gottes und es setzte den Empfänger dieses kommunikativen Akts voraus. Denn wo es niemanden gibt, dem offenbart wird, dort kann es auch keine Offenbarung geben. Im Akt der Offenbarung steckt bereits ein Wir. Dem Katholiken muss sich das Wort Gottes mitteilen, er muss es empfangen, er muss die Offenbarung erkennen und ergründen, immer wieder von Neuem. Zu den »Werkzeugen der Offenbarung« gehören die Heilige Schrift, die Tradition, wie sie in den Schriften der Väter und in der Geschichte zum Ausdruck kommt, und die Liturgie. Lebendiges Christentum bedeutete für Ratzinger, die Offenbarung auch erleben und ergründen zu können, deshalb musste das Erlebnis der Liturgie ermöglicht werden. So galt es erstens, den Begriff der Offenbarung nicht vollständig mit der Heiligen Schrift identisch zu setzen, sondern, wie bereits beschrieben, ihn weiter zu fassen, und zweitens, ihn in der Liturgie zum Leben zu erwecken. So gesehen las sich die Schrift wie eine Begründung einer weitergehenden Liturgiereform und der Öffnung der Kirche gegenüber neuen Erfahrungen.

Frings lud am 25. Oktober 1962 die Kardinäle Alfrink aus den Niederlanden, Suenens aus Belgien, Liénart aus Frankreich, den Münchener Döpfner und die Italiener Siri und Montini – er sollte schon bald als Paul VI. das Konzil, das sein Vorgänger Johannes XXIII., der zu diesem Zeitpunkt bereits vom Tod gezeichnet war, übernehmen und zum Abschluss bringen – in die Anima, das Priesterkolleg, in dem sie untergebracht waren, ein. Der Kardinal bat seinen Berater, seine Überlegungen zum Thema Offenbarung immer mit einem Seitenblick auf den vorliegenden offiziellen Entwurf zur Liturgie vorzutragen. Ratzingers Aufstieg wäre undenkbar ohne das Konzil, das ihm hinter den Kulissen großartige Möglichkeiten bot, sich einem größeren Kreis von Kirchenmächtigen vorzustellen und Kontakte zu knüpfen. Das Wesentliche fand hinter den Kulissen statt, und das war seine Bühne. Der Vortrag wurde wohlwollend aufgenommen, und Kardinal Montini merkte sich den zu großen Hoffnungen berechtigenden jungen Mann. An diesem Tag in der Anima in Rom wurde der Samen gelegt, der über zehn Jahre später aufgehen sollte.

Weder die Liturgievorstellung der Kurie, wie sie im offiziellen Text zum Ausdruck kam, noch der Gegenentwurf von Joseph Ratzinger, an dem inzwischen Karl Rahner, der einer der international anerkannten Koryphäen der deutschen Theologie war, mitarbeitete, wurde von den Konzilsvätern, wie die über 2000 Kardinäle, Bischöfe und Ordensobere, die Stimmrecht hatten und sich zur Generalversammlung versammelten, genannt wurden, gebilligt. Der Entwurf wurde zur Überarbeitung zurückgegeben. Tatsächlich konnte der Text erst als letztes Dokument des Konzils unter dem Titel »Dei verbum« (Wort Gottes) am 18. November 1965 verabschiedet werden. Joseph Ratzinger und Karl Rahner hatten zwei Jahre an diesem Dokument gefeilt, unzählige Einzelgespräche geführt und Zusammenkünfte für ihren Kardinal organisiert. Das Thema, das von der römischen Kurie als leichtestes an den Anfang des Konzils gestellt wurde und die Beratungen des II. Vaticanum eröffnete, wurde schließlich als letztes gebilligt, was einer eklatanten Fehleinschätzung der Kurie gleichkam. Nicht zu Unrecht gehörte die innere Struktur der Kirche deshalb ja auch zu den zentralen Fragen des Konzils. Wie sollte die Kirche in Zukunft geleitet werden? Gerade Kardinal Frings, der eine reiche seelsorgerische Erfahrung vorweisen konnte, wusste, wie schädlich ferne römische Entscheidungen, die von der Realität der Gemeinden und den konkreten Situationen der Ortskirche oftmals zu wenig wussten, sein konnten. Ratzinger, Rahner und Luthe unterstützten den Kardinal bei den theologischen Argumentationen für einen starken Episkopat, der dem Papst zur Seite stünde. Die Diskussion über »Lumen gentium«, über die Verfassung der Kirche wurde mit allen Regeln der Kunst, mit aller Härte und mit allen

Winkelzügen geführt. Heraus kam ein Kompromiss, der alle Möglichkeiten offen ließ. Die Leitung der Weltkirche oblag dem Papst mit den Bischöfen, die Bischofskonferenzen wurden aktiv an der Entscheidungsfindung beteiligt, wenngleich bis auf den heutigen Tag der Papst das letzte Wort hat. Insofern hatte das Konzil in »Lumen gentium« das I. Vaticanum bestätigt.

Sowohl die Liturgiereform als auch die Frage der innerkirchlichen Entscheidungsprozesse sollten den jungen Theologen begleiten, den Präfekten der Glaubenskongregation beschäftigen und werden sich Papst Benedikt XVI. neu stellen.

Nicht weniger kontrovers verlief die Diskussion um die Religionsfreiheit. Ein Teil der römischen, der spanischen, der italienischen und der amerikanischen Kardinäle plädierte für die Religionspflicht. Vehementer Widerstand kam nicht nur von Joseph Ratzinger und von Kardinal Frings, sondern auch vom Krakauer Erzbischof Karol Wojtyła. Während die einen den totalitären Staat erlebt hatten, der sich vehement in die Belange der Religion einmischte, war der Pole Bischof in einem totalitären Staat, der die Religion vernichten wollte. Wenn nicht bereits früher, dürfte dem Bonner Theologen hier zum ersten Mal der Krakauer Erzbischof aufgefallen sein, der seinerseits ähnliche Erfahrungen mit dem totalitären Staat kommunistischer Prägung machte, die zwanzig Jahre früher der Seminarist Joseph Ratzinger mit dem totalitären Staat nationalsozialistischer Prägung gemacht hatte. Nein, Religion durfte weder vom Staat verordnet noch verboten werden. Die Menschen hatten das Recht, ihre Religion frei zu wählen, denn das katholische Bekenntnis müsste aus eigenem Wunsch und Empfinden abgelegt werden, nicht per *ordre de mufti*.

Wenn man bedenkt, welche zentrale Rolle Frings als Motor des Konzils spielte, wie er mit seiner Autorität das Konzil weitertrieb, und man dieser Vorstellung die Tatsache hinzufügt, wie sehr dieser fast erblindete Mann, dessen Kräfte sich neigten, auf seine Berater, die gleichzeitig Helfer, Sekretäre, Vertraute oder Adlaten waren, angewiesen war, vermag man einigermaßen einzuschätzen, wie wichtig der Beitrag von Joseph Ratzinger für das

II. Vaticanum war, auch wenn er, und nicht nur aus Gründen der Bescheidenheit und des Understatements, diese Rolle nach 1968 bis zur Unkenntlichkeit herunterspielte. Ratzinger führte im Auftrag seines Kardinals Gespräche diplomatischer Art mit anderen *periti*, organisierte fast private Treffen in kleineren Kreisen, bei denen man ausloten konnte, wie weit die Unterstützung für bestimmte Positionen ging, ein Vortasten auch zu italienischen Kirchenfürsten, die gefangen in der Vorstellung einer erstarrten Kirche waren, oder mit Vertretern der Kurie, die sich trickreich wehrten, auch nur ein Jota an Macht abzugeben. Auftritte in der Generalversammlung mussten gründlich vorbereitet werden. Dazu gehörte auch, mögliche Kompromisslinien zu sondieren und die Breite der möglichen Unterstützung zu ermitteln. Gespräche wie über den Text über die Offenbarung waren keine Ausnahme.

Legendär wurde ein weiteres Votum von Kardinal Frings, das für Joseph Ratzinger in doppelter Weise Bedeutung erlangte. Zum einen hatte er natürlich beratend daran mitgewirkt, und zum zweiten wollte eine Laune des Schicksals, dass dieses Votum ihn eines zu diesem Zeitpunkt noch fernen Tages unmittelbar selbst betreffen sollte.

Wir befinden uns im Oktober 1963. Schon seit Tagen machten Gerüchte die Runde, dass die Kurie die mühselig beschlossene Textfassung über die gemeinsame Leitung der Kirche für ungültig erklären wollte, weil die Frage angeblich nicht richtig abgefasst worden sei. Die Theologische Kommission, die von der Kurie dominiert wurde – hier bewies sich Jedins Warnung, genau hinzuschauen, wer gewählt werden würde, als genau richtig –, stellte kühl fest, dass die Kommission letztlich darüber zu entscheiden hätte, ob die formulierte Fassung über die gemeinschaftliche Leitung der Kirche überhaupt mit der Glaubenslehre zu vereinbaren sei. Dahinter stand nicht mehr und nicht weniger als der Versuch eines kalten Putsches der Bürokratie gegen die Generalversammlung. Ratzinger und Frings erkannten rasch, dass die Bürokratie versuchte, auf institutionellem, sprich auf bürokratischem Weg zurückzuholen, was sie in der offenen Diskussion im Plenum bereits verloren hatte. *Roma locuta, causa finita est* – Rom hat gesprochen, die Sache ist erledigt. Mehrmals hatten die inzwischen konzilerfahrenen Berater Luthe und Joseph Ratzinger mit ihrem Kardinal die Optionen gründlich diskutiert und Meinungen über die gefährliche Situation eingeholt. Unter den Konzilsteilnehmern gärte es, man fühlte sich schlicht und ergreifend entmündigt und an der Nase herumgeführt. Bei allem Respekt, hier musste nun ein deutliches Zeichen gesetzt werden, sonst konnte man auch das Konzil abbrechen und nach Hause fahren. Und das hätte in die Katastrophe geführt. Es ging um die Glaubwürdigkeit der katholischen Kirche.

Am 8. November kam es in der Generalversammlung zum Eklat. Kardinal Frings erhob sich von seinem Platz, was ihm sofort die ungeteilte Aufmerksamkeit aller einbrachte, denn er hatte sich für viele zum moralischen Gewissen der Generalversammlung entwickelt, und sagte in gestochenem Latein kühl und klar, laut und vernehmlich: »… Aber ich frage, ob die fast einhellige Zustimmung der Konzilsväter für nichts erachtet werden kann. Und ich wundere mich über das, was zu Beginn dieser Woche Kardinal Browne (der Vizesekretär der Theologischen Kommission – der Verf.) gesagt hat. Nach meinem bescheidenen Urteil haben die Konzilkommissionen nicht die Aufgabe, nach der Diskussion in der Aula ein neues Konzept vorzulegen, so als ob sie allein im Besitz der Wahrheit wären, die den anderen verborgen ist; sondern, da die Kommissionen Instrumente der Generalkongregation (der Generalsversammlung – der Verf.) sind, besteht ihre Aufgabe meines Erachtens darin, die Meinung und den Willen der Konzilsväter zu erforschen und durchzuführen.«[12] Das war zwar eine klare Kampfansage, ein Zurechtrücken der Normen, aber es war auch gut theologisch abgesichert. Die Definition, dass es Aufgabe der Kommissionen sei, den Willen der Konzilsväter zu erforschen, entsprach exakt einer Denkfigur des *peritus* Ratzinger, denn für ihn gehörte ja die lebendige Tradition mit zur Überlieferung der Kirche und war also selbst wieder ein Versuch, die Offenbarung Gottes zu verstehen. Ein wichtiger Strang der Überlieferung bestand in der Auswertung der Konzilien, in dem Versuch nachzuvollziehen, wie

Gott sich den Konzilsvätern in ihrem Bemühen offenbarte. In dieser Formulierung spielte Frings auf zwei historische Ereignisgruppen an, die zum festen Bestand der Kirche zählten, zum einen auf die Tradition der Konzilien bis zurück zu den Kirchenvätern, und zum zweiten auf dieHeilige Schrift selbst, die in der Apostelgeschichte in den Jüngern und Aposteln den Bischöfen das Vorbild in der Nachfolge lieferte, denn wenn der Papst der Vertreter Christi auf Erden war, dann bildete sich im Bischofskollegium die Gemeinschaft der Jünger ab. Die Kurie hatte in diesem Bild keinen Platz, und das musste sie zutiefst verstört und verängstigt haben. Doch der eigentliche Eklat stand noch bevor, denn bis jetzt hatte Frings die Grundlagen zurechtgerückt und definiert, nun zog er daraus die Schlussfolgerungen: »Von besonderer Wichtigkeit scheint mir, dass diese Vorschriften – vor allem die über die klare Unterscheidung zwischen Verwaltungs- und Gerichtsweg auf alle Kongregationen ausgedehnt werden, auch auf die Oberste Kongregation des Heiligen Offiziums, deren Verfahrensweisen in vielen Fällen nicht mehr unserer Zeit entspricht, der Kirche zum Schaden gereicht und bei vielen Anstoß erregt (*Beifall in der Aula*)…, aber ich meine, man müsse fordern, dass auch in diesem Dikasterium (Zentralbehörde der römischen Kurie – der Verf.) niemand, der wegen seines rechten oder falschen Glaubens angeklagt wurde, beurteilt oder verdammt werden darf, wenn er nicht zuvor selbst gehört worden ist, wenn er nicht zuvor die Gründe erfährt, die gegen ihn oder gegen das von ihm verfasste Buch vorgebracht werden …«[13] Die Generalversammlung hielt den Atem an. Dieser Hauptstoß galt der Suprema. Das Heilige Offizium, allgemein bekannt als Inquisition, wachte über die Reinheit der Lehre, verurteilte Abweichungen und Ketzereien, definierte praktisch, was gut katholisch ist und was nicht, setzte Bücher auf den Index, d. h., kein Katholik durfte bei Strafe des Ausschlusses aus der Kirche dieses inkriminierte Buch lesen, und entzog Theologen die Lehrerlaubnis. Suprema wurde sie genannt, weil sie über allen anderen »Ministerien« des Papstes stand. Sie wurde vor allem deshalb nicht geliebt, weil an ihrer Spitze selten Männer standen, die als Wissenschaftler und exzellente Theologen, wie beispielsweise Bellarmin, der sich sogar selbst einmal vor der Inquisition verantworten musste, oder Lambertini, der nachmalige Papst Benedikt XIV., standen, sondern eher Doktrinäre, schlichte Gemüter, die kaum im Stande waren, der Höhe der theologischen Diskussion zu folgen. Es galt das geflügelte, leicht spöttische Wort, wenn Petrus in Glaubensdingen urteilte, er dies als einfacher Fischer täte.

Mit diesem Diktum hatte Frings Ottaviani, den Chef des Heiligen Offiziums und mächtigen Drahtzieher der Kurie, auf offenem Felde klar herausgefordert. Ottaviani war ein Bilderbuch-Doktrinär und besaß in dieser Art eindrucksvolle Größe. Nicht umsonst machten in diesen Tagen viele Witze die Runde, die ungefähr so gingen: »Ein Schiff fährt von Neapel nach Capri mit den Kardinälen Ottaviani, Siri und Ruffini an Bord. Das Schiff geht unter. Wer wird gerettet? – Die katholische Kirche.« Die Anekdote, die Hubert Jedin in seinen Konzilserinnerungen beschrieb, kennzeichnete die Atmosphäre in jenen Tagen. Anekdoten, über die Joseph Ratzinger damals gelächelt haben dürfte.

Ottaviani musste sich zwei Redner lang gedulden, denn die Reihenfolge der Wortmeldungen lag fest, dann konnte er sein leidenschaftliches »Protestor!« Frings entgegenschleudern. Er unterstellte, dass Frings der Arbeit des Offiziums Unrecht täte, weil er die Arbeit nicht kennen würde, und drohte unmissverständlich, dass sein Angriff den Papst selbst treffen würde, denn das Offizium unterstehe ihm direkt. Und der Papst? Der blieb gelassen, lud am Nachmittag Frings zu sich ein und gratulierte dem Kardinal zu dessen Rede. Damit war die Entscheidung gefallen. Nach dem Konzil, 1965, ordnete Paul VI. die Verwaltung der Kurie neu. Die »Ministerien« wurden zu gleichberechtigten Kongregationen, die dem Kardinalstaatssekretär, dem »Ministerpräsidenten« gewissermaßen, unterstanden. Aus dem heiligen Offizium und der Heiligen Inquisition wurde die Kongregation für die Glaubenslehre, die ihre Stellung als Suprema verloren hatte. Jahrzehnte später sollte der *peritus*, der seinen Kardinal bei der Abfassung dieser Rede und bei der Lobbyarbeit mit so hohem Einsatz unterstützt hatte, selbst

Präfekt der Glaubenskongregation werden, die unter seiner Ägide sich scheinbar wie von selbst zu einer anderen Suprema entwickelte – wie, werden wir bald sehen.

DER STURZ IN DIE UTOPIE

Dem Ruf und der Bekanntheit des bis dahin im Ausland unbekannten Bonner Professors der Dogmatik hatte das II. Vaticanum in Rom sehr geholfen. In Deutschland machte die Teilnahme am Konzil den Professor in der universitären Gesellschaft fast legendär. Wollte man aus erster Hand informiert werden über den Fortgang des Konzils, dann musste man sich in die Vorlesungen des Professors setzen, der im ersten Jahr zwischen Rom und Bonn pendelte.

Der Theologe Hermann Volk wurde zum Bischof von Mainz ernannt und drängte deshalb den Bonner Kollegen, seinen frei werdenden Lehrstuhl in Münster zu übernehmen. Nun war Joseph Ratzinger in Bonn Professor für Fundamentaltheologie, konnte aber in Münster Ordinarius für Dogmatik und Dogmengeschichte werden, in der sich Ratzinger einfach zu Hause fühlte. Der Wechsel nach Münster bedeutete eine Aufwertung des wissenschaftlichen Renommees, zumal die Universität zusätzliche Mittel für Lehre und Forschung in Aussicht stellte. Zwei seiner Doktoranden, deren Promotionen in der Bonner Fakultät auf Widerstände stießen, konnte er mitnehmen. In dieser Situation beriet er sich mit Freund Luthe und mit Kardinal Frings, der seinen *peritus* verstand, ihm zuriet, zumal ihm der Konzilsberater ja erhalten blieb. So wechselte Ratzinger im Sommersemester 1963 nach Münster. Seine Vorlesungen wurden außergewöhnlich gut besucht. An schönen Tagen hielt er die Seminare im Garten des Hauses, in dem er in Münster zur Miete wohnte. Hier war er in seinem Element. Schon nach den ersten Sätzen hatte man seine hohe Stimme, die den Neuling in der

Vorlesung irritieren mochte, vergessen, denn Ratzinger verstand es, die komplizierten Zusammenhänge in einer einfachen, sehr bildhaften Sprache darzulegen. Die Freude am Denken und die Lust am Ausdruck übersetzten sich in eine logisch bestechende und zwingende Darstellung, so dass der Zuhörer in den Bann des geistigen Abenteuers unwiderstehlich hineingezogen wurde, in eine Expedition in unbekannte Gebiete. Der junge Professor hatte aber mehr als nur ein wissenschaftliches Anliegen. Er empfand sich mit ganzer Seele als Priester. Deshalb war das Kraftfeld seiner Vorlesung und der zentrale Punkt, zu dem jeder Gedanke sich bewegte, Gott, dem er sich immer wieder näherte. Nicht selten stellte er in den Seminaren eine Aufgabe, die er selbst noch nicht gelöst hatte, um mit den Studenten gemeinsam auf wissenschaftlichem Weg zu einer Lösung zu kommen. Gibt es eigentlich etwas Demokratischeres?

In diesen Jahren bestimmte, wie es für einen Wissenschaftler nicht zum akademischen Alltag gehörte, die einzigartige Verbindung zwischen der Theorie, die er in der wissenschaftlichen Arbeit vorantrieb und in der Lehre ausführte, und dem praktischen Wirken als Berater des Konzils, das die Richtung und Konstitution seiner Kirche auf lange Zeit bestimmen und auf drängende Fragen Antworten geben sollte, sein Leben. Selten stand ein Wissenschaftler in dieser Situation, dass er gerade Gedachtes praktisch umsetzen musste oder dass praktische Forderungen einer so schnellen wie gründlichen geistigen Durchdringung bedurften. Der Zuspruch der Fachwelt, die Bewunderung seiner Studenten und die Anerkennung durch wichtige geistliche Autoritäten wie beispielsweise Frings auf der einen Seite und Theologen-Götter wie Rahner und Congar auf der anderen Seite mussten selbst einen so bescheidenen Mann wie ihn in den siebenten Himmel heben.

Und er brauchte auch diese Zustimmung. Im Dezember 1963 starb seine Mutter. Jetzt hatte er endgültig seine Eltern verloren, einen Schmerz, den er annahm, den er aber auch in Arbeit erstickte. Der einfache, selbstverständliche und schnörkellose Glaube seiner Eltern blieb für den inzwischen mit allen wissenschaftlichen Wassern gewaschenen Theologen stets ein innerer Kompass, eine

Grundkoordinate, vielleicht sogar eine Mahnung. Theologie sollte den Glauben tiefer durchdringen, über ihn erheben durfte sie sich nicht.

In Rom hatte sich die Bekanntschaft mit Hans Küng, der den Rottenburger Bischof Leiprecht beriet und den Ratzinger zum ersten Mal auf einem Dogmatikertag in Innsbruck kennen gelernt hatte, vertieft. Die beiden ähnelten einander nur in dem einen Punkt, nämlich dass beide schon sehr erfolgreich als Professoren wirkten, die von ihren Studenten verehrt wurden, von ihrem Naturell waren sie diametral entgegengesetzt. Schmaus, der kurz nach Rom kam, sich dann aber doch nicht in das Gefüge der *periti* einordnen konnte, sprach bei der Rückkehr spöttisch von den »Theologen-Teenagern« Küng und Ratzinger, die dort das Sagen hätten. Bei Schmaus spielte viel verletzte Eitelkeit eine Rolle. Schließlich war Schmaus kein junger Mann mehr, und dass seine Lebensleistung hier so wenig gewürdigt und er scheinbar auch nicht gebraucht wurde, verdross ihn sichtlich. Andere sahen hingegen in den beiden junge katholische Priester, von denen sie viel erwarteten.

Der Münsteraner Professor Ratzinger versuchte, den Tübinger Professor Küng nach Münster zu holen. Und der liebäugelte wegen einiger organisatorischer Schwierigkeiten in Tübingen durchaus mit einem Wechsel. Schließlich gab man in Tübingen nach, und Küngs Grund wegzugehen entfiel. Doch es bleibt fraglich, wie ernst er wirklich den Entschluss gefasst hatte, nach Münster zu gehen, oder ob er einfach nur pokerte, um seine Forderungen durchzusetzen. Tübingen hatte zu dieser Zeit national wie international einfach eine größere Geschichte und eine höhere Reputation. Bald darauf revanchierte sich der Kollege aus Tübingen und fragte an, ob der geschätzte Kollege aus Münster nicht an die Tübinger Universität wechseln wollte – auf den Lehrstuhl für Dogmatik und Dogmengeschichte. Ratzinger, den es wieder in den Süden zog und dem der Gedanke an einen Wechsel an die berühmte Universität gefiel, stellte die Bedingung, dass vom üblichen Dreierschema abgewichen und er als einziger Kandidat aufgestellt werden müsse, dann käme er. Für dieserart Berufungen gehörte es zum gängigen

Verfahren, dass eine Liste von drei möglichen Kandidaten für den zu besetzenden Lehrstuhl aufgestellt wurde. Küng entsprach der Forderung und boxte das vom Üblichen abweichende Verfahren im Dekanat durch, zumal er seit dem Vaticanum von dem Wunsch getrieben wurde, den Aufbruch, den das Vaticanum unternommen hatte, weiterzutreiben, es nicht zuzulassen, dass die römische Kurie die Erfolge des Konzils kassierte und die Positionen der Kirche wieder unmerklich Stück für Stück zurücknahm. Küng, der in Rom studiert hatte, kannte sich mit den dortigen Verhältnissen bestens aus. Und gut römisch versuchte er, eine starke Machtbasis innerhalb der Kirche zu bilden, die manchmal bereits Züge einer eigenen Kirche trug, wie sie sich in der später gegründeten Stiftung Weltethos auch verwirklichte. Um sich herum wollte er die klügsten theologischen Geister versammeln, deren Publikationsorgan das »Concilium« werden sollte. Noch schien es, als gingen Küng und Ratzinger in die gleiche Richtung. Doch von Charakter und Lebensvorstellungen lagen zwischen ihnen Welten. Der eine kam in gutbürgerlichen Verhältnissen in der freien Schweiz zur Welt und schwadronierte später in seinen Lebenserinnerungen über die Schockdaten der deutschen Geschichte, der andere wurde in bescheidenere Verhältnisse hineingeboren und durchlitt diese Schicksalsdaten. Erkundete der eine die Welt, musste der andere Zuflucht in einer Gegenwelt suchen. Küng politisierte nach eigenen Angaben gern in seiner Jugend, Ratzinger flüchtete sich in die Lektüre. Während Küng im flotten Alpha Romeo durch Tübingen brauste, ganz der schweizer Weltbürger, radelte der andere etwas altmodisch »auf Professor« gekleidet täglich zur Uni. Der eine extravertiert, der andere introvertiert. Sie waren eigentlich in allem, bis auf ihre intellektuelle Brillanz, das ganze Gegenteil voneinander.

Jeden Donnerstag speisten sie gemeinsam zu Abend und besprachen das Konzept der Zeitschrift, wissenschaftliche Themen und Belange der Fakultät. Manchmal mochte dem überschwänglichen Schweizer der bayerische Kollege eine Spur zu kühl wirken, doch schon riss ihn die Begeisterung über ein eigenes Projekt wieder in den Taumel des genialischen Projektierens. Küng war zweifelsohne charmant, nur erlag er regelmäßig als Erster seinem eigenen Charme. So nahm er nicht wahr, dass auch der bayerische Kollege tief über die Folgen des Konzils nachdachte. Bereits eines der letzten Dekrete, »Gaudium et spes« (Pastoralkonstitution über die Kirche in der Welt dieser Zeit), für das sich Küng erwärmte, hatten Ratzinger und Frings, aber auch der große Historiker Hubert Jedin abgelehnt. Sie fürchteten, dass diese Konstitution, die eine doch recht oberflächliche Analyse der Welt zu geben versuchte, nicht das Verhalten der Kirche in der Beziehung zur gesellschaftlichen Entwicklung darstellte, sondern dass die Kirche versuchte, der Entwicklung hinterherzulaufen. Ein Gemisch aus Weltanschauungsprosa und zu vielen guten Absichten, wie es dann ja auch ein Kennzeichen der nächsten Jahre werden sollte, machte das Dekret konturenlos.

Erstes Ergebnis seines Nachdenkens über das Vaticanum wurde ein Bestseller: »Einführung in das Christentum«. Der Professor hatte in seinen Vorlesungen und Seminaren über die Forderung nach einem zeitgemäßen Glauben nachgedacht. Nun entstand als Ergebnis des Nachdenkens und auf der Grundlage seiner Vorlesung dieses Buch, das wie ein Paukenschlag wirkte. Später wich er von der hier gefundenen Linie nicht mehr ab. »Einführung in das Christentum« wurde 1967 geschrieben, also ein Jahr vor den viel beschriebenen Ereignissen von 1968 in Tübingen. Selbst Hermann Häring, beileibe kein Freund des Theologen Ratzinger und zu jener Zeit als Assistent von Küng in Tübingen, musste zugeben, dass in diesem Buch bereits alle späteren Positionen bezogen worden waren. Dieser Fakt allein widerlegt die Hypothese von der großen Wende, die Joseph Ratzinger nach dem Schock von 1968 vollzogen haben sollte. Wenn die Positionen vorher schon veröffentlicht wurden, dann können sie nicht später bezogen worden sein. Das beweist hinlänglich Ratzingers spätere Einlassung, er hätte sich nicht verändert und sei sich treu geblieben. Geschehen war etwas ganz anderes, etwas, das als Missverständnis begann.

Der Theologe Ratzinger besaß klare Positionen des Glaubens und der Anschauung, von diesen Positionen aus wagte er gern Gedankenspiele und erkundete Grenzen. Wie man mit dem durchaus auch zwiespältig zu sehenden Erbe des Vaticanums umzugehen hatte, wusste er noch nicht. Fest stand: Den einen Theologen ging es bereits zu weit, den anderen, wie Küng, nicht weit genug. Küngs Denkansätze fand Ratzinger als Wissenschaftler interessant, anregend, aber es waren nicht die seinen. Doch die ganze Auseinandersetzung um diese Themenkreise fand auf der Ebene der Disputation, des wissenschaftlichen Gesprächs statt. Da gehörte sie für ihn auch hin.

Seit der Mitte der Sechzigerjahre spürte man in den Universitäten atmosphärische Veränderungen. Irgendetwas bereitete sich vor, irgendetwas fand statt, irgendetwas veränderte sich rapide. Die Politisierung der Hochschule schwappte von der Freien Universität in Berlin über nach Tübingen und in andere Städte. Die Studenten entdeckten das politische Engagement als Event und den Marxismus als Religion. In Tübingen hatte Ernst Bloch die Studenten mit seinem belletristischen Gefühlsmarxismus begeistert; seine Vorlesungen, so der Bloch-Schüler Gerd Irrlitz, hatten immer etwas von Märchenstunden. Bloch verspottete Heidegger als Kleinbürger, sein eigener Marxismus stand allerdings auch nicht gerade auf proletarischen Füßen. Die Studenten der Geisteswissenschaften mussten sich mit dem Philosophen Heidegger nicht mehr beschäftigen, denn Bloch hatte ihn soziologisch desavouiert. Über den Marxismus kam das totalitäre Element in die Diskussion, dass man sich mit dem Argument des anderen nicht mehr auseinander zu setzen brauchte, wenn man ihn moralisch diskreditieren konnte. Es würde zu weit führen, die entsprechenden sprachlichen Wendungen aus dem Wörterbuch des Marxisten aufzuzählen, aber diese Sprache und diese Art zu diskutieren beherrschten die Universität immer mehr.

Inzwischen brach das Jahr 1968 an. Die Studenten studierten kaum noch, sondern führten politische Aktionen durch oder hielten Versammlungen ab und versuchten eifrig, aus den Klassikern des Marxismus das wahre Leben herauszulesen. Allmählich griffen die »Sit-ins« und die Proteste auch auf die Vorlesungen der Theologischen Fakultät über. Küng merkte, dass mit den Studenten und den wissenschaftlichen Kräften des Mittelbaus, die den Hörsaal stürmten, nicht zu reden war, und ließ seine Vorlesungen einfach ausfallen oder schickte seine Assistenten. Ratzinger hielt zwar tapfer die Vorlesungen, doch kam er kaum durch. Aus der katholischen Studentengemeinde wurde die rigorose Forderung laut, dass von nun an der Studentenkaplan gewählt werden müsse. Ratzinger, inzwischen Dekan, konnte die Studenten nicht überzeugen mit der Begründung seiner Ablehnung dieser Forderung. Schließlich sei es die nicht übertragbare Pflicht und das durch die Überlieferung definierte Recht des Bischofs, den Kaplan einzusetzen. Das gehörte zum Selbstverständnis der katholischen Kirche. Doch diejenigen, die diese »politische« Forderung erhoben, interessierten keine historischen Herleitungen, sondern sie hatten ihren Grundkurs Basisdemokratie verinnerlicht. Auf dem Campus und auch in der Fakultät wurden Schriften verteilt, die das Kreuz als Symbol eines sado-masochistischen Weltbildes anprangerten und als angehende Theologen dazu »Verflucht sei Jesus« sangen. Der Katholik Joseph Ratzinger war zutiefst erschüttert von dem, was er sah. In diesen Monaten, in denen er ohnehin nachdachte über die Wirkungen des Konzils und wie es auszuwerten und fortzuführen war, mochte er vielleicht auch eine Mitschuld an den Zuständen im Fachbereich empfunden haben. Hatten sie nicht im Konzil die Weichen für diese Entwicklung gestellt? Wenn man der allgemeinen gesellschaftlichen Entwicklung wie in »Gaudium et spes« nacheilte, musste das nicht ganz automatisch dahin führen, dass man eines Tages dem Zeitgeist ins Gesicht schaute? Und der Zeitgeist war, wie es Wolf Biermann in einer Liedzeile auf den Punkt brachte: »Jesus Christus mit der Knarre/Commandante Che Guevara«. Wie stark diese Bilder eine Generation prägten, wird nirgends so deutlich wie in der Ikone Che Guevara, der verehrt wird, wiewohl er ein fanatischer Stalinist war, eitel, menschenverachtend, brutal.

Man muss sich diese Situation vorstellen. Ratzinger stand jetzt auf dem Höhepunkt seiner Karriere, er war beliebt, bekannt, umschwärmt als Hochschullehrer. Im Auditorium wusste er sich wahrhaft zu Hause, hier fühlte er sich geborgen, eingehüllt in die Liebe und die Aufmerksamkeit seiner Studenten. Fast über Nacht änderte sich das komplett. Das schal Politische drang in den geschützten Raum des Akademischen. Vor den Türen des Vorlesungssaal versuchten die Trillerpfeifen den Fortgang im Saal zu boykottieren. Ein Kindheitstrauma wiederholte sich, und Ratzinger, dem später vorgeworfen wurde, er habe sich zurückgezogen, sei »nicht kreativ« mit der Situation umgegangen, fühlte sich wieder einer feindlichen Umwelt ausgesetzt, die alles verhöhnte, was ihm wichtig war. Wieder hatte der Zeitgeist, wie er es nannte, das Haupt erhoben, wieder wurde der unabhängige Geist der totalen Ideologie zuliebe geopfert, und wieder blieb in der großen gesellschaftlichen Bewegung für ihn nur der Rückzug. Die gesellschaftliche Einsamkeit seiner Kindheit und frühen Jugend wiederholte sich. Ihm gemäße Versuche, sich zu wehren, Stellung dagegen zu beziehen, indem er als Dekan mit den Kollegen der evangelischen Fachschaft dagegen auftrat, scheiterten bereits an der Uneinigkeit der Hochschullehrer, wie mit diesem Phänomen umzugehen sei. Einige erlebten ihren zweiten Frühling und wollten zumindest geistig mit auf die Barrikade. Wie rigoros diese Bewegung war, die sich von ihren Vätern den Vatermord finanzieren ließ, zeigte sich im Umgang mit Adorno in Frankfurt. Der Mitbegründer der Kritischen Theorie, die ein wichtiger Ausgangspunkt für die Bewegung war, wurde in seinen Vorlesungen massiv behindert. Selten sah man Augen, dic verstörter waren als Adornos, der die Welt nicht mehr verstand, als aggressive und vielleicht auch geistig schlichte Studentinnen ihn mit ihren nackten Brüsten aus dem Hörsaal jagten. Die Anklage gegen den Sexismus vollzog sich selbst sexistisch.

Für Ratzinger war es der plötzliche und unvorbereitete Sturz aus dem Himmel der akademischen Freiheit in die Verliese der Utopie. Das Maß an Zivilisierung und Modernisierung, die diese Bewegung in die deutsche Gemeinschaft brachte, ist oft genug gefeiert worden. Ratzinger spürte in diesen Tagen die selten besprochene Kehrseite des Ereignisses, das Maß an Verwahrlosung, das sie im Geleit führte. Er musste schmerzlich empfinden, dass den

Vertretern des gesellschaftlichen Fortschritts das Maß an Kritikfähigkeit gegenüber dem eigenen Weg fehlte, schließlich war man die Speerspitze des Projekts Fortschritt und damit per se geheiligt, oder, etwas überspitzt formuliert: Wer das Bessere wollte, war automatisch dadurch der bessere Mensch.

Die geschlossenen Versatzstücke einer totalitären Ideologie und ihre Diskursunfähigkeit kannte er von klein auf. Hinzu kam, dass ja nicht nur aus der reinen Lehre gehandelt wurde. Persönliche Animositäten, eigene Unzufriedenheit, das Gefühl, nicht gerecht behandelt zu werden, die Anerkennung, die versagt blieb, motivierten so manche eigentlich private, dann aber ins Politische gewendete Aktion von Angehörigen des akademischen Mittelbaus, die sich als Organisatoren hervortaten.

Solange die Diskussion als solche erkennbar und im akademischen Rahmen blieb, war Joseph Ratzinger bereit, sich zu beteiligen. 1968 unterschrieb er noch eine Erklärung von über 1300 Theologen, die die Freiheit der Lehre und Forschung forderten. Durch die nachfolgenden Ereignisse entsetzt, zog er seine Unterschrift dann aber wieder zurück. Als es um den Reutlinger Priester Hubertus Halbfass ging, der als Religionspädagoge Probleme mit der deutschen Bischofskonferenz bekam, erklärte sich die Fakultät solidarisch mit dem Kollegen. Halbfass hatte in seinem 1968 erschienenen Buch »Fundamentalkatechetik« gefordert, dass die Kirche in ihrer Missionierungsarbeit die Leute nicht zu Christen machen sollte, sondern dahin wirken sollte, dass die Hindus bessere Hindus, die Muslime bessere Muslime etc. wurden. Schließlich wurde ihm die Lehrerlaubnis, die *missio canonica*, entzogen. Der Dekan Joseph Ratzinger weigerte sich, den Tübinger Protest dagegen zu unterstützen. Hier trafen sie das erste Mal nachhaltig aufeinander, Küng und er. Diese Episode wurde bislang, wenn man sie überhaupt darstellte, sehr einseitig skizziert. Immerhin gehörte weit mehr Mut dazu, in der durch und durch politisierten Atmosphäre der Universität eine vordergründig »reaktionäre« Stellung zu beziehen, als sich »fortschrittlich« dem Zeitgeist anzupassen. Das hatte er niemals getan, das tat er auch diesmal nicht. Von allen Kollegen, von

Angehörigen des akademischen Mittelbaus, von Studenten wurde er bedrängt. Doch Ratzinger blieb bei seiner Meinung, auch wenn sie den jähen Sturz aus dem Himmel der Popularität in die Einsamkeit des Mannes von gestern bedeutete. Für Küng war es leicht, diese Schlacht zu schlagen, wusste er die öffentliche Meinung der Fakultät hinter sich. Bald darauf erledigte sich die ganze Diskussion um den »Fall Halbfass« von selbst, weil der Mann heiratete. Im Nachhinein bestätigte sich Ratzingers Position schon, dass es Hubertus Halbfass in eine andere Richtung, in ein anderes Leben zog. Doch das spielte keine Rolle mehr, denn es ging auch nicht um Halbfass, sondern letztlich um die Frage: Wie hältst du es mit der Reform?

Ratzinger zog die Konsequenz. In Tübingen konnte er nicht mehr arbeiten. Hier wurde die völlige Anpassung an den Zeitgeist von ihm verlangt, und das wollte und konnte er nicht mitmachen. In der »Einführung in das Christentum« hatte er die Theologie der Stunde mit Hans im Glück verglichen, die Glaubensinhalt nach Glaubensinhalt eintauschte gegen das vermeintlich Bessere und dabei immer weniger transportieren musste, es sich eben leicht und leichter machte, bis nichts mehr übrig blieb. Am Ende hatte der Hans, dem es ums Glück ging, nichts mehr, weil er all die Dogmen, die Moralvorstellungen, die Überlieferung und mithin auch den Glauben eingetauscht hatte gegen einen Schleifstein, der ihm auch noch in den Brunnen fiel. Dieser Endpunkt der Reform, den Joseph Ratzinger in Tübingen erlebt hatte, eröffnete für ihn den Marktplatz der Beliebigkeit, auf dem man Religionen, Vorstellungen und Moral eintauschen konnte, wie man wollte, wenn es dadurch nur leichter würde. Auf diesem Marktplatz stand nun der Theologe Hans, der noch nicht ahnte, was er eingetauscht und verspielt hatte. Er stand nach zweitausend Jahren Arbeit mit nichts da. Das wurde bereits 1967 geschrieben, das Jahr 1968 bestätigte Ratzinger die Analyse mit besonders drastischen Mitteln. Verschärft wurde die Diskussion durch die Enzyklika »Humanae vitae« von Paul VI., die in diesem Jahr verkündet wurden und zu heftigen Kontroversen führten. Paul VI. wurde danach sofort der Spitzname

»Pillen-Paul« angehängt. Schwangerschaftsabbruch und Verhütung wurden den Katholiken strikt untersagt. Die deutsche Bischofskonferenz vermittelte zwischen den Fronten und erstellte ein Kompromisspapier. Es besagte, dass die Bischöfe Roms Forderung zwar grundsätzlich anerkannten, gleichzeitig aber erklärte es, dass der Papst seine Vorstellung nicht zum Dogma erhoben hatte und somit die Entscheidung über die Verwendung von Verhütungsmitteln letztlich beim einzelnen Paar verblieb. Beim Katholikentag im September 1968 in Essen brach die Kontroverse erneut aus, weil einem Aktionskomitee Kritischer Katholiken diese Erklärung nicht weit genug ging. Doch Julius Kardinal Döpfner, auf den sie gehofft hatten, konnte sich schließlich nicht dazu durchringen, sie zu unterstützen. Joseph Ratzinger unterstützte die Enzyklika, was seinen Stand in Tübingen nicht gerade erleichterte.

Um in Ruhe arbeiten zu können, zog er sich in die kleine, gerade gegründete Universität nach Regensburg zurück. Er war auch körperlich völlig erschöpft. Immer schon mit einer nicht allzu robusten Gesundheit versehen, hatte die aufregende Zeit als Professor und Konzilsberater, dieser ständige Wechsel zwischen Rom und erst Bonn, dann Münster an seiner Konstitution gegraben. Die Kämpfe auf dem Konzil waren nicht trockene akademische Verhandlungen, sondern hinter den Kulissen tobende leidenschaftliche Auseinandersetzungen um den rechten Weg der Kirche. Die Schriftstellerei hatte er nie aufgegeben. Schließlich kam das Trauma von Tübingen hinzu, das ihn zwang, die letzte Jahre gründlich zu überdenken. All das zusammen genommen, trieb ihn gefährlich nahe an ein Burn-out. Was wie Flucht aussah, war ein Rückzug, um zu sich zu finden, in der Ruhe der Wissenschaft die Erfahrungen zu verarbeiten und geeignete Schlüsse zu ziehen. Da kam ihm Regensburg gerade recht. Der bayerische Kultusminister Maier, den er in Tübingen kennen gelernt hatte, half ihm.

Diejenigen, die sich von ihm enttäuscht fühlten, gar nicht zu reden von seinen Kontrahenten, fühlten sich in ihrer Meinung über den Konservativen Ratzinger bestätigt, weil er sich unter die Fittiche des »reaktionärsten« deutschen Bischofs, zu Graber nach

Regensburg begab. Doch was Ratzinger, der sich in einer tiefen physischen und geistigen Krise befand, vor allem benötigte, war Ruhe.

Es traf sich, dass sein Bruder Georg inzwischen in Regensburg lebte, weil er die Regensburger Domspatzen ausbildete. So fand die Familie 1969 in Regensburg wieder zusammen. Und Regensburg bot ihm die Möglichkeit, sich ausschließlich der Wissenschaft zu widmen, zu bedenken und zu systematisieren, was es in den letzten Jahren an Entwicklungen gegeben hatte.

Doch die Ruhe war nur von kurzer Dauer. Trat sie überhaupt ein?

MITARBEITER DER WAHRHEIT

»Die Gegengewichte gegen diesen Scheinfortschritt sind noch schwach, aber sie bilden sich und so wird doch aus der formlosen Gärung, in der wir uns im Augenblick, zehn Jahre nach dem Konzil befinden, langsam eine Erneuerung hervorwachsen, die diesen Namen verdient.«

»Denn das Problem des Menschen von heute ist doch nicht, dass er von so genannten sakralen Tabus eingeengt wird; sein Problem ist doch, dass er in einer Welt hoffnungsloser Profanität lebt, die ihn bis in die Freizeit hinein unnachsichtig programmiert.«

Joseph Ratzinger 1973

KLEINE ESCHATOLOGIE

Zwar lebte er nun in der beschaulichen Ruhe der akademischen Provinz und konnte in der freundlichen Stille der Forschung und Lehre nachgehen, wie er es sich im Grunde seines Herzens gewünscht hatte, doch die Situation seiner Kirche entwickelte sich für ihn besorgniserregend.

Das Konzil hatte die Lage der katholischen Kirche nicht verbessert, wie man es ursprünglich beabsichtigte. Fast alle bisherigen Konzilien fanden statt, weil die Kirche sich plötzlich inmitten einer großen Krise fand oder es galt, Häresien (Ketzereien) abzuwenden. Das II. Vaticanum sollte nichts abwehren, sondern die Kirche öffnen, in die Gegenwart führen und so dem Akzeptanzverlust in der Öffentlichkeit entgegenwirken. Nichts dergleichen gelang in Europa, mehr noch, fast schien es, als bewirke und beschleunige das Konzil das Gegenteil von dem, was es bezweckte, als stürze es die Kirche nur noch tiefer in die Krise, in die Auflösungserscheinungen, anstatt sie zu konsolidieren. Die Zahl der Kirchenaustritte stieg dramatisch. Die Schwierigkeiten, junge Männer in Europa für die Priesterausbildung zu gewinnen, wuchsen rasant, womit sich natürlich der Altersdurchschnitt der Priester, die im Dienst der Kirche in den Gemeinden arbeiteten, bedenklich hob. Das alltägliche Leben hatte sich erheblich politisiert, und politische Ideale traten immer mehr an die Stelle Gottes. Was aber Joseph Ratzinger noch mehr beunruhigte als dies, war, dass er eine größere Bedrohung ausmachte, als er sie in den Dreißigerjahren erlebt hatte. Diesmal kam die Gefährdung aus der Kirche selbst.

Die Nationalsozialisten diskriminierten zwar die katholische Kirche, doch das katholische Milieu erwies sich noch als relativ stabil. In der Kirche selbst existierte ein fester Zusammenhalt unter den Theologen, und wenn es zwischen ihnen Meinungsunterschiede gab, so wirkten sie sich nicht unmittelbar auf die Ebene der normalen Katholiken aus. Die Hierarchie der Institution wurde allgemein akzeptiert. Politische Verfolgung gab es in der neuen deutschen Republik nicht, im Gegenteil, die Kirche verfügte in der Bundesrepublik über einen immensen Einfluss. Aber in der sich verändernden Gesellschaft verzeichnete Joseph Ratzinger eine zunehmende Entfernung von der katholischen Kirche. Das katholische Milieu löste sich mit der wachsenden Mobilität der Menschen auf. Zudem, und das war seine tiefe Sorge, zeichneten sich innerhalb der Kirche Prozesse ab, die ihm zunehmend als Auflösungsprozesse erschienen. Halbfass hatte gefordert, dass die Kirche nicht mehr missionieren solle. Anstatt einen Muslim katholisch zu machen, sollte sie vielmehr dafür sorgen, dass er ein besserer Muslim würde. Warum sollte er für einen Mann eintreten, der diese in seinen Augen absurden Forderungen erhob und der seine Entfernung von den gemeinsamen Grundlagen dadurch dokumentierte, dass er heiratete?

Immer stärker wurden die Stimmen in Deutschland, die dafür votierten, dass die Bischöfe gewählt, der Zölibat aufgehoben und der Schwangerschaftsabbruch legalisiert werden müssten. Und je nach Vorlieben folgten weitere Forderungen, waren sie nun seriös oder lächerlich.

Gut geschult in Theologiegeschichte, wusste Joseph Ratzinger, welche langwierigen Anstrengungen es gekostet, und wie viele Generationen daran gearbeitet hatten, dass die Kirche diese Gestalt bekam, wie mühsam um den rechten Weg und die richtigen Dogmen gestritten worden war. Sollte man das alles aufgeben aus der Laune eines Augenblicks heraus? Zweitausend Jahre standen gegen zehn Jahre. Genau betrachtet war das sogar weniger als ein Augenblick. Im Kern liefen diese neuen Ideen für Joseph Ratzinger darauf hinaus, die katholische Kirche evangelisch zu machen oder einen puren Mischmasch zu veranstalten, der einer bunten Blütenlese aus hübschen Ideen glich. Religion bedeutete für ihn, sich zu Gott ins Verhältnis zu setzen, eine viel zu große und viel zu ernsthafte Angelegenheit, als dass sie sich auf ein Projekt oder auf eine Art Seelenwellness reduzieren ließe. Da es bereits eine evangelische Kirche gab, sah er auch keinen Grund, die katholische zu transformieren. Wer lieber evangelisch mit Kirchenparlament und Priesterehe sein wollte, konnte es jederzeit werden, aber wo »katholisch« draufstand, sollte für ihn auch »katholisch« drin sein. Diese innerkirchliche Entwicklung korrespondierte mit Reichtum und wachsendem Wohlstand breiter Bevölkerungsschichten und einem Konsumismus, der Egoismus und Materialismus förderte. All dies konstatierte der aufmerksame Beobachter Ratzinger, doch zutiefst beunruhigen musste ihn, dass dieser Entwicklung aus den Reihen der Kirche selbst Vorschub geleistet wurde. Diese Vorstellungen wurden nicht von außen an die Kirche herangetragen oder von einfachen Gemeindemitgliedern erhoben, nein, sie kamen aus den Reihen der Theologen. Das empörte den Regensburger Professor. Dem musste widerstanden, ja Einhalt geboten werden. In den letzten Jahren hatte er eine Entwicklung mitvollzogen, sie aber gleichzeitig skeptisch beobachtet und kritisch befragt: Das Konzil hatte sich immer stärker in theologische Fragen vertieft, was notwendigerweise die Bedeutung der theologischen Berater der Bischöfe im Verlauf des Konzils enorm anhob. An den Bedeutungsschub gewöhnten sie sich in der langen Dauer des Konzils immer mehr. Als das Konzil beendet wurde, war es aber längst nicht abgeschlossen. Manches, was verabschiedet wurde, blieb Kompromiss, ließ also sowohl das Einerseits als auch das Andererseits zu. Entscheidend blieb die Perspektive der Rezeption. Es ermunterte die Theologen weiterzugehen. Wie Joseph Ratzinger am eigenen Leib erfuhr, steigerte es das Renommee und das Selbstbewusstsein der Theologen. Und hier fühlte sich der Regensburger Professor dringend aufgefordert, sich einzumischen und dem entgegenzuwirken, denn er diagnostizierte, dass die Kirche immer mehr zum »Experimentierfeld der Theologen« werden würde. Deshalb formulierte er zornig:

Es ist SEINE Kirche. Die Offenbarung des Herrn, die Klugheit der Kirchenväter, zweitausend Jahre gelebtes Leben der Glaubenden, und schließlich der einfache Glaube seiner Eltern sollten sich im Rauch eitler theologischer Debatten auflösen?

Wie zum Zeichen, dass sein Widerstand gegen den theologischen Zeitgeist erwünscht sei, berief Paul VI. ihn in die Theologenkommission, deren Entstehung auf das Konzil zurückging und die als eine Art Gegengewicht zur Glaubenskongregation konzipiert war. Die Kommission wurde naturgemäß zum Ort der Auseinandersetzung zwischen denen, die weiter voranschreiten, und denen, die in Ruhe auswerten oder einfach nur bewahren wollten. Schnell bildete er mit einer Reihe Kollegen, die er spätestens seit dem Konzil kannte, die er schätzte und die ähnlich wie er sich von der Entwicklung überrollt fühlten, einen engen Gesprächskreis. Besonders fühlte er sich dem universellen Hans Urs von Balthasar, dessen Übersetzung ihm du Lubac näher gebracht hatte, verbunden. Auch du Lubac gehörte der Kommission an. Auf der einen Seite standen Ratzinger, du Lubac, Balthasar, Marie-Joseph Le Guillou, Philippe Delhaye und Jorge Arturo Medina Estévez, auf der anderen Seite Karl Rahner und Johannes Feiner. Die Diskussionen spitzten sich zu, so dass schließlich Rahner und Feiner die Kommission verließen. Ein Dissens zu Rahner begann sich abzuzeichnen.

Immer stärker verfiel die Theologie in Parteien, die einander bekämpften, und zwar nicht im wissenschaftlichen Sinn, sondern eindeutig in einem politischen Sinn, wenngleich die heftiger werdenden Auseinandersetzungen durchaus mit wissenschaftlichen Waffen geführt wurden. Dem Kreis um Ratzinger (Yves Congar, du Lubac, Louis Bouyer, Le Guillou und Balthasar, um nur einige zu nennen) fiel auf, dass sie über kein operatives Organ verfügten, so wurde der Plan einer Zeitschrift als Gegenstück zu Küngs »Concilium« entwickelt. Ursprünglich sollte es eine deutsch-französische Zeitschrift werden, aber durch die Erkrankung von Le Guillou geriet das Projekt in Frankreich in eine Schieflage. Neue Verbündete stießen zum Kreis: in Deutschland Karl Lehmann, der damals noch als Dogmatikprofessor in Freiburg wirkte, der bayerische Kultusminister Hans Maier und der ehemalige Herausgeber des »Rheinischen Merkur«, Otto B. Roegele, auf italienischer Seite Luigi Giussani, so dass aus dem ursprünglich deutsch-französischen ein italienisch-deutsches Projekt wurde. Es gab ein gemeinsames Herausgeberkollegium, dem Ratzinger angehörte, mit zwei Ausgaben, weil man die verschiedenen Situationen in beiden Ländern berücksichtigen wollte. Die Zeitschrift erschien unter dem Titel Communio. Ein zweites Feld des Werbens für seine Position eröffnete sich ihm, als Alma von Stockhausen am Bodensee ein altes Bauernhaus umbaute und die Gustav-Siewerth-Akademie gründete. Von 1970 bis 1977 hielten Joseph Ratzinger und Heinrich Schlier, den er bereits aus seiner Zeit in Bonn kannte und der sich einen Namen als Bibelexeget gemacht hatte, jedes Jahr einen Sommerkurs für Studenten. Die Akademie hatte Alma von Stockhausen als konservative Kaderschmiede geplant, als Fels gegen den Neomarxismus. Die Legende erzählt, dass sie als erste Handlung ein paar marxistische Studenten aus Freiburg eingeladen hatte und so lange auf sie einredete, bis sie ihrem Marxismus abschworen.

Der Wissenschaftler Joseph Ratzinger hatte einen festen Glauben und eine hohe Achtung vor der Überlieferung, die für ihn zum Glauben integral dazugehörte. Deshalb konnte Textauslegung nur die eine Seite der Medaille sein, sie musste bewertet werden im Licht der Erfahrung der Kirche, also im Licht der Konzilien, der Kirchenväter, des Kirchenrechts und der Liturgie. Von diesen Positionen aus befürwortete er die wissenschaftliche Diskussion innerhalb der Theologie und trat während des Konzils dafür ein, dass diese wissenschaftliche Diskussion nicht eingeschränkt werden dürfe. Aber inzwischen wurde diese Diskussion längst aus den wissenschaftlich-theologischen Zirkeln herausgehoben und zur Begründung für einschneidende Veränderungen gemacht. Diese Entwicklung lehnte er ab, diesen Weg wollte und konnte er nicht gehen. Theologie war kein Ort des öffentlichen Politisierens. In seinen Grundeinstellungen hatte er sich nicht geändert, aber eine veränderte Situation erzwang ein anderes Verhalten. Umso mehr sich die Situation radikalisierte, umso entschiedener hielt er es für angebracht, seine Position zu formulieren und zu versuchen, sie durchzusetzen. Für ihn hatten Leute aus den eigenen Reihen zum Sturm auf die Grundfesten des Katholizismus geblasen, dem musste er sich widersetzen.

Endlich war der Theologe Ratzinger für sich an dem Punkt angelangt, an dem er eine Theologie vorlegen, seine Sicht der Dinge objektivieren und in ein System bringen konnte. Sein Regensburger Kollege Johannes Auer lud ihn ein, an einer mehrbändigen Dogmatik mitzuarbeiten. Einen Teil der Themen würde Auer, den anderen Teil Ratzinger übernehmen. Trotz der vielen Verpflichtungen, die er sich doch wieder aufgeladen hatte, entstand der Band: »Eschatologie: Tod und ewiges Leben«. Er hält es für sein am besten durchgearbeitetes und über lange Zeit gereiftes Buch. So weltenfern der Titel klingen mochte, so traf das Buch doch mitten in die aktuelle Diskussion. Unter Eschatologie wird zunächst die »Lehre von der Vollendung der Geschichte in der absoluten Zukunft, die Gott ist, verstanden«[14]. Wie Christus auferstanden ist, wird es ein Leben nach dem Tode geben, eine Auferstehung des Menschen. In der Eschatologie geht es um die letzten Dinge wie Himmel, Hölle, Gericht, Tod, Auferstehung. Gegen diese christliche Vorstellung vom Leben nach dem Tod steht die, die Heine so gültig in die Verse brachte: »Wir wollen hier auf Erden schon/ Das Himmelreich errichten.« Und: »Den Himmel überlassen wir/ Den Engeln und den Spatzen.«[15] Ratzinger trennte scharf die Eschatologie von der Politik, auch von der Utopie. Gottes Reich, das nicht von dieser Welt sei, müsse strikt von der politischen Welt getrennt werden, denn Erlösung ist keine politische Aufgabe, sondern eine Angelegenheit der Heilsgeschichte. Man dürfe nicht Gott durch das Politische verdrängen, die objektive Wahrheit der Macht zuliebe opfern oder den Glauben so reduzieren, dass er kompatibel zum Zeitgeist würde. Wie in der Schrift über Bonaventura hatte er auch hier, diesmal aus aktuellem Anlass, gegen die Verquickung von Theologie und Politik gestritten. Eine Kirche, die sich nur noch im politischen Kampf befände, hätte Gott verloren. Diesen Gegensatz fasste er in die Gegensätzlichkeit von Eschatologie und

Utopie, Erlösung im Himmel oder Himmelreich auf Erden, wie er es von Bonaventura gelernt hatte und wie es wenige Jahre später in der Auseinandersetzung mit der Befreiungstheologie kulminieren sollte. So schön die Idee vom Himmelreich auf Erden klang, so hatte sie in der Praxis bisher nur zum Arbeitslager und zur Unterdrückung geführt – von Stalins GULag bis Pol Pots Killing Fields. Er hatte guten Grund zu insistieren. Was Utopie bedeutete, hatte ihm spätestens Andrej Sacharow erklärt.

Alles in allem erholte er sich physisch in Regensburg, versammelte Schüler und Mitstreiter um sich und flocht ein informelles Band zu einflussreichen Kollegen, um, wie er und andere es sahen, der Politisierung, der Verweltlichung der Theologie und der Anpassung der Kirche an den Zeitgeist entgegenzuwirken. Im Nachhinein entsteht der Eindruck, als bereitete er sich auf seine spätere Aufgabe als Hüter des Glaubens vor.

Das beschauliche Regensburg wurde zu einer theologischen Gegenfeste gegenüber dem revoltierenden und reformierenden Tübingen. Geographisch sichtbar hatten sich zwei Lager gebildet. Nun wurde deutlich, dass Ratzingers »Flucht«, bewusst oder unbewusst, ein Rückzug war, um die Kräfte neu zu ordnen und eine Basis des Agierens zu schaffen, wie Küng sie in Tübingen hatte. Dort hätte die erhitzte öffentliche Meinung ihn zermürbt, weil er allein stand. Dass diese Zermürbung nicht gelang, weil er sich zurückzog, erklärt die Häme einiger über den scheuen Professor, der sich der Auseinandersetzung angeblich nicht stellte und davonlief. Unredlich in dieser Argumentation ist, dass man die Auseinandersetzung gern fordern kann, wenn man für Waffengleichheit sorgt. Ratzinger bemerkte später vornehm zurückhaltend über seinen Wechsel, er wollte nicht ständig Kontra geben. Aber dieses tägliche »Kontra« wäre zu einem Kampf gegen Windmühlen geworden, in den man ihn verwickelt und genussvoll zermürbt hätte.

Die Spannung stieg, als 1970 Küngs Buch »Unfehlbar? Eine Anfrage« erschien, eine Kritik am Unfehlbarkeitsdogma, das Pius IX. im I. Vaticanum aufgestellt hatte. Dieses Dogma in Frage zu stellen provozierte. Das wusste Küng. Joseph Ratzinger kritisierte das

Buch in einem Artikel. Wenn man die Dogmen in Frage stellte, stellte man auch die Kirche in Frage. Im Januar 1971 wurde Küng vor eine Kommission geladen, der die Bischöfe Hermann Volk und Friedrich Wetter sowie die Theologen Heinrich Schlier und Joseph Ratzinger angehörten. Im Februar verabschiedete die Bischofskonferenz eine Erklärung, in der Küngs Buch verurteilt wurde.

Die Reaktion der Kirche ermutigte Küng. Er stand nun im Mittelpunkt der Scheinwerfer. Wenn man das Name-dropping in seinen Erinnerungen liest, steht es außer Frage, dass er auch genau dorthin wollte. Er legte nach. Bald schon erschien »Christ sein«. Dieses Buch begrüßten viele als Meisterwerk, unter den Theologen war die Reaktion eher durchwachsen. Der Erfolg des Buches war kein wissenschaftlicher, sondern ein belletristischer. Für Ratzinger stellte es die Konsequenz des Weges von Küng dar, genau das, was er befürchtet hatte. Der Glaube würde zum Marketing, die Etikette zum Ersatz. Küngs Vorschläge resultierten aus der Arroganz des Theologen gegenüber dem Glauben und führten ins Nichts, weil er zur Beliebigkeit einlud in einer gleichgültigen Welt des Wohlstandes. Die Lager hatten sich gebildet, sie standen sich gegenüber und wurden von Tag zu Tag unversöhnlicher. Das war die Situation, als Professor Ratzinger in Regensburg Besuch vom päpstlichen Nuntius (Ständigen Vertreter) in der Bundesrepublik, Del Mestri, bekam.

IN DER PFLICHT

Der Erzbischof von München und Freising, Julius Döpfner, war am 24. Juli 1976 verstorben. Del Mestri überbrachte Joseph Ratzinger ein Schreiben Pauls VI., in dem diese ihm mitteilte, dass er ihn zum Nachfolger von Julius Döpfner machen wollte. Obwohl Joseph Ratzinger zuvor schon Gerüchte zu Ohren gekommen waren, mochte er nichts auf sie geben. Seine Erfahrungen in der Seelsorge bezogen sich auf ein knappes Jahr als sehr junger Mann, danach hatte er lediglich als Theologe gearbeitet. Eine unsichere Gesundheit, eine Abneigung gegen administratives Arbeiten, wofür er nach eigenem Bekunden mangelndes Talent hatte, und die fehlende Erfahrung in der Seelsorge sprachen nicht dafür, dass es für ihn ratsam sei, dieses Amt zu übernehmen. So bat er sich Bedenkzeit aus. Während Del Mestri im Regensburger Hotel wartete, begab sich Joseph Ratzinger zu seinem Beichtvater Johann Auer, denn Del Mestri hatte ihm Schweigen auferlegt, außer seinem Beichtvater gegenüber, mit dem er sich beraten dürfe. Auer redete dem Kollegen zu und zeigte sich überzeugt, dass Joseph Ratzinger dieses Amt bewältigen würde. Schließlich schrieb Ratzinger auf dem Briefpapier des Regensburger Hotels im Zimmer Del Mestris den Brief, in dem er sich einverstanden erklärte. Die Entscheidung fiel ihm deshalb nicht leicht, weil er wusste, dass er damit seinem wissenschaftlichen Leben ein Ende setzte. Zu einer großen Theologie als geschlossenes System würde es nun nicht mehr kommen. So blieb denn auch das kleine Bändchen über Eschatologie das einzige in Auers Reihe über Dogmatik. Aber etwas anderes spielte die ausschlaggebende Rolle. Die

Kirche befand sich in einer Krisensituation, die mit vielen Gefahren verbunden war. Auch in der Gesellschaft vollzogen sich Veränderungen, die er mit Besorgnis registrierte. Christliche Nächstenliebe wurde von einem puren Besitzstreben verdrängt. Er sollte es als Bischof von München und Freising bald »die Herzverfettung des Habens und Genießens« nennen. Es wurde immer deutlicher, dass die Gesellschaft sich immer stärker fragmentarisierte, die Bindekräfte der Gesellschaft rapide abnahmen und davon auch die katholische Welt nicht verschont blieb. Er sah in der Krise der Kirche zudem eine Krise der Theologie und umgekehrt. Und er stand ja selbst mitten in den Kämpfen. Deshalb konnte er schlecht ablehnen und musste sich in die Pflicht nehmen lassen, denn als Bischof bekam er wesentlich mehr Möglichkeiten, die Positionen, für die er mit anderen gemeinsam kämpfte, auch durchzusetzen.

Am 28. Mai 1977 wurde Joseph Ratzinger, der einmal als kleines Kind, als er Michael Kardinal Faulhaber im Ornat sah, ausrief, dass er auch Kardinal werden wolle, im Münchener Dom zum Bischof von München und Freising geweiht.

Als Motto wählte er einen Spruch, den er im dritten Johannesbrief fand: »Darum sind wir verpflichtet, auch solche Männer aufzunehmen, damit auch wir zu Mitarbeitern für die Wahrheit werden.« (3. Joh. 8) Als Wappen nutzte er den Freisinger Mohren, der für die Universalität der Kirche stand, die keine Rassenunterschiede anerkannte, denn schließlich stammten nach ihrer Lehre alle Menschen von den gleichen Ur-Eltern ab, von Adam und Eva. Hinzu kam die Jakobsmuschel, die die Pilgerreise des Menschen zu Gott symbolisierte und einen versteckten Hinweis auf Augustinus darstellte, auf den Denker, der Joseph Ratzinger am meisten geprägt hatte. Der Bär des Korbinian, der sich als letztes Element im Wappen fand, spielte auf die folgende Legende an: Als der bayerische Heilige Korbinian (ca. 680–725) nach Rom reiste, zerriss unterwegs ein Bär das Maultier, das sein Gepäck trug. Korbinian wies den Bären zurecht, der nun anstatt des Maultiers das Bündel nach Rom tragen musste. Damit wollte Ratzinger verdeutlichen, dass er nun das Zugtier war, das den Karren Gottes durch die Welt zog, eine Vorstellung, die später mit dem Satz zur Papstwahl Benedikts XVI. korrespondierte, dass er nur ein einfacher Arbeiter im Weinberg des Herrn sei.

Inzwischen sollte Küng wegen seines Buches und seiner Ansichten mit den Bischöfen in Stuttgart diskutieren. Er bedingte sich aus, dass Joseph Ratzinger zu diesem Kolloquium nicht geladen würde – Küng kniff. Schließlich einigten sich die Bischöfe und Küng darauf, dass er zum Thema Unfehlbarkeit schweigen sollte. Es schien, als sei ein für alle Mal ein tragfähiger Kompromiss erreicht.

Paul VI. ernannte Joseph Ratzinger kurz nach der Bischofsweihe, am 27. Juni 1977, zum Kardinal. Obwohl München traditionell Kardinalssitz war, erfolgte Joseph Ratzingers Kardinalsernennung doch sehr schnell. Dass der Intellektuelle Giovanni Battista Montini, der der Papst der katholischen Kirche war, den Intellektuellen Joseph Ratzinger schätzte, der ihm schon im Konzil aufgefallen war, stand außer Frage. Deshalb wollte er ihn auch stärker in die Leitungsarbeit der Kirche einbinden, die seiner Meinung nach gebildete und fähige Theologen wie Ratzinger dringend benötigte.

Getreu der Amtsauffassung Joseph Ratzingers, dass er nicht Bischof war, um es zu sein, sondern um zu wirken, schaltete er sich mit ganzer Vehemenz in die gesellschaftliche Diskussion ein. Zunehmend kulturkritisch warnte er vor übersteigertem Wohlstandsdenken, vor Sinnentleerung, vor einer laxen Moral. Er gewann für die Öffentlichkeit eine klar konservative Statur. Eines konnte man vom Münchener Bischof keinesfalls erwarten, nämlich dass er zu den Fragen der Zeit schwieg.

Am 6. August 1978 starb Paul VI., und Joseph Ratzinger reiste als frisch eingesetzter Kardinal nach Rom, um im ersten Konklave, an dem er teilnahm, einen neuen Papst zu wählen. Gewählt wurde Albino Luciani, ein Mann aus kleinen Verhältnissen, dessen Vater Arbeiter und Sozialist war. Luciani gab sich den Namen Johannes Paul I., den ersten Doppelnamen in der Geschichte des Papsttums, um zu dokumentieren, dass er das Werk Johannes' XXIII. und Pauls VI., die sich zwar unterschieden, deren gemeinsames Werk aber im II. Vaticanum bestand – der eine hatte es einberufen, der andere durchgeführt, fortzusetzen gedachte. Er verzichtete auf Krönung und Inthronisation und pflegte einen sehr einfachen, sehr direkten Stil. Begleitet wurde seine Amtszeit durch die Skandale um die dubiosen Geschäfte der Vatikanbank und der Verbindung zu der geheimen Freimaurerloge P 2, die weder hieb- und stichfest nachgewiesen noch widerlegt werden konnten. Daran hatte Johannes Paul I. keinen Anteil. Für die Aufklärung dieser Vorgänge und für Reformen in der Kurie blieben ihm keine Zeit, denn nach nur 33 Tagen erlitt er einen tödlichen Herzinfarkt, was zur Legendenbildung einlud. Bis in Coppolas Meisterwerk »Der Pate« Teil 3 fanden die Gerüchte um die angebliche Ermordung von Johannes Paul I. Eingang.

Kurz darauf fuhr Joseph Kardinal Ratzinger zum zweiten Konklave. Nachdem es zu Pattsituationen kam, setzte sich zunächst Kardinal König für Karol Wojtyła ein, und Kardinal Ratzinger warb erfolgreich unter den Deutschen Kardinälen für ihn. Das gab schließlich den Ausschlag, dass der Erzbischof von Krakau und Primas der katholischen Kirche Polens zum Papst gewählt wurde. Karol Wojtyła nannte sich dann Johannes Paul II.

Ratzinger und Wojtyła harmonierten von Anfang an miteinander. Beide waren sie noch relativ jung und exzellente Theologen, die sich auch mit Fragen der Philosophie und Geistesgeschichte beschäftigt hatten. In ihnen schlug das Herz des Wissenschaftlers und Hochschullehrers, beide mussten im Dienst ihrer Kirche diese Tätigkeit aufgeben. Von Stund an warb der neue Papst um den Münchener Kardinal, den er in Rom sehen wollte. Doch Ratzinger wäre es unmoralisch vorgekommen, das gerade übernommene Amt in der Diözese München-Freising wieder aufzugeben. So blieb er, zumindest noch.

1979 veröffentlichte der Theologe August Bernhard Hasler ein Buch über das Thema der päpstlichen Unfehlbarkeit, und Hans Küng verfasste das Vorwort dazu. Damit hatte er in den Augen der deutschen Bischöfe die Absprache gebrochen. Sie fühlten sich schlicht verschaukelt. Am 16. Oktober fand ein Treffen zu anderen Themen des Papstes mit den deutschen Kardinälen Volk, Höffner und Ratzinger statt. Kardinal Ratzinger gab am gleichen Tag der Katholischen Nachrichtenagentur ein Interview, in dem er formulierte, dass Küng nicht zugleich die *missio canonica* behalten, also Theologe im Auftrag der katholischen Kirche sein, und gleichzeitig seine Position aufrechterhalten könne. Kurz darauf wurde Küng die *missio canonica* entzogen. Man hat immer auf der einen Seite zu viel und auf der anderen Seite zu wenig Aufhebens darum gemacht. Die *missio canonica* ist die laut Kirchenrecht erteilte Genehmigung, offiziell im Auftrag der Kirche tätig zu sein, eine kirchliche Aufgabe zu erfüllen. Um das Ganze ins richtige Licht zu rücken, sollte man folgendes Gedankenexperiment wagen: Man stelle sich vor, ein von der Willy-Brandt-Stiftung bezahlter und an exponierter Stelle tätiger Mitarbeiter tritt mit allen publizistischen Mitteln für die Abschaffung der Gewerkschaften ein. Wie verhielte sich die Stiftung zu diesem Mitarbeiter? Sie würde ihm seine persönliche Meinung zugestehen, sich aber verbitten, diese im Auftrag und mit dem Gütesiegel der Stiftung zu verbreiten. Um nichts anderes ging es.

Eine viel schwierigere Frage lautet, weshalb der Münchener Bischof durch Intervention verhinderte, dass sein ehemaliger Münsteraner Kollege Metz als Professor an die Münchener Universität berufen wurde. Metz lieferte der politischen Theologie bestenfalls Stichpunkte, blieb aber am Rande der Bewegung. Er war damals der Meinung, dass die Theologie sich politisch artikulieren müsse zugunsten einer sozialen Gerechtigkeit – in ruhigeren Zeiten diskutable Überlegungen. Joseph Ratzinger kam aber gerade von einem Kongress aus Ekuador zurück, wohin Johannes Paul II. ihn geschickt hatte, um vor der Befreiungstheologie zu warnen. In den Überlegungen von Metz erblickte er Wurzeln dieser Theologie, der er von Anfang an ablehnend gegenüberstand. Es waren keine ruhigen Zeiten, es waren Zeiten des Kampfes, die Lager hatten sich gebildet, es waren keine Zeiten der feinen Unterscheidung. Metz und Ratzinger haben sich später ausgesöhnt, Küng und Ratzinger nie.

Johannes Paul II. ließ nicht locker. Er bot dem Münchener Kardinal nun die Kongregation für die Glaubenslehre an, die der scheidende Kroate Franjo Kardinal Seper innehatte. Nachdem sie vereinbart hatten, dass trotz des neuen Amtes Joseph Ratzinger privat weiter Bücher schreiben durfte, nahm er diese neue Aufgabe an. So wechselte er mit seiner Schwester, die nach wie vor seinen Haushalt führte, im November 1981 nach Rom. Am 25. November wurde er zum Präfekten der Glaubenskongregation ernannt, ebenfalls zum Präsidenten der päpstlichen Bibelkommission und zum Präsidenten der Internationalen Theologenkommission. Nach dem Papst war Joseph Ratzinger nun nicht de jure, dafür aber de facto der zweitmächtigste Mann in der katholischen Kirche.

HÜTER DER WAHRHEIT

»Vielleicht wird es ja in der Zukunft einmal den Fall geben, dass die christliche Substanz in einem Volk ganz verloren geht. Es wäre ein trauriger Wandel. Darum setze ich mein persönliches Leben ein, dass die christliche Substanz nicht verloren geht.«
»Eine Gesellschaft, wo Gott abwesend ist, zerstört sich selbst. Das haben wir in den großen totalitären Experimenten des letzten Jahrhunderts gesehen.«

Joseph Ratzinger

DER TAGESABLAUF DES INQUISITORS

Finanziell war die rasante Karriere vom Münchener Erzbischof zum römischen Kurienkardinal ein glatter Flop, denn das monatliche Salär verringerte sich um mehr als die Hälfte, so dass er jetzt bei weitem weniger verdiente als ein deutscher Professor. Aber die wirtschaftliche Frage dürfte ihn nicht interessiert haben. Zumindest ist Joseph Ratzinger niemand, der, wenn er den Materialismus brandmarkt, öffentlich Wasser predigt und heimlich Wein trinkt.

Am 25. November 1981 ernannte der Papst Joseph Kardinal Ratzinger zum Präfekten der Glaubenskongregation. Zunächst zog er in das Priesterkolleg Collegio Teutonico, um eine passende Wohnung für sich und seine Schwester zu finden.

Schließlich fand er sie in der Piazza Città Leonina 1 in der Nähe des Petersplatzes mit zwei Arbeitszimmern und einer Hauskapelle. Die brauchte er auch. Mit ihm zogen lediglich ein Nussbaumschreibtisch, der noch von seinen Eltern stammte und die ausufernden Studien des gelehrten Mannes geduldig ertrug, ein Klavier und natürlich über 2000 Bücher mit nach Rom.

Den Tag begann der Kardinal stets mit einem kurzen Gebet noch im Bett. Das stimmte ihn ein, versicherte ihn des göttlichen Beistandes bei der Lösung komplizierter Aufgaben, stellte gewissermaßen eine meditative Basis dar. In den letzten Jahren entdeckte die Öffentlichkeit, dass man in den Klöstern eine alte europäische Technik der Meditation pflegte, die im Christentum wurzelte und besonders von Ignatius von Loyola, dem Gründer des Jesuitenordens, ausgeführt worden war, aber nicht nur von ihm. Die fernöstlichen Techniken von Yoga bis Tai-Chi verstellten der interessierten Öffentlichkeit lange den Blick dafür.

Nach dem Gebet folgten die Morgentoilette und das Frühstück, schließlich die heilige Messe und das Beten des Breviers. In der Messe begegnete er täglich der realen Anwesenheit des Herrn, und im Beten des Breviers fügte er sich in die Tradition. Diese Vergewisserung, dieses In-den-Dienst-treten, stärkte jeden Morgen neu die seelischen Grundlagen für die Bewältigung der Aufgaben, die ihn an dem betreffenden Tag erwarteten. Dass er sich eins weiß mit seinem Glauben und seiner Kirche, zu der die Geschichte und die heutige Verfasstheit gleichermaßen zählen, gehört zu den Grundlagen seines Selbstverständnisses. Für ihn sind das wichtigste in der Messe und im Brevier die Psalmen, die ihn emotional, musikalisch, geistig in den lebendigen geschichtlichen Strom der Kirche versetzen. So sind die Äußerungen Joseph Ratzingers über die Tradition und die Überlieferung nicht theoretische Schau, sie sind täglich erfahrener und gelebter Glauben.

Anschließend folgte ein kurzer Spaziergang, mit der fast legendären schwarzen Aktentasche unter dem Arm, im gewissen Sinn immer noch der deutsche Professor, zum Petersplatz. Wenn man vor dem beeindruckenden Ensemble des Petersplatzes steht, sieht man halb links hinter den Kolonnaden ein imposantes Gebäude, das Gebäude der Glaubenskongregation, in das man nur kommt, wenn einen die Schweizergarde passieren lässt. Den freundlichen Herren aus Deutschland, den Kardinal, lassen sie selbstverständlich passieren. Allerdings kann man auch durch das Hauptportal kommen, dann öffnet ein Pförtner die schwere Tür elektrisch. Wie immer begann er kurz nach 9 Uhr mit der Arbeit. Der getreue und stets gutgelaunte Sekretär Monsignore Clemens stand schon bereit und hatte den Tag sortiert, den er nun mit dem »Chef« durchging. Um die Mittagszeit erfolgte das Gebet zum Engel des Herrn, am Nachmittag die Vesper. Die Vesper gilt als wichtiges Nachmittags- oder Abendgebet und gehört zum Brevier. Nach der Vesper kam er entweder noch einmal ins Amt oder arbeitete wissenschaftlich beziehungsweise schriftstellerisch. Denn der Leidenschaft des Schreibens frönte er exzessiv, vielleicht der einzige Bereich, in dem man eine Maßlosigkeit des ansonsten sehr maßvollen Kardinals feststellen konnte. Kurz vor der Nachtruhe folgte wieder ein Teil des Breviers, das Komplet, das Abend- oder Abschlussgebet. Und sollten nach einem langen Tag die Gedanken einfach nicht zur Ruhe kommen wollen, dann betete er zur Beruhigung einen Rosenkranz.

Jeden Freitagabend traf er mit dem Papst, Johannes Paul II., zusammen, mit dem er sich auf Deutsch unterhielt, ein Arbeitsgespräch zwischen zwei Männern, die sich schätzten und im Laufe der Jahre immer vertrauter miteinander wurden, so vertraut, dass er bei Bedarf jederzeit Zugang zum Papst hatte. Die Freitagsgespräche fanden auf einer unkomplizierten Ebene statt. Sie begrüßten einander, setzten sich an den Tisch und sprachen die Probleme durch, wobei es dabei eher um Abstimmungen, um die Ortung der großen und grundsätzlichen Leitlinien ging. Dienstags traf er sich zumeist im kleinen Kreis mit dem Papst zum Mittagessen. Paul VI. hatte diese Treffen, die kurz vor dem Mittag begannen und sich dann über das gemeinsame Mittagessen zogen, eingeführt, Johannes Paul II. übernahm diese Tradition von ihm.

Visitationen vor Ort, Vorträge, Kolloquien, Gespräche mit Bischöfen führten zu einer beachtlichen Zahl von Reisen in die ganze Welt, die an der Ordnung der Gebete nichts änderten. Messe und Brevier, also die Stundengebete wie Mittagsgebet, Vesper, Komplet bildeten zeitlich gesehen den äußeren Rahmen und geistlich gesehen die innere Struktur eines jeden Tages, ganz gleich, ob der Kardinal in seiner Dienststelle oder auf Reisen war. Den Sommerurlaub verbrachte er stets mit seinen Geschwistern, häufig kam Bruder Georg nach Rom, und sie unternahmen Ausflüge.

Eine große Veränderung im privaten Leben des Kardinals, die ihn tief im Herzen traf, trat 1991 mit dem Tod seiner Schwester Maria ein, mit der er viele Jahre zusammengelebt, die ihn durch so viele Stationen seines Lebens und Wirkens begleitet hatte, und die ihm in einzigartiger Weise familiären Rückhalt gespendet hatte. Sie hatte ihm in all den Kämpfen der letzten Jahre zur Seite gestanden, bei all den Erfolgen und Niederlagen seit seiner Zeit als junger Professor in Bonn. Es war, als ob ein Stück seines eigenen Lebens unwiederbringlich dahinging. Inzwischen führt Ingrid Stampa seinen Haushalt. Die frühere Musikprofessorin aus Hamburg entschied sich gegen ihre Karriere und beschloss, »dem Herrn zu dienen«. Zunächst kümmerte sie sich um den krebskranken Erzbischof Zacchi. Nach dessen Tod wechselte sie 1991 zum Präfekten der Glaubenskongregation. Ein Thema haben die beiden mit Sicherheit, das sie beide mit Leidenschaft erfüllt: die Musik. Frau Stampa spielt Viola da Gamba und der Kardinal Klavier.

Bis vor wenigen Jahren besuchte der Kardinal regelmäßig einmal im Jahr seine beiden Schülerkreise. Ehemalige Studenten und Doktoranden aus der Zeit, als Joseph Ratzinger Professor war, versammelten sich alle Jahre wieder mit ihrem ehemaligen Lehrer und sprachen darüber, was sich im vergangenen Jahr ereignet hatte. Es gehört zu den Normalitäten des akademischen Lebens, dass Professoren, wenn sie denn an ihren Studenten und Doktoranden wirklich interessiert waren, diese zu fördern, sie auch auf Stellen zu vermitteln und zu empfehlen. Man unterstützte sich. Man kann dies als Netzwerk bezeichnen – es eine Seilschaft zu nennen, führte wesentlich zu weit. Einer der bekanntesten Schüler von Joseph Ratzinger aus seiner Regensburger Zeit ist Christoph Kardinal Schönborn, inzwischen Erzbischof von Wien und einer der jüngeren Hoffnungsträger des Vatikans. Von seiner Ausbildung und Reputation her eignete er sich wie kaum ein Zweiter für den frei gewordenen Posten des Präfekten der Glaubenskongregation, zumal er bereits in der Kongregation gearbeitet hatte. Doch wird Benedikt XVI. wohl davon absehen müssen, weil es zum einen nach Vetternwirtschaft aussehen könnte und zum anderen Schönborn ein »Deutscher« zu viel wäre an so exponierter Stelle im Vatikan, obwohl er eigentlich Österreicher ist – vermutlich werden diese »feineren« Unterscheidungen jenseits der Alpen aber nicht angestellt. Obwohl ein Italiener in der Gerüchtebörse gehandelt wurde, ernannte Benedikt XVI. den Amerikaner William Joseph Levada, den Erzbischof von San Francisco, zum Präfekten der Glaubenskongregation. Benedikt XVI. kennt den Amerikaner gut, hatte er doch in der Glaubenskongregation eine Zeit lang gearbeitet. Levada gilt als sittenstreng und konservativ, als fähiger Theologe und beherzter Pragmatiker. Überdies kommt er aus katholischer Sicht aus einem Brennpunkt der Liberalität, nämlich aus San Francisco, einer Stadt, die durch ihre große homosexuelle *community* und durch ihr liberales Flair weltweit bekannt ist. Einerseits konservativ, andererseits weltnah und dazu noch bestechend intelligent, der richtige Mann für einen Kulturkampf, für eine moralische Offensive, in die die katholische Kirche unter Benedikt XVI. verstärkt gehen wird.

Immer wieder wurde entweder scherzhaft oder polemisch oder mit dem Bannstrahl moralischer Verachtung, je nach Haltung der Formulierenden, der Präfekt der Glaubenskongregation mit dem Titel des Großinquisitors bedacht. Präfekt oder Inquisitor? Welcher Behörde stand Joseph Kardinal Ratzinger über zwanzig Jahre eigentlich vor? Nach Ottaviani ist er der erste Glaubenshüter, der über eine so eigene und öffentlichkeitswirksame Statur verfügte, obwohl die beiden Männer Welten trennten.

Will man die Struktur des Vatikans verstehen, muss man ihn von seinen selbst gestellten Aufgaben her begreifen. Der Vatikan agiert durchaus in einer Doppelfunktion. Zum einen »regiert« er ganz unmittelbar den kleinen Staat Vatikanstadt und besitzt dafür eine eigene Verwaltung, zum anderen stellt er die zentrale Führung einer Weltkirche dar mit ca. 1,1 Milliarden Menschen, die ihr angehören. Sie ist so eine Art religiöses Römisches Reich mit einem Kaiser an der Spitze, zu dessen Sorgen es gehört, die weit auseinander liegenden Provinzen zusammenzuhalten. Der Vergleich hat einen tieferen Grund, denn in ihrer Verwaltungsstruktur lernte die frühe Kirche vom Imperium Romanum. Kaiser Konstantin verstand als Erster das enorme Gemeinschaft stiftende Potenzial dieser Religion und förderte sie deshalb, um seinem auseinander driftenden Reich ein geistiges Zentrum zu geben, in dem die Kirche eine feste Basis gemeinsamer Werte schuf. Deshalb wurden die kirchlichen Provinzen seit dieser Zeit von Bischöfen geführt, deren Amtsbereiche identisch waren mit den römischen Verwaltungseinheiten der Diözesen. Noch heute wird der Verwaltungsbezirk eines Bischofs Diözese genannt. Benedikt XVI. als exzellenter Kenner der frühen Kirche weiß um den Zusammenhang zwischen weltlicher und geistiger Struktur, um die Wechselwirkung und um die Dynamik, die dieses Verhältnis entwickelte. Dieses Verwaltungsgebilde gleicht einem absoluten Fürstentum des 18. Jahrhunderts. An der Spitze steht der zwar gewählte, aber absolute Papst. Unter ihm agiert als eine Art Premierminister der Kardinalstaatssekretär. Im Moment nimmt Angelo Kardinal Sodano diese Funktion wahr. Ihm unterstehen die Botschaften, die Nuntiaturen in aller Welt, und er arbeitet eng mit den Kongregationen – das sind gewissermaßen die Ministerien – zusammen. An der Spitze einer Kongregation steht ein Präfekt – wieder ein schöner altrömischer Begriff. Es gibt die Kongregation für die Orientalischen Kirchen, die Kongregation für Gottesdienst und Sakramentordnung, die auch für die Liturgie zuständig ist, die Kongregation für die Selig- und Heiligsprechungsprozesse, die Kongregation für die Evangelisierung der Völker, der die päpstlichen Missionswerke unterstehen, die Kongregation für den Klerus, die Kongregation für die Institute geweihten Lebens und Gesellschaften apostolischen Lebens, die sich beispielsweise um die Mönchsorden kümmern, die Kongregation für das katholische Bildungswesen, die Kongregation für die Bischöfe und fast will man sagen die Suprema, die Kongregation für die Glaubenslehre. Tatsächlich stellt sie insofern ein Querschnittsministerium dar, weil viele Probleme, die auftreten können, auch eine Verbindung haben zu Fragen des Glaubens. Sollte ein Priester in Süddeutschland etwas in seinem Gottesdienst verändern, so könnte es sein, dass dies von besorgten Gläubigen der Glaubenskongregation gemeldet wird, diese schaltet die dafür zuständige Kongregation für Gottesdienst und Sakramentordnung ein, die wiederum den Fall an die Liturgiekommission überweist. Damit wäre aber der Fall für die Glaubenskongregation nicht unbedingt erledigt. Denn die Änderung der Liturgie, die ein zentrales Moment im Leben des katholischen Lebens darstellt – gerade im wichtigen Punkt des Einswerdens mit Gott –, könnte eine rein geschmackliche Frage sein oder es könnte das Resultat von neuen Auffassungen sein, die dann lehramtlich zu überprüfen wären, und damit wäre die Glaubenskongregation wieder im Spiel. Ein grobes Beispiel, das aber zu verdeutlichen hilft: Hinter der Veränderung der Liturgie kann die Vorstellung eines Priesters stecken, dass die Feier des Abendmahls, die Eucharistie, lediglich symbolischen Charakter habe. Damit schlösse er die reale Präsenz Christi im Abendmahl aus. In diesem Fall müsste die Glaubenskongregation einschreiten, denn die Vorstellung des Priesters wäre in diesem Punkt eher evangelisch und lehramtlich mit dem katholischen Glauben nicht zu vereinbaren. Deshalb bleibt auch die gemeinsame Eucharistie mit den Protestanten unmöglich, hier gehen die Auffassungen, was die Eucharistie eigentlich sei, tatsächlich weit auseinander. Man muss dabei verstehen: Wer an der Eucharistie rüttelt, trifft die katholische Kirche im Wesenskern, in dem, was sie ausmacht. In diesem wichtigen Punkt fand schließlich die Trennung Luthers von der katholischen Kirche statt, und wegen dieses Punktes wurde Jan Hus 1415 in Konstanz verbrannt.

Joseph Kardinal Ratzinger stand einer Behörde vor, der 25 Mitglieder aus 14 verschiedenen Nationen angehörten. Sein Stellvertreter war der Erzbischof Monsignore Bertone. Sekretär der Kongregation war Erzbischof Monsignore Amato. Beschäftigt wurden 38 Mitglieder, so auch Monsignore Cifres, ein spanischer Priester, der als Archivar der Kongregation sozusagen der »Hüter der Geheimnisse« ist.

Das Dikasterium (die Verwaltung der Kongregation) teilt sich in drei Sektionen, in die doktrinäre, die disziplinäre und die Ehesektion. Außerdem wurde bei ihr die Internationale Theologenkommission und die Päpstliche Bibelkommission angesiedelt. Im Jahr 1986 entschied Johannes Paul II., dass die Redaktion des neuen Katechismus ebenfalls diesem Dikasterium unterstellt sein soll, so dass Joseph Kardinal Ratzinger zum Herausgeber und im Grunde Chefredakteur des neuen Katechismus der katholischen Kirche wurde. Damit wurde er, bei allem Wissen um das Unvollkommene des Vergleiches, so etwas wie der Vater des neuen kirchlichen Grundgesetzes. Mitredakteur des Katechismus war Christoph Kardinal Schönborn. Der Katechismus konnte 1992 der Öffentlichkeit vorgestellt werden und gehört zu den bleibenden Werken Joseph Ratzingers, mit dem er die Kirchenstruktur auf lange Zeit prägte. Allerdings gab es auch Kritik am Katechismus, weil er die unterschiedlichen Mentalitäten in der Weltkirche zu wenig berücksichtigen würde. Die Katholische Kirche lebt im und aus dem Spannungsverhältnis von Ortskirchen und Zentrale.

Partner der Behörde und erste Informationsquelle sind die Ortsbischöfe, die bei ihren turnusmäßigen *ad limina* genannten Pflichtbesuchen beim Papst auch den Präfekten der Glaubenskongregation Joseph Kardinal Ratzinger besuchten. *ad limina*, verkürzt für *visitatio ad limina Apostolorum* (wörtlich »Besuch der Schwelle« der Apostel) bedeutet, dass die Bischöfe in bestimmten Zeitabständen, früher alle fünf Jahre, nach Rom fuhren, um dem Papst über die Situation und die Entwicklung in ihren Diözesen zu berichten. Außerdem ist bei jedem Bischof eine kleine Glaubenskommission angesiedelt, mit der die Kongregation auch direkten Verkehr pflegt.

Die Hauptaufgabe verstand Joseph Ratzinger natürlich in der Verbreitung der katholischen Lehre, was einschließt, über sie zu wachen. Diese Aufgabe wirkte auf die meisten Menschen eher unangenehm, assoziierte Überwachung und Gängelung und trug ihm ein zweifelhaftes Renommee ein. Küng unterstellte, er hätte seine Seele der Macht verkauft. Andere urteilten, dass der vom Reformer zum Konservativen Gewandelte, seitdem er in der kirchlichen Hierarchie aufgestiegen war, Machtmittel erlangt habe, die er konsequent für seine Vorstellungen einsetzte. Wegen seiner Klarheit und Kompromisslosigkeit eignete sich Joseph Ratzinger wie kein Zweiter, um zum Buhmann der Progressiven und der Öffentlichkeit aufgebaut zu werden. Er hatte sich nicht gewandelt, sondern war sich treu geblieben über die Jahre. Wie der »Großinquisitor« sein Amt konkret ausführte, werden wir im Folgenden noch sehen. Doch ganz gleich wie man ihn beurteilen mag, es muss ein praktisches Moment beachtet werden: Will man eine so große Kirche, die über Jahrtausende hinweg sich diese Gestalt erarbeitet hat, zusammenhalten, so bedarf es konkreter gemeinsamer Werte, die immer wieder die Überprüfung auf Einheitlichkeit, Verbindlichkeit und Übereinstimmung mit den Wurzeln und der historischen Gestalt der Kirche bedürfen. Andernfalls könnte man die Firma auch liquidieren. Man kann keinen Katholizismus ohne Katholizismus haben. In einem Gespräch mit mir im Jahr 2000 hatte der Kardinal es deutlich formuliert. Er würde niemandem vorschreiben, was er denken oder was er glauben solle. Er stünde zur Religionsfreiheit. Nur wer sich katholisch bekenne, der müsse ohne Einschränkungen auch zur Glaubenslehre der katholischen Kirche stehen, und die wiederum sei klar festgelegt. Darüber habe er als Präfekt der Glaubenskongregation zu wachen. Da die Kirche sich in einer langen historischen Perspektive entwickele, müsse in der Diskussion mit den Theologen der Glaube immer besser verstanden werden, und dazu gehöre, den Glaubensschatz zu hüten und Neues zu überprüfen. Der Kirche sei von Gott das Magisterium übergeben worden, das Lehramt, d. h., die Menschen im richtigen Glauben zu bilden und in der Moral zu unterweisen. Deshalb müsse der Präfekt von Amts wegen darauf achten, dass die Bemühungen um das Verstehen des Glaubens und die Unterweisung der Menschen mit dem katholischen Lehramt übereinstimmen. Differenzen könnten aus Fehlern und Irrtümern resultieren, sie könnten sich aber auch zu Häresien (Ketzereien) entwickeln. Die Frage bestünde grundsätzlich zunächst einmal darin, nicht wie, sondern ob der Katholizismus gewollt wird. Was katholisch sei, das definierte und definiert die Kirche auf Konzilien und Synoden, in Enzykliken, Instruktionen und lehramtlichen Unterweisungen.

Im Jahr 1968 und in den Jahren danach blickte Joseph Ratzinger in einen Abgrund des Zerfalls, und was er da entdeckte, schockierte ihn, denn er erkannte die Gefahr, dass die katholische Kirche sich von innen heraus zerstörte. Deshalb nahm er den Kampf auf mit allen Ideen und Vorstellungen, die seiner Überzeugung nach die Kirche auf mittlere Sicht zerstören mussten, indem die Dogmen dem Zeitgeist preisgegeben wurden. Katholizismus light im Jutebeutel mit anderem religiösen Nippes mochte er nicht zulassen. Das bestimmte seine umstrittene Amtsführung.

Wiewohl die doktrinäre Sektion die bekannteste ist, reduziert sich die Arbeit der Glaubenskongregation nicht auf sie. Die disziplinare Sektion beschäftigt sich mit Verfehlungen von Priestern, hat innerkirchlich eine richterliche Funktion und muss beispielsweise in Fällen von sexuellem Missbrauch ermitteln. Die Ermittlungen beinhalten keinen strafrechtlichen Aspekt, sondern die Konsequenzen für den Betreffenden haben allein innerkirchliche Wirkung. Das oberste Strafmaß ist die Exkommunikation, d. h. der Entzug der Sakramente und der Ausschluss aus der Gemeinschaft der Gläubigen.

Da nach der Bibel der Mensch nicht trennen darf, was Gott gebunden hat, geht es in der Ehesektion um die Frage der Gültigkeit geschlossener Ehen. Kann eine Ehe ungültig erklärt werden, hat der Katholik das Recht, wieder kirchlich zu heiraten. Für die Ungültigkeit der Ehe gibt es zwar fest umrissene theoretische Gründe, doch verlangt der Einzelfall zumeist die praktische Prüfung, weil gerade im Zusammenleben von Ehepaaren so viele verschiedene Dinge eine Rolle spielen, dass selten die dürren juristischen Kategorien die Realität abbilden.

Ein sehr spezielles Gebiet in der Glaubenskongregation bilden die komplizierten Fragen der Wunder. Die Kongregation muss untersuchen, ob eine gemeldete Erscheinung tatsächlich als Wunder zu qualifizieren ist oder ob nur eine natürliche Anomalie oder eine Hysterie bzw. Wichtigtuerei desjenigen vorlag, der die Erscheinung gehabt zu haben glaubte. Im übersinnlichen Bereich ist man oft nah auch am Pathologischen. Der von den Naturwissenschaften beeindruckte Prospero Lambertini begann seine Laufbahn als Inquisitor damit, dass er ermittelte, ob gemeldete Wunder tatsächlich als Wunder anerkannt werden konnten. Später wurde Lambertini Großinquisitor, und einige Zeit danach zum Papst – Benedikt XIV. (1740–1758) – gewählt. Joseph Kardinal Ratzinger interessierte sich sehr für seinen Vorgänger.

Täglich entstehen durch den wissenschaftlich-technischen Fortschritt ethische Fragen, die für die Gläubigen zu beantworten sind. Doch hierbei handelt es sich um Probleme von allgemeinem und universellem Charakter, die für die gesamte Menschheit diskutiert und gelöst werden müssen. Denn technologische Möglichkeiten kollidieren nicht selten mit der Würde des Menschen oder, wie Benedikt XVI. es ausdrücken würde, mit der Schöpfung. Wie lange und unter welchen Umständen darf man einen im Koma befindlichen Menschen am Leben erhalten? Der Präfekt der Kongregation diskutierte diese Frage vom Standpunkt des katholischen Menschenbildes mit seinen Mitarbeitern, mit den Medizinern, mit allen, die zu einer Meinungsbildung hilfreich und berufen sind. Auf diese moralisch drängenden Fragen will und muss die Kongregation, die ja nicht nur den Glauben rein erhalten, sondern auch fördern und verbreiten soll, Antworten finden. Ratzinger versteht den Begriff Meinungsbildung wörtlich. Im Unterschied zu einigen seiner Kritiker dekretiert er nicht einfach, sondern bildet er sich unter Hinzuziehung aller relevanten Anschauungen und im Dialog mit allen, die sich professionell mit dem Gegenstand auseinander gesetzt haben, eine Meinung, natürlich unter Einbeziehung dessen, was die Bibel und die Kirchenväter sagen. Erst wenn alles miteinander austariert und im Einklang miteinander steht, äußerst sich der Präfekt der Glaubenskongregation zu akuten Themen. Seriosität und Gründlichkeit mussten ihm auch seine Gegner zugestehen. So konnte sich im Problemfeld Umgang mit Komapatienten die Glaubenskongregation noch zu keiner Meinung durchringen. Die Frage ist und bleibt, wie der Fall Terry Schiavo zeigte, höchst kompliziert. In den Vereinigten Staaten entzündete sich 2005 eine heftige Diskussion daran, ob die seit Jahren sich im Wachkoma befindende Amerikanerin Terry Schiavo weiter künstlich ernährt werden sollte oder nicht, was ihren Tod zur Folge hätte. Die Ärzte hatten keine Hoffnung, dass sie jemals wieder aus dem Koma erwachen würde, und wichtige Gehirnfunktionen waren irreversibel ge- und zerstört. Der Ehemann plädierte für das Einstellen der künstlichen Ernährung, weil keine Hoffnung auf Besserung bestand und es die Würde seiner Frau verletzte. Die Eltern meinten, dass ihre Tochter Zeichen des Verstehens aus dem Kerker ihres Körpers gesandt hätte, und klagten dagegen. Präsident Bush griff sogar gesetzgeberisch ein, um die Abschaltung der Apparate, die sie am Leben erhielten, zu verhindern. Schließlich setzte sich der Ehemann durch. Wer hat Recht? Welche Entscheidung ist die richtige? Was sagt die Kirche dazu? Das Thema ist so kompliziert, dass sie sich noch zu keiner lehramtlichen Meinung durchringen konnte.

Kurioserweise ging die Entstehung dieser Behörde selbst zu einem Gutteil auf Joseph Ratzinger zurück. Er hatte mit Frings an der zitierten Rede gearbeitet, die der Kardinal auf dem II. Vaticanum hielt und in der er die »Congregatio Romanae et unversalis Inquisitionis«, die Heilige Römische und universale Inquisition, wie sie genannt wurde, frontal angriff, indem er sie eine Schande für die römische Kirche nannte. Bald darauf reformierte Paul VI. diese Institution und wandelte sie in die Kongregation für die Glaubenslehre um. Dass der Name Inquisition nicht mehr vorkam, hatte weniger kosmetische als programmatische Bedeutung. Inquisition bedeutet strenge Untersuchung, strenge Befragung, strenges Verhör. Das Gewicht wurde auf die Verbreitung des richtigen Glaubens gelegt, nicht auf die Verfolgung von Abweichlern. Die weltliche Verfolgung, die mit der Inquisition verbunden war, hatte sich ohnehin aus historischen Gründen seit längerem bereits erledigt. Wenn wir über Inquisition sprechen, müssen wir im Plural reden. Es gab seit dem 12. Jahrhundert Inquisitionen, die bei den Bischöfen angesiedelt waren, und es entwickelte sich in Spanien im 15. Jahrhundert eine Inquisition, die dem König unterstellt war. Der Generalinquisitor Torquemada fühlte sich letztlich nur dem spanischen König rechenschaftspflichtig, nicht aber dem Papst, den er gleichwohl ehrte, wie es dem Papst gebührte. Er hatte die spanische Inquisition zu einer eigenständigen, von Rom unabhängigen Behörde ausgebaut, die skrupellos und brutal gegen Menschen, die sie für Häretiker hielt, und gegen Konvertiten vorging.

Die römische Inquisition, die sich, um sich von allen anderen Inquisitionen zu unterscheiden, Römische und Universale Inquisition nannte, wurde von einem andern Paul, nämlich Papst Paul III., im Jahr 1542 mit der Gründung des heiligen Offiziums als Reaktion auf die Reformation und als Bollwerk der Gegenreformation gegründet. Der wesentliche Promotor dieser Idee war der Kardinal Caraffa, der als Paul IV. diesem Papst folgen sollte. Caraffa kam aus Neapel und hatte aus eigener Anschauung die Gefahren, die durch die Reformation drohten, erlebt. Bisher war die gesamte bekannte Welt katholisch, wenn man von der islamischen Welt einmal absah, oder sie wurde in den entdeckten Ländern in der Neuen Welt gerade missioniert. Deshalb saß der Schock tief, dass gerade in Europa und noch dazu im Heiligen Römischen Reich Deutscher Nation ein ganzer Machtbereich wegbrach, der sich durch den abtrünnigen Mönch Luther eine eigene, sich auf den gleichen Gott und die gleiche Bibel berufende Kirche gab. Die neue Lehre verbreitete sich wie ein Lauffeuer, und in ihrer größten geographischen Ausbreitung erreichte sie sogar Süditalien. Katholische Priester waren, wie der nachmalige Inquisitor Santori in seinen Tagebüchern beschrieb, selbst in Neapel ihres Lebens nicht mehr sicher. Klöster wurden geplündert. Santori selbst hatte sich sogar einmal in einem Brunnen versteckt, um dem frisch reformierten Volkszorn zu entgehen. Paul IV., ein Eiferer, führte den Index der verbotenen Bücher ein und trieb die Inquisitionsprozesse in exzessiver Weise so sehr voran, dass das aufgebrachte Volk von Rom den Inquisitionspalast, der an der Stelle des heutigen stand, plünderte und in Brand setzte. Dabei sind Teile des Archivs vernichtet worden, andere Teile des Archivs hatte später Napoleon gestohlen.

Hexenverfolgungen lagen nicht im Interesse der römischen Inquisitoren, im Blick der spanischen Inquisition und im Engagement der Franzosen, der Niederländer und der Deutschen quer über die Konfessionsgrenzen hinweg dagegen schon. Der römischen Inquisition, und das ist wichtig, wenn man das Selbstverständnis und die geistige Kontinuität der Behörde bis zu ihrem Präfekten Joseph Kardinal Ratzinger verstehen will, ging es vor allem um das Magisterium, um die Lehrautorität. Alle entscheidenden Fragen des Glaubens müssen in Rom entschieden werden – *Roma locuta, causa finita est*, Rom hat gesprochen, die Angelegenheit ist erledigt. Der innerste Sinn eines inquisitorischen Verfahrens bestand in der Aufrechterhaltung der römischen Autorität. Hier wurde viel Missbrauch getrieben aus Engherzigkeit, aus Borniertheit, aus mangelndem Wissen, denn die großen Theologen und Wissenschaftler auf diesem Stuhl wie Bellarmin, Lambertini oder Ratzinger waren eher die Ausnahme. So kam es, dass die Inquisitoren oftmals über Dinge urteilten, von denen sie nichts verstanden. Deshalb griff Frings diese unzeitgemäße Einrichtung an, die der Kirche mehr Schaden als Nutzen brachte, und deshalb entschuldigte sich Papst Johannes Paul II., als er im Heiligen Jahr die Menschen um Vergebung bat für die Fehler und auch Verbrechen der Kirche, explizit bei den Opfern der Inquisition. Zwei Jahre zuvor, 1998, veranlasste der Präfekt der Kongregation etwas Ungeheuerliches, er öffnete die Pforten des Geheimarchivs den Wissenschaftlern. Natürlich wusste er, dass die Behörde besser war als ihr Ruf. Mit Hilfe der Auswertung der Archive konnte man zeigen, dass die Inquisition kein dämonischer Klub sadistischer alter Männer war, sondern eine rational arbeitende Behörde. Aber hinter dem pragmatischen Grund spürte man auch den Wissenschaftler, dessen Herz für die Forschung schlägt. Und geschlossene Archive sind für den Wissenschaftler einfach unhaltbare Zustände. Schließlich konnte das nicht verwundern, wenn man Ratzingers Selbstverständnis kannte. Tradition spielte für ihn stets eine große Rolle. Die Glaubens- und Geistesgeschichte der katholischen Kirche stellte für ihn einen einzigartigen Schatz dar. Ihn zu befragen bedeutete für ihn, aus den Quellen des lebendigen Glaubens zu schöpfen. Ein geschlossenes Archiv ist eine versiegte, eine ausgetrocknete Quelle, eine Wüstenei für die Forschung. Die Teile des Archivs, die sich mit aktuellen Untersuchungen wegen Vergehen von Priestern, beispielsweise wegen sexuellen Missbrauchs beschäftigen, blieben natürlich geschlossen. Es steht zu hoffen und zu erwarten, dass unter Benedikt XVI. auch Teile des Vatikanischen Archivs geöffnet werden, die die Amtszeit von Pius XII. dokumentieren, denn es ist an der Zeit, im Zeitalter des Dialogs und der Aussöhnung die Amtsjahre des Papstes, der geschwiegen haben soll, der Stellvertreter Christi in den Jahren des nationalsozialistischen Terrors und des Zweiten Weltkrieges war, gültig wissenschaftlich behandeln zu können. Die Wirklichkeit stellt sich weit komplizierter und vielschichtiger dar, als Hochhuths »Stellvertreter« es uns glauben machen mag.

Dieser gemessen an ihrem Ruf und ihren Wirkungen vergleichsweise kleinen Behörde stand Joseph Ratzinger nun vor, einer unter mehreren Kongregationen, die er wieder zur Suprema machen sollte, allerdings zu einer anderen Art Suprema, denn die wissenschaftliche Autorität und die korrekte Durchführung der Untersuchungen verschafften der Behörde eine natürliche Autorität durch ihren Präfekten.

Entspannung bot ihm neben den Urlauben, den Reisen in die Heimat, in diesen Jahren wie immer die Musik. Wenn sich die Nachbarn, etwa Walter Kardinal Kasper, über den ruhigen Mieter beschweren könnten, dann allenfalls über das Klavierspiel, mit dem er sich entspannte. Weil er sein Instrument aber gut beherrscht, wird sie das wenig gestört haben.

DER PRÄFEKT BEI DER ARBEIT

Als Joseph Kardinal Ratzinger 1981 nach Rom kam und die Arbeit in der Glaubenskongregation begann, fand er sich mitten in einem Kampf wieder, den er weder angezettelt hatte, noch für den er etwas konnte; er sah sich mitten in der Auseinandersetzung mit einer neuen Richtung in der Theologie, die als Befreiungstheologie bekannt wurde. Ihren Namen bekam diese Theologie durch das von Gustavo Gutiérrez 1971 veröffentlichte Buch »Theologie der Befreiung«, dennoch speiste die entstehende Bewegung sich aus vielen Quellen. Unter Kardinal Seper beschäftigte sich die Glaubenskongregation 1975 das erste Mal mit dem Brasilianer Leonardo Boff, einem führenden Theologen dieser Richtung. Die Internationale Theologische Kommission, der Joseph Ratzinger angehörte, veröffentlichte ein Dokument, in dem der Befreiungstheologie Verständnis insofern entgegengebracht wurde, als dass die Kommission die Situation, aus der die Idee entstanden war, respektierte und sie die Missstände, auf die die Befreiungstheologen reagierten, als durchaus kritikwürdig empfand. Gleichzeitig warnte das Dokument davor, dass Religion sich nicht mit Politik vermengen dürfe, da sie infolgedessen an Gewalt teilhätte. Religion könne »den Marxismus nicht taufen« und den Klassenkampf nicht befürworten. Die Theologen hatten die Not der armen Bevölkerung in Lateinamerika und deren politische Rechtlosigkeit durchaus im Blick, deshalb ließen sie sozusagen mildernde Umstände für die Befreiungstheologie gelten und bemühten sich um einen Ausgleich. Der soeben ernannte Präfekt der Glaubenskongregation stand plötzlich in einer Auseinandersetzung, die sich immer mehr zu einem Kampf entwickeln sollte, den er von seinen theoretischen Grundlagen her schon aus Tübingen kannte. Dieser Kampf bewegte sich in seinem Verlauf immer mehr auf Messers Schneide und wurde schließlich zum gefährlichsten Terrain für den Präfekten. Er zog sich über viele Jahre mit gewonnen und verlorenen Schlachten, mit Friedensschlüssen, die dann doch nicht hielten, hin. Auf seinem Höhepunkt stand die Einheit der katholischen Kirche auf dem Spiel, gleichzeitig aber auch ihre Identität.

Ein wenig war es wieder wie in Tübingen. Er stand einem übermächtig werdenden Zeitgeist gegenüber und einer öffentlichen Meinung, die ihm eindeutig die Rolle des Schurken zugewiesen hatte. Und wieder zeigte die öffentliche Meinung sich unbarmherzig in der Form der Äußerung und taub gegenüber Argumenten. Aber es war auch gleichzeitig verzwickter als in Tübingen. In der Sache durfte er sich nichts abhandeln lassen, worin für ihn die Überlebensgrundlage der Kirche bestand, in der Form durfte er es nicht zum Schisma, zur Kirchenspaltung kommen lassen. Die Gefahr wuchs, dass Rom einen neuen Luther produzierte. Die Theologen der Befreiung konnten mit einer breiten Unterstützung im Funktionärsapparat der lateinamerikanischen Kirchen und mit vielen Sympathien, vor allem in Deutschland, rechnen. Der Kardinal wurde auf einen Parcours gezwungen, auf dem es hieß, nicht nachzugeben und dennoch nicht zu spalten.

Zwei unterschiedliche und diametral entgegengesetzte Erfahrungen kollidierten miteinander. Für die katholischen Priester, besonders aber für die Angehörigen des Jesuitenordens, die in besonders armen Gebieten tätig waren, musste die brutale Unterdrückung, die unsägliche Korruption, die oftmals militärfaschistische Ausrichtung der Regime, die auch vor dem Einsatz terroristischer Methoden nicht zurückschreckten, wie eine Verhöhnung der Menschen und der Schöpfung erscheinen. Der Typus, tagsüber Armeeoffizier, nachts Führer einer Todesschwadron, dazwischen abwechselnd treu sorgender Familienvater und bornierter Macho, sonntags schließlich guter Christ, musste ihnen bitter aufstoßen. Dass andererseits so mancher Kollege, ob Bischof oder Priester, ungenügend Abstand hielt zu diesen Leuten, ja sich diesen Herren noch verbunden fühlte, empfanden die Befreiungstheologen als Skandal ersten Ranges. Das Bindeglied zwischen diesen Klerikern und dem Diktator bestand nicht selten in der Organisation Opus Dei. Der Opus Dei ist ein höchst umstrittener Orden, der von dem Spanier Josemaria Escrivá in den Dreißigerjahren gegründet wurde und Franco unterstützte. Neben seinen exzessiven Vorstellungen von Disziplin und Selbstgeißelung und einem Katholizismus, der uns ziemlich fremd und reaktionär vorkommen muss, verfügt der Opus über großen Einfluss, weil die Laienorganisationen des Opus häufig ein exklusiver Klub von Eliten aus Wirtschaft und Politik darstellen, die auch Karrierenetzwerke bilden. Informationen über den Opus sind nur schwer zu erhalten, weil er sich gegen jede Öffentlichkeit rigoros abschottet.

Die Zustände in den lateinamerikanischen Ländern sprachen eine eigene, sehr eindeutige Sprache. Selbst ein konservativer Bischof wie Oskar Arnulfo Romero in El Salvador konnte es nicht länger mit seinem Gewissen vereinbaren zu schweigen. Die katholischen Herren des Landes und die sich als gute Katholiken gerierenden Killer der Todesschwadronen machten selbst vor einem katholischen Bischof nicht Halt und erschossen ihn vor seiner Kirche. Das hätte Rom nicht hinnehmen dürfen! Wenn es stimmt, dass Seper Romero sogar vorher exkommunizieren wollte, wäre das ein wirklich großer Skandal. Gleichviel, hier hatte Rom im doppelten Sinn versagt. Die Kurie hatte ein Stück weit moralische Autorität verspielt, denn wie heißt es doch in der Bibel: »Was ihr dem Geringsten meiner Brüder angetan habt, das habt ihr mir angetan«, und sie hatte die vor Ort unter Lebensgefahr arbeitenden Priester im Stich gelassen. Dass es in der Folge zu verstärkter Kritik an einer Kirche kam, deren Leiter in ihren Palästen scheinbar taub geworden waren für die Not und die Klagen der Armen, war nur allzu natürlich.

Nachdem die Angelegenheit schon so weit aus dem Ruder gelaufen war, versagte nun auch die Befreiungstheologie, indem sie immer politischer wurde und sich dabei mit dem Marxismus verband. Der Papst selbst schien hin- und hergerissen: Auf der einen Seite wusste er aus Polen, dass die Kirche bei den Unterdrückten, bei den einfachen Menschen zu stehen habe in Ablehnung eines gottlosen Regimes, auf der anderen Seite befand sich gerade die polnische Kirche in einem Kampf gegen den Marxismus. Die Situation entwickelte sich für ihn paradox. Seine Erfahrung sammelte er in Ablehnung eines gottlosen Regimes und unterstützte sehr wohl eine politische Kraft, nämlich die oppositionelle Gewerkschaft Solidarność im kommunistischen Polen, und nun sah er sich mit Priestern konfrontiert, die ebenfalls einem menschenverachtenden Regime gegenüberstanden, sich aber mit einer politischen Kraft verbündeten, die von seinen eigenen Feinden, den kommunistischen Unterdrückern Polens mitfinanziert wurde.

Bereits 1972 hatten 80 chilenische Priester ein Komitee gegründet, um Allende beim Aufbau des Sozialismus zu unterstützen. Als Castro dann Chile besuchte, traf er sich mit 140 Priestern, denen er versicherte, dass die Priester strategische Alliierte bei der Befreiung Lateinamerikas, sprich beim Aufbau des Sozialismus in Lateinamerika wären. Einige Priester nahmen die Einladung an, ließen sich von Castros Gehilfen durch Kuba führen und veröffentlichten hinterher eine Erklärung, in der sie den Kapitalismus als Quelle allen Übels in Lateinamerika brandmarkten und es als Pflicht aller Christen definierten, mit den Marxisten gemeinsam in Lateinamerika den Sozialismus zu errichten. Schon Jahrzehnte früher hatte Stalin diese »Alliierten« immer nur als nützliche Idioten betrachtet. Im April 1973 kamen die konservativen Bischöfe, von denen einige leider zu gute Kontakte zu einheimischen Diktatoren pflegten, in Punta de Tralca zusammen und verurteilten die Bewegung »Christen für den Sozialismus«. Mag die Verurteilung zu Recht erfolgt sein, war doch ihre eigene Position hingegen nicht unbedingt über jeden Zweifel erhaben. Zum einen verstand es die Kirche nicht, den berechtigten Sorgen und Nöten ihrer Vertreter vor Ort mit Verständnis und Hilfe zu entsprechen, zum anderen radikalisierten sich die Vertreter der Befreiungstheologie und schlossen ein immer engeres Bündnis mit den Marxisten. Camillo Torres, ein enger Freund von Gustavo Gutiérrez, dem Begründer der Befreiungstheologie, trat sogar dem »Leuchtenden Pfad« bei und kommentierte das mit den Worten, dass er den revolutionären Kampf als christlichen und priesterlichen Kampf empfände. Der »Leuchtende Pfad«, der sich immer stärker maoistisch definierte, macht heute nur noch Schlagzeilen, wenn es um Drogenhandel oder terroristische Aktionen geht.

Man darf bei dieser Diskussion nicht vergessen, dass die Russen und die Amerikaner massiv Geld nach Südamerika pumpten, um ihre »Verbündeten« zu unterstützen.

Bevor Joseph Ratzinger nach Rom kam, hatte er in Deutschland hinlänglich Erfahrungen damit gemacht, was es heißt, wenn Religion politisiert wird. Theologisch hatte er sich mit diesen Denkansätzen bei Johann Baptist Metz, dessen Berufung nach München er verhindert hatte, auseinander gesetzt. Die Protagonisten der Befreiungstheologie hatten in den Sechzigerjahren in Europa studiert, Gutiérrez in Frankreich, Boff in Deutschland. Deshalb fand Joseph Ratzinger in den theoretischen Ansätzen natürlich Gedanken wieder, die in der europäischen Theologie kontrovers diskutiert wurden und die er strikt ablehnte. Die politische Kritik der Kirche richtete sich gegen alles, was die Kirche im Verständnis von Joseph Ratzinger ausmachte, gegen die Hierarchie, gegen den Vorrang des Papstes, gegen das Einsetzen der Bischöfe und Seelsorger. Sie vertrat in seinen Augen die gefährliche Auffassung einer strukturellen Sünde. Das bedeutet, dass nicht mehr der Mensch individuell sündigt, sondern dass er in Strukturen lebte, die sündhaft seien. Konsequent weitergedacht enthebt das den Menschen von seiner individuellen Verantwortung. Dort aber, wo dem Menschen die Verantwortung genommen wird, im Positiven wie im Negativen, wird er bereits seiner Freiheit beraubt, weil er nur noch als Spielball von Systemen betrachtet wird. Der richtige Glaube, die Orthodoxie, wird durch das richtige Handeln ersetzt, die Orthopraxie. Die Beschreibung der schlimmen Zustände mochte Kardinal Ratzinger teilen, nicht aber die Schlussfolgerungen, denn wer den Menschen eine Utopie verspricht, davon war er zutiefst überzeugt, der führte sie in eine neue Versklavung. Das hatte er im Dritten Reich erlebt, und das war ihm aus der Praxis des Kommunismus in Osteuropa bekannt. Die Geschichte sollte ihm Recht geben. Kuba, das einigen Befreiungstheologen als Vorbild galt, wurde keine Erfolgsgeschichte. Und in Nicaragua hatte sich die Befreiungstheologie an der Macht hinreichend blamiert.

Als Joseph Ratzinger seinen neuen imposanten Dienstsitz betrat, fand er einen Kampfplatz vor, den er kannte, ja, den er über zwanzig Jahre zuvor in seiner Habilitation beschrieben hatte. Wie Bonaventura vor sechshundert Jahren sah er sich mit Schwarmgeistern, Menschen, die in ihrem Engagement, in ihrem Schwärmen jedes Maß für die Realität verloren hatten, aus seiner Kirche konfrontiert, die zudem eine wachsende Zahl von Anhängern um sich versammelten. Wie Bonaventura erkannte er an, dass sich darunter rechtschaffene Leute befanden und dass ihre Kritik an der Kirche in Teilen sogar zutraf. Die Kirche hatte damals Reichtum in einem Unmaß angesammelt, während die Armut wuchs. Die Kirche schwieg nun in Lateinamerika, während das Unrecht zum Himmel schrie. Und natürlich wusste er auch, dass die Kirche nicht nur Institution, sondern auch Haus und Volk Gottes war, und auf der anderen Seite sie auch ein pneumatisch-prophetisches Erbe besaß, also den Drang verspürte, im Sinne des Heiligen Geistes in die Gesellschaft hinein auf eine Erlösung zu wirken. Letztlich begann das Christentum nicht als Kirche, sondern als Prophetie, auch wenn in den Aposteln die Kirche bereits vorgebildet war. Joseph Ratzinger wusste um diese schwierige Doppeldeutigkeit, er hatte ja selbst über diese Ambivalenz geschrieben, der Bonaventura in seiner Geschichtstheologie Rechnung trug. Wie hier seinerzeit Joachim di Fiore ein drittes Zeitalter beschrieben, das Zeitalter des Heiligen Geistes und somit die pneumatisch-prophetische Seite verabsolutiert hatte, kamen nun einflussreiche Theologen der Befreiung immer mehr zu Positionen, die sie glauben ließen, dass sie die Kirche als Haus und Volk Gottes nicht mehr benötigen würden, denn sie müssten den Heiligen Geist verbreiten durch ihr prophetisches, sprich politisches Wirken. Für einen Befreiungstheologen war die einzige Wahrheit, die es gäbe, nur die, die für die Befreiung wirkungsvoll sei, ein anderer Befreiungstheologe rief aus, dass die Bibel nicht existiere, die einzige Bibel, die er sähe, sei die soziologische Bibel: das nämlich, was jeden Tag geschähe. Ein Priester verweigerte den Reichen die Sakramente, weil die Kirche nur für die Armen da sei. Man kann das endlos fortführen. Ratzinger konnte beobachten, wie die Theologie in dem Maß, wie sie sich von der Offenbarung Gottes entfernte, eschatologisch das »Himmelreich den Engeln und den Spatzen« überließ, in den Sog eines merkwürdig schwärmerisch-idealistischen Marxismus geriet.

Und er sah die Gefahr, die täglich wuchs, die Gefahr eines Schismas, einer großen Kirchenspaltung, denn die Befreiungstheologie gewann an Unterstützung innerhalb der Kirche Lateinamerikas und an intellektueller Unterstützung in Europa. Es gehörte ja damals fast zur Pflicht eines Intellektuellen, ein Bändchen der mehr als schlichten Verse des Priesters Cardenal bei sich zu tragen, sozusagen als Brevier des sozialen Engagements.

Die Kirche hat ein langes Gedächtnis. Was für den Sterblichen weit zurückliegt, ist für sie gerade gestern geschehen. Der Deutsche Ratzinger wusste nur zu gut, wie aus der Unzufriedenheit mit Rom und durch die Unnachsichtigkeit der Kurie eine neue Kirche entstand. Man durfte keinen neuen Martin Luther schaffen. Deshalb ging der Präfekt äußerst behutsam vor. Zunächst leitete er 1983 eine Untersuchung gegen Gutiérrez durch die Ortsbischöfe ein. Im gleichen Jahr traf er sich mit Gutiérrez in Rom. In dem langen, sehr freundlichen Gespräch – Ratzinger ist konsequent, aber kein Eiferer – legten sie ihre Standpunkte dar, ohne dass sie einander wirklich verstehen konnten.

Inzwischen traten die Brüder Cardenal der sandinistischen Regierung bei, Fernando wurde Erziehungsminister, Ernesto Botschafter bei der Organisation Amerikanischer Staaten. Da man nicht Diener zweier Herren sein konnte, schloss der Jesuitenorden Fernando aus, Ernesto verlor seinen Status als Priester. Vielen erschien damals diese Reaktion der katholischen Kirche als Skandal, doch für Joseph Ratzinger bestand der Skandal aus kirchlicher Sicht darin, dass beide ihr Gelübde verrieten, indem sie Diener eines weltlichen Herrn wurden und sich mithin in politische Auseinandersetzungen hineinziehen ließen. Die Kirche, so ist es Ratzingers Überzeugung, ist universal, sie ist für alle Menschen da. Ihr Reich ist das Reich Gottes und ihre Erlösung wird in der Eucharistie ermöglicht, die nach dem Tod den Bund zur Auferstehung schließt. Sobald aber die Priester sich auf eine politische Seite schlagen, verraten sie die Menschen, für die sie da sind, die vielleicht auf der anderen Seite stehen. So ist es auch gekommen. Der Zulauf der ärmeren Menschen, für die Cardenal und Boff doch eintraten, zur »Konkurrenz«, nämlich zu den evangelikalen Sekten und zur Pfingstbewegung, die Menschen, die den Glauben und das Wort Gottes hören wollten und nicht das Wort von Marx, sprachen eine eigene Sprache. Sie wandten sich von der katholischen Kirche ab, weil sie als Glaubende ernst genommen und nicht als politische Objekte benutzt werden wollten. Joseph Ratzinger kam aus keiner intellektuellen Familie. Er hatte als Kind den einfachen Glauben der Menschen erlebt, ihr Bedürfnis danach und ihre Dankbarkeit dafür. Deshalb sagte er ja auch: Es ist SEINE Kirche. Und die Zahlen über die Konversionen zu den Evangelikalen, die aus Lateinamerika kamen, gaben ihm Recht. Zum anderen wusste er, wie schnell die Kirche zerrieben würde, wenn sie sich ins politische Alltagsgeschäft ziehen ließe. Sie würde als das, was sie vor allem war, als moralische Instanz verlieren. Als Kind hatte er die Verhöhnung der christlichen Religion durch die »Deutschen Christen« erlebt, die zeigen wollten, dass Christentum und Nationalsozialismus zusammengehörten, nach dem Motto, dass man nur ein guter Christ sei, wenn man auch ein guter Nationalsozialist sei.

Über die Bischöfe und durch direkte Gespräche mit Boff und Gutiérrez versuchte der Präfekt immer wieder, Einfluss zu nehmen. Nachdem das Buch »Kirche, Charisma und Macht« von Leonardo Boff 1981 erschienen war und immer stärker gelesen und diskutiert wurde, verschärfte sich die Situation. Boff hatte in dem Buch Rom direkt angegriffen, indem er dem römischen Absolutismus vorwarf, er würde sich an die Stelle von Jesus Christus setzen.

Ratzinger warnte in einem Artikel 1984 davor, dass in der Befreiungstheologie das Volk Gottes gegen die Hierarchie der Kirche ausgespielt und mithin der Klassenkampf innerhalb der Kirche selbst entfacht werden würde. Boff selbst schrieb 20 Jahre später über den Würgeengel Joseph Ratzinger und den römisch-hierarchischen Kapitalismus. Der Endpunkt zeigt, wie Boff von der Realität widerlegt, sich immer mehr verrannte.

Eine bald darauf stattfindende Konferenz von Vertretern der lateinamerikanischen Bischofskonferenz (CELAM) und Vertretern der Glaubenskongregation zum Thema des sich verschärfenden Konflikts zwischen der Befreiungstheologie und dem Vatikan führte zu keinem klaren Ergebnis, so dass Hans Küng nach seiner Rückkehr aus Bogotá einen Bericht veröffentlichte, wonach der fortschrittliche Teil der Bischofskonferenz mit Kardinal Ratzinger gebrochen hätte. Was der Konflikt in diesem Moment sicher nicht benötigte, war, dass jemand Öl ins Feuer goss, weil er sich bestätigt sah. Der Generalsekretär der CELAM dementierte Küngs Bericht. Weil das Ergebnis ambivalent blieb, war Interpretationen Tür und Tor geöffnet.

Am 3. September 1984 veröffentlichte der Präfekt der Glaubenskongregation die »Instruktion für bestimmte Aspekte der Theologie der Befreiung«. Ratzinger befand sich kurioserweise ungewollt auf dem Feld seiner Habilitation: Er konnte die Kritik und teilweise die Motivation der »neuen Spiritualen« verstehen, er durfte sie aus seiner Sicht und in seiner Verantwortung für die Kirche aber nicht akzeptieren. Deshalb verdammte er die Befreiungstheologie nicht als Ganzes. Er akzeptierte, dass der Christ in die Verwirklichung von Gerechtigkeit einbezogen würde und warnte, dass die lehramtliche Distanz zur Befreiungstheologie nicht zur Rechtfertigung für Gleichgültigkeit angesichts des menschlichen Elends dienen dürfe. Das bedeute aber nicht, dass der Priester sich zum Propheten des Klassenkampfes machen könne oder die christliche durch die marxistische Botschaft ersetzen oder sie ineinander verschränken solle. Einen Tag später kam Boff nach Rom, um mit dem Präfekten über sein Buch »Kirche, Charisma und Macht« zu sprechen. Um dieses

Gespräch nicht von vornherein zu einem durch ein mediales Interesse angeheizten Showdown zu machen, in dem jeder anschließend als Sieger hätte vor die Presse gehen müssen, holte Ratzingers Sekretär Boff vom Flughafen ab. In dieses Detail wurde später viel hineininterpretiert oder es zu einer Verschwörungstheorie aufgeblasen. Ratzingers Sekretär zu dieser Zeit, Josef Clemens, ist ein freundlicher Westfale mit einem herzlichen Humor, der nicht im Entferntesten dem finsteren Agenten eines James-Bond-Films ähnelt, der Bond gleich bei seiner Ankunft zu töten beabsichtigt. Freilich ähnelt auch Leonardo Boff nicht James Bond. Die Wirklichkeit stellt sich viel nüchterner dar. Jede mediale Öffentlichkeit hätte in dieser aufgeheizten Situation aus einem Gespräch, das das Ziel hatte, sich zu verständigen und Positionen zu klären, einen Kampf gemacht: Giordano Bruno vor Bellarmin, der Schwarmgeist vor dem hochgebildeten Inquisitor. Der Vergleich stimmt sogar auch ein wenig im historischen Sinn, denn die Inquisition, was dank der geöffneten Archive zweifelsfrei erwiesen ist, suchte aus dem unfruchtbaren Konflikt mit Bruno, der zu nichts führte, herauszukommen. Doch Bruno lehnte jeden Kompromiss ab und forderte zuletzt, dass die Inquisition ihren ketzerischen Irrtümern abschwören müsse.

In der zweiten Hälfte der Unterredung des Kardinals mit Leonardo Boff nahmen die brasilianischen Bischöfe Aloisio Lorscheider, Ivo Lorscheiter und Paulo Evaristo Arns teil, die Boff unterstützten. Auch dieses Gespräch wurde irgendwann abgebrochen, weil kein Ergebnis auszumachen war. Beide Seiten hatten aneinander vorbeigeredet. Interessant war ein anderes Detail. Als die vier Brasilianer die Kongregation verließen, sahen sie vor sich aufgebaute Kameras. Zufall oder eine gezielte Indiskretion? Jedenfalls hob Arns den Arm, um mit den Fingern das berühmten V für Victory zu machen. Dieses Detail verdeutlichte, die Brasilianer kamen nicht, um zu diskutieren, gemeinsam zu überlegen, wie es weiter gehen sollte, sondern um zu siegen. Hatten sie schon so tief Boffs Ideen vom Klassenkampf, der innerhalb der Kirche gegen den »römisch hierarchischen Kapitalismus zu entfesseln« sei, verinnerlicht?

Nach dem Gespräch wollte man den Befreiungstheologen die Möglichkeit geben, das Gesicht zu wahren und ihre Positionen zu überdenken.

Ratzinger sah sich genötigt, auf die publizistischen Aktivitäten von Leonardo Boff, der sich durch das Gespräch bestätigt fühlte, zu reagieren. Deshalb bat er Leonardo Boff, was später die Bezeichnung Bußschweigen bekam, ein Jahr in Ruhe über ihr Gespräch und über die Fragen der Befreiungstheologie nachzudenken, währenddessen aber auf Publikationen oder Äußerungen zu diesem Themenkreis zu verzichten. Was Ratzinger wollte, war Ruhe in eine inzwischen auch medial aufgegriffene heißlaufende Debatte zu bekommen, wo keiner mehr dem anderen zuhörte und nur alle verlieren konnten. Seine Strategie bestand darin, dass er, ohne nachzugeben, publikumswirksame Konfrontationen vermeiden wollte.

Bonaventura hatte im 13. Jahrhundert seinen Vorgänger als Ordensgeneral der Franziskaner, Johannes von Parma, in Klosterhaft nehmen lassen, weil er verhindern wollte, dass der gute Name des angesehenen Mönchs von den radikalen Spiritualen, die den Konflikt anheizten, missbraucht würde. Mitte der Achtzigerjahre gehörte Leonardo Boff übrigens noch dem Orden der Franziskaner an. Er hielt sich an die Auflage des Schweigens.

Im April 1986 hatte der Vatikan die »Instruktion zur christlichen Freiheit« erlassen. In dem Dokument wurde betont, dass die Kirche eine besondere Fürsorge für die Armen hegen müsse und dass das Streben nach Befreiung im christlichen Erbe zu finden sei. Anderseits warnte die Instruktion vor dem Weg der Gewalt und vor philosophischen Überlegungen in der Begründung der Befeiungstheologie, die den Menschen nicht erlösen, sondern knechten. Damit meinte Joseph Ratzinger Elemente der marxistischen Utopie. Inzwischen wurde das Schweigegebot gegen Leonardo Boff übrigens wieder aufgehoben.

Boff las das Dokument so, wie er es gern verstehen wollte, keinesfalls gründlich und ohne Gefühl für die feinen Unterscheidungen und sachten Andeutungen. Deshalb fühlte er sich in der Tat durch die Instruktion bestätigt.

Er schrieb einen euphorischen Brief an den »Bruder Ratzinger«, der ein historisches Dokument verfasst habe, das die Theologie der Befreiung anerkennen und unterstützen würde. Als Joseph Ratzinger im fernen Rom den Brief in der Hand gehalten hatte, muss er resignierend den Kopf geschüttelt haben. Unberechenbare Schwarmgeister.

In den nächsten Jahren wurden personelle Veränderungen im südamerikanischen Episkopat vorgenommen, so dass den Befreiungstheologen die Basis, die nicht so sehr in der Unterstützung der Bevölkerung, für die sie eigentlich da sein wollten, bestand, sondern in der Funktionärsschicht, entzogen wurde. Die Möglichkeit, dass der Papst diese personellen Veränderungen vornehmen konnte, hatte das I. Vatikanische Konzil mit dem Jurisdiktionsprimat geschaffen.

Aber noch etwas anderes geschah, das viel entscheidender war und womit Joseph Ratzinger nicht rechnen konnte. Im fernen Moskau leitete Michail Gorbatschow die Perestroika ein und stellte die Finanzierung der »revolutionären Bewegung« ein. Die kommunistischen Parteien, die selten über eine große Massenbasis verfügten, dafür über eine deutliche Unterstützung wohlwollender Intellektueller und einer gut gefüllten Parteikasse, schrumpften, als ob jemand den Bindfaden um den Luftballon gelockert habe. Castros Kuba brach im Grunde wirtschaftlich zusammen.

Dann kam das Jahr 1989: Die kommunistischen Regierungen in Osteuropa wurden vom Volk gestürzt. Der Sozialismus hatte sich als das erwiesen, was Ratzinger in ihm gesehen hatte, ein System, das eine Utopie verhieß, aber in Wirklichkeit die Menschen in Unfreiheit hielt.

Epilog: 1990 wählten die Menschen, die seit langem erstmals wieder frei wählen durften, die Sandinistische Regierung ab, denn nichts hatten die Sandinisten von dem erfüllt, was sie versprochen hatten. Die Menschen waren ärmer, das Land lag zerrütteter als vor der Sandinistischen Revolution danieder.

Und von Ernesto Cardenal liest man gelegentlich, dass es in seiner Kommune in Solentiname Unregelmäßigkeiten geben soll und er jedem mit Prozess oder, wenn er sich in Reichweite befindet, mit anderem droht, der darüber spricht.

Und Leonardo Boff, der Diskussionen mit dem Präfekten müde, trat aus seinem Orden aus. Dass Boff stellvertretend für viele Befreiungstheologen zum Protagonisten in der Auseinandersetzung mit der Glaubenskongregation wurde, hatte mehrere Ursachen. In seiner Ausbildung in Tübingen kam er mit den Ideen einer politischen Theologie in Berührung. Da war Jürgen Moltmann, da war Bloch, und da war Küng. Deren Ideen bildeten eine Grundlage der Befreiungstheologie. Boffs polemische Talente, die Dinge auf die Spitze zu treiben, machten ihn von Anfang an zum Kontrahenten, weil bei ihm die Ideen dieser Theologie besonders prägnant hervortraten. Und letztlich kam Boff aus Brasilien, aus einem so wichtigen, einem so bedeutenden Land, dass dem Kampf hier Schlüsselfunktion zukam. Ratzinger wusste, wenn er Brasilien verlöre, dann würde das den ganzen Kontinent nachziehen, und die Spaltung wäre perfekt gewesen. Doch er konnte sie verhindern, ohne nachzugeben – ein Bravourstück, mühsam erkämpft, von der öffentlichen Meinung nicht gewürdigt.

ABWICKLUNG DES ZEITGEISTES

Sein ganzes Leben hatte er schon diesen mächtigen Gegner, und immer kam er in anderer Gestalt. Nein, es war nicht der Teufel, den gab es auch. Aber wie jeder gründliche Denker hatte er den Zeitgeist, die flachen Moden des Meinens, die anrüchige Kumpanei der Unbefragtheit, die Phrase der Eitelkeit, das Aperçu der sich vordrängelnden Wichtigkeit zum erbitterten Feind.

Nun hatte der Papst ihn gebeten, genau diesen Gegner zu bekämpfen, der den Glauben bedrohte. Und der Präfekt der Glaubenskongregation widmete sich der Aufgabe mit Akribie und Konsequenz.

Ein Problem kannte Joseph Ratzinger aus Deutschland hinlänglich, die Versuche, eine Kirche von unten zu schaffen. In Tübingen hatte er 1968 erlebt, dass in der Studentengemeinde gefordert wurde, den Kaplan zu wählen. Diese Bewegung wuchs.

Inzwischen hatte Ende der Siebzigerjahre der atomare Wettlauf der beiden Weltsysteme in Europa und besonders in den beiden deutschen Staaten zu einer Aufrüstung gigantischen Ausmaßes geführt. Das besorgte die Menschen so sehr, dass eine große Friedensbewegung entstand. Im Osten wurden kirchliche Friedensgruppen verfolgt, und die offizielle, staatskonforme Friedensbewegung verschloss die Augen vor den sowjetischen SS-20-Raketen und prangerte den aggressiven Imperialismus an, der den Weltfrieden bedrohen würde. In der Bundesrepublik entstand eine starke Protestbewegung, die ein breites Spektrum umfasste. In der Kirche sammelten sich eher links orientierte Katholiken in der »Kirche von unten«, die sich klar politisch artikulierten und zum Bestandteil der Friedensbewegung wurden. Dadurch stellte sich aber folgender Effekt ein: Durch das Engagement der »Kirche von unten« erhielt die Friedensbewegung starken Zulauf von besorgten Katholiken, die nun ihrerseits die »Kirche von unten« stärkten. Vielen ging es in erster Linie vielleicht gar nicht so sehr um die innerkirchliche Demokratie, es ging ihnen vor allem um den Frieden. Die Gruppe bot ihnen eine Plattform für dieses Engagement.

Der Präfekt der Glaubenskongregation besaß ein klares Bild von den Aktivisten der Bewegung und verwarf deren Programmatik einer Demokratisierung der Kirche. Die Frage des pazifistischen Engagements, wiewohl es die Bewegung stärkte, spielte in der Diskussion mit der Glaubenskongregation keine Rolle, es ging immer um rein innerkirchliche Fragestellungen.

Die Entsprechung der »Kirche von unten« entdeckte Joseph Ratzinger in Lateinamerika in den Basisgemeinden, die von den Befreiungstheologen als Modell gegen die Amtskirche gestellt wurden. Deren Aufgeben religiöser Belange zugunsten politischer Botschaften und schwärmerischer Gruppen stand er unversöhnlich gegenüber. Sie hatten für ihn immer etwas mit Selbstaufgabe der Kirche zu tun. Deshalb verwarf er diesen Ansatz. Mit dem Ende der Friedensbewegung schrumpfte auch die »Kirche von unten« wieder auf das kleine Häuflein derer, denen es um die Veränderung der kirchlichen Strukturen ging. Mitte der Neunzigerjahre lebten diese Vorstellungen wieder auf in der »Kirchenvolksbewegung«, in der engagierte Laien Unterschriften von 1,4 Millionen deutschen Katholiken sammelten, um die Einführung der Basisdemokratie in der Kirche durchzusetzen. Zu weiteren Forderungen zählten die Aufhebung des Zölibats und die Möglichkeit für Frauen, Priester zu werden. Im Grunde wurde er immer in die Diskussion um die gleichen Themenkreise Basisdemokratie, Zölibat, Schwangerschaftsabbruch, Frauenordination (Frauen als Priester) verwickelt. Der Präfekt der Glaubenskongregation lehnte diese Forderungen ab, nicht aus Arroganz oder Machtversessenheit, er lehnte sie ab, weil sie mit seinem Verständnis, für das er gute Gründe besaß, von der katholischen Kirche im Widerspruch standen. Würde man dem Druck dessen, was gerade opportun sei, nachgeben, dann würde man die Einzigartigkeit und den Auftrag der Kirche verraten.

Der Fall Küng gehörte genau genommen nicht mehr in die Amtszeit Joseph Ratzingers. Die »Erklärung zu einigen Aspekten der Theologielehre Prof. Dr. Hans Küngs – Christi Ecclesia« und der Entzug der Lehrerlaubnis fallen in das Jahr 1979, als Joseph Ratzinger seiner Kirche noch als Erzbischof von München und Freising diente. Allerdings wirkte er natürlich als Mitglied der Theologenkommission und als eine wichtige Stimme im deutschen Episkopat an dieser Entscheidung mit. Man sollte allerdings nicht zu viel Persönliches hineindeuten. Die Vorstellungen über den Weg der Kirche hatten sich so weit auseinander entwickelt, dass die ehemals jungen Konzilstheologen inzwischen unüberbrückbar-gegensätzliche Standpunkte in fast allen Fragen, begonnen bei der Gestalt der Kirche über die Ökumene bis hin zum Schwangerschaftsabbruch, eingenommen hatten. Die Universität Tübingen richtete Hans Küng einen eigenen Lehrstuhl ein, weil er ja auch Beamter war, so dass er der einzige Lehrstuhlinhaber für Theologie war, der nicht von der katholischen oder evangelischen Kirche unterstützt wurde. Natürlich verletzte es Hans Küng, dass der ehemalige Kollege und in Teilen zumindest frühere Mitstreiter Joseph Ratzinger als Präfekt der Glaubenskongregation Küngs Theologie lehramtlich nicht als eine vollgültige katholische Theologie anerkannte. Küng hatte den Grad der Übereinstimmung in der Mitte der Sechzigerjahre, auch später, etwas überschätzt. Sie glichen zwei Planeten, die zwei verschiedene Gravitationszentren umkreisten und die eine Laune des Schicksals in ihren Umlaufbahnen sehr nah aneinander vorbeiführte. In der Annäherung verwirklichte sich bereits die Trennung.

Etwas anders lagen die Dinge bei Eugen Drewermann, der Ende der Achtzigerjahre Aufmerksamkeit erregte, als er den Zeigefinger auf einen schwierigen Aspekt des priesterlichen Lebens legte, wenn man so will, auf eine offene Wunde. Denn das strikte Gebot der sexuellen Enthaltsamkeit des Priesters erhebt die Forderung, dass der Geist über die Biologie siegen muss. Drewermann wandte nun die Psychoanalyse genau auf dieses Gebiet an und schloss, dass die Priester zutiefst sexuell verstörte und frustrierte Menschen seien. Letztlich kann in diesem Kampf niemand unbeschadet siegen, wenn er seiner Natur zuwider handelt. Mit der Forderung, die Psychoanalyse zu einer Schlüsseldisziplin der Theologie zu erheben, hebelte er praktisch dieses Gebot und den Zölibat aus. In Absprache mit Joseph Kardinal Ratzinger entzog die deutsche Bischofskonferenz Drewermann die Lehrerlaubnis. Ein Sturm der Entrüstung brandete in Deutschland auf, der den Landsmann im Vatikan endgültig zum Lieblingsfeind des modernen Menschen und finsteren Großinquisitor stilisierte. Es freute ihn zwar nicht, aber etwas Neues war es auch nicht. Von klein auf hatte er Positionen gelebt, denen der Zeitgeist nicht applaudierte. Die Verantwortung wog schwerer als das Bedürfnis, geliebt zu werden. Im Gespräch mit dem Autor hatte er seine öffentliche Wirkung reflektiert, wenn er sich ein wenig in der Rolle des heiligen Sebastians erkannte, der die Pfeile auf sich zog und so seine Kirche schützte. In dieser Figur fand er sich in den Jahren in der Glaubenskongregation wieder.

Am 31. Mai 2004 schlug das »Schreiben an die Bischöfe der katholischen Kirche über die Zusammenarbeit von Mann und Frau in der Kirche und in der Welt« wie eine Bombe ein. Aktuelle Probleme der modernen Gesellschaft wie der Geburtenrückgang, die Auflösung der familiären Strukturen, eine Individuation, die zu einer steigenden Vereinsamung des Menschen führt, das Auseinanderdriften der Gesellschaft, der rasante Bildungs- und Kulturverlust veranlassten Joseph Kardinal Ratzinger, für den die Kirche keine politische Macht, umso mehr aber eine moralische Kraft darstellt, das Problem vom ursprünglichen Verhältnis zwischen Mann und Frau her zu betrachten. Dabei verwies er darauf, dass »leibliche Verschiedenheit, die Geschlecht genannt« wird, zugunsten einer »streng kulturellen Dimension, Gender genannt«, eingeebnet wird. Das Schreiben hob im Weiteren die Verschiedenheit der Geschlechter hervor als Grundlage des Nachdenkens über die Rolle von Frau und Mann in der Gesellschaft und nahm schließlich zur Problematik des Schwangerschaftsabbruchs, den er strikt ablehnt, Stellung.

Wie so häufig wurde eine von ihm verantwortete Stellungnahme zur schieren Provokation für diejenigen, die nicht bereit waren, jenseits flacher Etikettierungen die Argumente des anderen, was zur Dialogfähigkeit gehört, in ihrer Tiefe zur Kenntnis zu nehmen und auf dieser Ebene auch zu antworten, unbeschadet der Tatsache, ob man damit übereinstimmen mag oder nicht. Übersehen wurde dabei, dass die Schrift in der Tat einen Diskussionsbeitrag darstellte, denn das Scheiben hatte weder die Form einer päpstlichen Enzyklika noch die einer Instruktion der Glaubenskongregation. Es besaß keinerlei lehramtliche Verbindlichkeit. Bewusst hatte der Präfekt die Form des »Schreibens« gewählt, um sich über ein drängendes Problem zu äußern. Geantwortet wurde im hohen Ton des Skandalisierens. Der Verfasser sei sexistisch, er sei reaktionär, er sei weltfremd und die Zeit der Inquisition und der Hexenverbrennung längst vorbei. Sachliche Argumente waren nicht zu hören, nur Wertungen und – was die Gleichstellung von Hexenverbrennung und Inquisition anbelangt – historische Dummheiten, denn diese beiden stehen zueinander in einem Verhältnis wie der Kaffeesatz und der Satz des Pythagoras: Die römischen Inquisitoren hatten schlicht und ergreifend einfach kein Interesse daran, Hexen zu verbrennen.

Man musste mit Ratzinger nicht übereinstimmen, aber er hatte wertvolle Gesprächsangebote gemacht in einer Zeit, in der unsere Kultur immer mehr in eine Krise taumelt und die einfachen Glaubensbekenntnisse der Achtundsechziger uns nicht weiterbringen. Nicht umsonst trafen sich Habermas und Ratzinger im selben Jahr zu einem viel beachteten Gespräch, weil sie gleichermaßen die Sorge um die kulturelle Entwicklung umtrieb und sie wussten, dass Antworten verlangt werden, die jenseits der bisher lieb gewonnenen Gewissheiten liegen. In dem Gespräch ging es um den geistigen Zustand Europas, um das Verhältnis von Vernunft und Glaube bei der Bewältigung der drängenden Aufgaben der Gegenwart. Auf zwei völlig verschiedenen Wegen kamen sie zur gleichen Problemanalyse. Antworten werden zunehmend schwieriger und jeden Tag wichtiger. Das macht die gemeinsame Suche so verschiedener

Denker so spannend. Alte Vorstellungen halfen nicht länger, um mit Problemen der Globalisierung, des Geburtenrückgangs, der metaphysischen Krise und des weltweiten Terrorismus fertig zu werden. Es musste neu, fern von Denkgeboten nachgedacht werden. Denn die gesellschaftlichen Aktivisten von gestern, die mit einem großen Vorrat an Utopie gestartet waren, sind die Pragmatiker von heute, deren Rhetorik immer hohler klingt. Sie haben alle Werte abgelehnt und über Bord geworfen, die nicht ihrem »Projekt« entsprachen. Ihre eigenen Werte waren zu Papier geworden. Zu anderer Zeit, in einem anderen Zusammenhang, schrieb damals noch der junge Professor in seinem ersten Bestseller: »Und wird der arme Hans (im Glück – der Verf.), der Christ, der vertrauensvoll sich von Tausch zu Tausch, von Interpretation zu Interpretation führen ließ, nicht wirklich bald statt des Goldes, mit dem er begann, nur noch den Schleifstein in Händen halten, den wegzuwerfen man ihm getrost zuraten darf?«[15]

Man muss mit den Anschauungen von Joseph Ratzinger nicht übereinstimmen, aber mit seinen Äußerungen traf er stets ins Zentrum der gesellschaftlichen Diskussion – oder eben Diskussionslosigkeit, wo das Gespräch dringend notwendig schien – und damit meistens auch den Nerv der Empfindlichkeit. Die Erklärung, mit der er wohl die meisten Wellen schlug, war »Dominus Jesus«.

DOMINUS JESUS

In dem schönsten ökumenischen Frieden sorgte eine Erklärung der Glaubenskongregation, die der Präfekt Joseph Kardinal Ratzinger in Rom im Heiligen Jahr 2000 der Presse vorstellte, für helle Aufregung. Geschulte Journalisten hatten sofort den Punkt in den langen Ausführungen erfasst, den sie als Sensation, als die Nachricht verkaufen konnten. Die evangelische Kirche wurde bestenfalls als »kirchliche Gemeinschaft« gesehen, die nicht »Kirche im eigentlichen Sinn« ist. Das war unerhört! Ein Rückfall in römische Arroganz! Eine Herabsetzung der evangelischen Kirche! Römischer Kapitalismus reinsten Wassers, wie Boff sofort wusste. Und ein paar hundert Meter weiter musste in seinem Büro Walter Kardinal Kasper, der für die Ökumene zuständige Kurienkardinal, den sorgenschweren Kopf in seine Hände betten. Niemals würde Kasper so weit gehen und der römischen Kirche öffentlich eine Priorität im Verhältnis zu den anderen christlichen Kirchen, die Ratzinger »kirchliche Gemeinschaften« nannte, zuerkennen. Auch wenn es aus katholischer Sicht theologisch stringent, logisch, ja vielleicht unanfechtbar war, aber was hatte den verehrten Amtsbruder geritten, das jetzt zu dekretieren? Es gab keinen Grund – oder doch? War das nicht eine unnötige Wortmeldung und dazu noch zur Unzeit?

Bei genauerem Hinsehen strukturierten sich die Reaktionen in auffälliger Weise. Zum einen meldete sich erwartungsgemäß Hans Küng zu Wort, der das Weltethos in Gefahr sah, den Religionsfrieden nicht minder. Möglicherweise liegt diesem Bekehrungswunsch eine viel größere Überheblichkeit zugrunde. Andere katholische Theologen warfen dem Kardinal eine Herabsetzung der leider getrennten protestantischen Kirche vor. Die deutsche Bischofskonferenz legte sich ins Mittel, indem sie die Wichtigkeit der Ökumene betonte und versuchte, der Erklärung des Präfekten den Stachel zu nehmen. Bei den Herabgesetzten, abgesehen von den Funktionären der Ökumene, war die Aufregung weit geringer. Einige protestantische Theologen bedankten sich sogar für die präzisen Klarstellungen. Was war geschehen?

Der Theologe Joseph Ratzinger hatte den Prozess der Ökumene beobachtet und konnte keine wirklichen Fortschritte erkennen, mehr noch, er diagnostizierte die Gründe dafür. Die ökumenische Diskussion fand immer öfter auf dem Basar statt. Man schliff die scharfen Kanten der Dogmen so lange ab, bis man das Ziel, das im gemeinsamen Abendmahl bestand, erreichte. Dem widersprachen aus Sicht Joseph Ratzingers mehrere Fakten. Factum eins: Das Verständnis des Abendmahls unterschied sich prinzipiell. Auf katholischer Seite war Jesus im Abendmahl wirklich präsent, und somit waren Wein und Brot als Blut und Leib Christi real, wobei die Verwandlung durch die kultische Handlung in der Eucharistie vollzogen wurde. Für die Protestanten dagegen symbolisierte das Abendmahl die Verbundenheit der Kirchen mit Jesus; Brot und Wein symbolisierten nur Leib und Blut Christi. Es konnte nicht beides zugleich sein. Allerdings stellen sich die Positionen der evangelischen Theologie als sehr weit gefächert dar, so dass es auch Vorstellungen gibt, die so fern von den katholischen Vorstellungen nicht liegen. Factum zwei: Versuchte man dennoch, das Abendmahl gemeinsam zu begehen, konnte es für die Protestanten funktionieren, für die Katholiken dagegen nicht, denn die symbolische Handlung wurde nicht gestört, aber die Verwandlung fand unter diesen Umständen nicht statt, weil der Ritus der Verwandlung außer Kraft gesetzt war. Die Verwandlung findet durch den geweihten Priester statt, der durch die Weihe Brot und Wein verwandelt. Factum drei: Wenn die katholische Kirche aber das innerste Kraftfeld ihres Glaubens aufgibt, das im Einswerden mit Christus im Abendmahl, in der Vereinigung als *corpus mysticum* besteht, dann fällt der gesamte Bau der katholischen Kirche auseinander. Sie hat im doppelten Sinne ihren Grund verloren. Also darf, schlussfolgerte der Kardinal, die Kirche diesen Weg nicht in dieser selbstvergessenen Weise fortsetzen. Hierin besteht auch der tiefere Grund, weshalb Ratzinger Frauenordination und die Lockerung des Zölibats ablehnt. Die Kirche sieht sich im Auftrag Gottes, den Menschen das Seelenheil zu ermöglichen, indem sie die Sakramente überbringt. Im Sakrament begegnet der Mensch unmittelbar Gott. Die Kirche selbst ist das Ursakrament. Sie entsteht im Abendmahl. Es gibt sieben Sakramente: Taufe, Firmung, Eucharistie (Abendmahl), Buße, Krankensalbung, Weihesakrament, Ehe. Derjenige, der die Sakramente spendet und im Abendmahl die mystische Verwandlung vollzieht, ist der Priester. Das kann er aber nur, wenn er rein, wenn er keusch ist. Daraus ergibt sich die Forderung nach Keuschheit, Zölibat und Ablehnung der Frauenordination. Frauen können selbst bei Keuschheit nach katholischer Lehre im geschlechtlichen Sinn aufgrund ihrer monatlichen Blutung nicht rein bleiben. Das muss man nicht akzeptieren. Die protestantische Kirche ist deshalb auch andere Wege gegangen, aber sie war hierin konsequent. Sie hat Keuschheit und Zölibat abgelehnt und die Ordination von Frauen gestattet, aber sie hat zugleich das Abendmahl zur symbolischen und nicht mehr zur realen Handlung erklärt. Und hier setzte der Kardinal an. Er gibt den Seinen zu verstehen, welchen Schatz sie besitzen, und ruft ihnen die theologischen Grundlagen des katholischen Glaubens ins Bewusstsein. Ergänzend und von evangelischer Seite bestätigend formulierte der Theologe Dietrich Korsch in seiner evangelischen Dogmatik seine Sicht so: »Das Abendmahl ist – im Essen und im Trinken – die wirkliche Gegenwart Gottes als die Wirklichkeit der Vergebung unter den Menschen. Darum wird der Akzent im Verständnis des Abendmahles unzulässig verschoben, wenn man es als Eingliederung in die Kirche versteht, wie es im römischen Katholizismus der Fall ist. Diese Vorstellung kann man nur ausbilden, wenn man die Kirche selbst als Anstalt des Heils versteht, die im göttlichen Auftrag, ja als Teilhaberin an der göttlichen Wirklichkeit, die Gottesgemeinschaft ausbreitet. Dabei zieht unweigerlich ein Gefälle in die Feier des Abendmahles hinein, die es nicht mehr als gemeinsame Feier im Namen Jesu erkennen läßt.«[16] Besser kann man den Unterschied nicht erklären, als es der Wissenschaftler aus evangelischer Sicht unternahm. Hier scheiden sich in der Tat die Anschauungen. Darauf machte der Präfekt aufmerksam.

Joseph Kardinal Ratzinger ist kein Feind der Ökumene, aber sein Denken verabscheut den billigen Handel, das sich Unkenntlichmachen. Bei Söhngen, der dem frühen ökumenischen Arbeitskreis, dem Jäger-Stählin-Kreis angehörte, hatte er gelernt, dass die beste Grundlage einer ehrlichen Verständigung ist, die eigenen Positionen klar zu definieren und die deutlich definierten Positionen der anderen zu akzeptieren. Darin besteht die Grundüberzeugung von Benedikt XVI.: Nicht aus dem Einebnen, sondern aus dem Verstehen der Unterschiedlichkeit kann wirkliche Ökumene erwachsen. Ökumene kann nicht bedeuten, dass die katholische Kirche evangelisch oder die protestantische katholisch würde. Diese Voraussetzung geriet für ihn immer mehr aus dem Blickfeld in der Diskussion, darauf wollte er, darauf musste er hinweisen.

Aber warum diese Ruhestörung gerade im feierlichen Heiligen Jahr? Ratzinger hat einmal erklärt, als er Bischof geworden war, dass Ruhe nicht die erste Bürgerpflicht für einen Bischof sei. Und bevor die Harmonieseligkeit den Geist vernebeln konnte, gerade im feierlichen Jahr, hat er laut und vernehmlich auf den Tisch geklopft. Das hat ihm Aufmerksamkeit beschert, und das wollte er auch. Im Übrigen nimmt die Passage über die protestantische Kirche gerade eine Seite in einem einundzwanzigseitigen Schriftstück ein. Über die anderen zwanzig Seiten wurde wie üblich nicht diskutiert. Der Blickwinkel der Erklärung wurde weiter angelegt: Die Bestimmung des Eigenen, die im wahrsten Wortsinne »Selbst-Bestimmung«, wurde ins Verhältnis zu anderen religiösen Kirchen, Gruppen, Sekten und Vorstellungen gesetzt, zu denen hin die Ränder zu zerfließen drohten. Denn auch in der Freude des gemeinsamen Feierns war es wahrlich nicht Absicht der katholischen Kirche, plötzlich einen hinduistisch-katholischen Jesus entstehen zu lassen. Bereits ein Jahrzehnt früher hatte Ratzinger einem marxistisch-katholischen »Jesus mit der Knarre« widerstanden.

AUF DEM STUHL DES FISCHERS

»Als Jesus am See von Galiläa entlangging, sah er Simon und Andreas, die auf dem See ihr Netze auswarfen; sie waren nämlich Fischer. Das sagte er zu ihnen: Kommt her, folgt mir nach! Ich werde euch zu Menschenfischern machen. Sogleich ließen sie ihre Netze liegen und folgten ihm.«

Markus 1, 15–17

»Der Papst, der Bischof von Rom und Nachfolger des hl. Petrus, ist das immerwährende und sichtbare Prinzip und Fundament für die Einheit der Vielheit sowohl von Bischöfen als auch von Gläubigen.«

Lumen gentium, 23

DER NAME DES PAPSTES

Seit Gregor der Große, der im Übergang vom 6. zum 7. Jahrhundert das Papsttum in Rom ausbaute und stärkte und der die Institution wie kein Zweiter prägte, nach seiner Papstwahl in Demut das Haupt neigte vor der Größe der Aufgabe, die ihn erwartete, wurde diese Demutsgeste zur Tradition und gehörte zum guten Ton für den Gewählten. Auch Joseph Kardinal Ratzinger bezeichnete sich nach seiner überraschenden Wahl als einfacher Arbeiter im Weinberg des Herren. Doch gleich, nachdem er die Demut und Dankbarkeit gezeigt hatte, wurde ihm die Frage gestellt, wie er in Zukunft heißen möchte. Seit dem 10. Jahrhundert ist die Frage als Teil des Rituals sicher verbürgt. Zunächst gab es ganz banale Gründe, die einen Namenswechsel nahe legten. Entweder war der Name aus politischen Gründen diskreditiert oder er verwies auf einen heidnischen Gott, was sicher nicht opportun war. Mit der Nennung und Annahme des neuen Namens wird der Übergang vom Gewählten zum Papst vollzogen, aus dem Mönch oder Priester, ganz gleich, ob er zuvor Pfarrer, Bischof oder Kardinal war, wird der Heilige Vater. Und so wurde Joseph Kardinal Ratzinger, nachdem man ihn bereits gefragt hatte, ob er die Wahl annehme, aufgefordert, den Namen zu nennen, den er für sein Pontifikat annehmen wollte. Benedictus, hatte Joseph Kardinal Ratzinger geantwortet, und so reiht er sich als Benedikt XVI. in die erstaunlich lange Linie der Päpste ein, die von den Tagen des Römischen Reiches bis heute die Stellvertretung Christi auf Erden übernommen haben, immer als Subjekt die Geschichte mitbestimmend. In einer solch alten Institution bildet sich eine eigene Sprache der Symbole heraus. Die Wahl des Papstnamens kommt, da er freiwillig erfolgt, immer einem Programm gleich. Angelo Roncalli konnte und wollte nicht in die Fußstapfen des aristokratischen und historisch belasteten Pius XII. treten, deshalb wählte er seinen Lieblingsnamen, Johannes, nach dem Lieblingsjünger Jesu. Nach dem Tod von Paul VI. war Albino Luciano im Konklave so sehr von seiner Wahl überrascht, dass er außer sich vor Aufregung keinen Namen wusste. Da er das Werk, das Johannes XXIII. und Paul VI. mit dem II. Vatikanischen Konzil begonnen hatten, fortzusetzen gedachte, entschloss er sich zu dem ungewöhnlichen Schritt, sich Johannes Paul zu nennen und schuf damit den ersten Doppelnamen der Papstgeschichte. Nur eine kurze Amtszeit, ganze 33 Tage, waren dem Mann vergönnt, der verändern, der reformieren wollte. So sah sich Karol Wojtyła in gewissem Sinne in der Pflicht, Albinos Elan aufzunehmen, und nannte sich daher Johannes Paul II.

Der Mann, der seine Karriere dem II. Vaticanum verdankte, das von Johannes XXIII. einberufen worden war, der von Paul VI. entscheidend gefördert wurde und den Johannes Paul II. schließlich nach Rom an die zweitwichtigste Stelle im Vatikan berufen hatte, dieser Mann, dessen Lebensgeschichte so aufs Engste verknüpft ist mit seinen Vorgängern im Amt, hätte sich mit Fug und Recht Johannes Paul III. nennen können. Warum tat Joseph Ratzinger das nicht? Ganz abgesehen davon, dass es eine gewisse geistige Langeweile suggeriert hätte – geistige Langeweile ging von ihm jedoch nie aus – welchen tieferen Grund gab es dafür? Gerade weil er so eng mit seinem Vorgänger zusammengearbeitet hatte, durfte er sich keinesfalls so nennen. Das hätte zu viel Wasser auf die Mühlen derjenigen geleitet, die in ihm lediglich einen Bewahrer, einen Winterkönig, einen Übergangspapst sehen wollten, einen, den man eben noch mal Papst sein lassen musste, bevor dann ein jüngerer Mann eine wirklich neue Ära einläuten würde.

Hätte er den Paukenschlag des Namens verspielt, könnte er mit dem Neuen, das er vorhat, in der medialen Welt nur sehr schwer durchdringen. Mit der Wahl des Namens erzeugte er für sich ein Höchstmaß an Aufmerksamkeit. Wenn die Wahl des Namens eine nicht so ernste Angelegenheit wäre, stände zu vermuten, dass Benedikt XVI. über die ernsthaften Deutungsversuche seines Namens auch ein wenig lächeln müsste. Doch, so würde er sogleich philosophisch hinzufügen, sei es gar nicht so schlecht, wenn sich die Leute etwas mit der Geschichte der Heiligen und der Benedikt-Päpste auseinander setzen würden. Natürlich muss man bei einem Mann, der so mit der Geschichte seiner Kirche vertraut ist wie Benedikt XVI., mit historischen Anspielungen rechnen. Doch vor den historischen Anspielungen kommen die heilsgeschichtlichen. Benedictus, das ist der Gepriesene, der Gesegnete, der von Gott gesegnet wurde. Damit stellte er den unmittelbaren Gottesbezug her, unmittelbarer als jeder andere Name dies vermochte. Nicht er ist es, sondern Gott ist es, der segnet, er ist nur der Diener Gottes, der stellvertretend für den Herrn den Segen austeilt. Gleichzeitig sieht er sich als Werkzeug, als Bewahrer, als freundlicher Verteidiger des ungeheuren Schatzes, als den er seine Kirche begreift. Im Namen liegt auch ein Vorsatz, ein Versprechen, nämlich sich immer des Segens würdig erweisen zu wollen vor Gott. Und er möchte den Menschen den Segen Gottes bringen. Das Amt des Papstes ist ihm das Amt des Priesters.

Augustinus bewunderte er seit seiner Jugend, den Mann, der Theologe, Philosoph und als Bischof Hirte und tatkräftiger Verwalter in einem war. Jemand, der diese Ganzheit verwirklichte, war ein Gesegneter.

Ein weiterer wichtiger Aspekt: Mit der Liturgie fühlt er sich aufs Innigste verbunden, ist sie ihm doch reales Erleben Gottes.

Benedictus, damit beginnt in der lateinischen Messe der Lobgesang des Zacharias: »Benedictus (Gepriesen) sei der Herr, der Gott Israels! / Denn er hat sein Volk besucht und ihm Erlösung geschaffen; er hat uns einen starken Retter erweckt / im Haus seines Knechts David.

So hat er verheißen von alters her / durch den Mund seiner heiligen Propheten.

Er hat uns errettet vor unseren Feinden / und aus der Hand aller, die uns hassen;

Er hat das Erbarmen mit den Vätern an uns vollendet / und an seinen heiligen Bund gedacht,

...

Durch die barmherzige Liebe unseres Gottes / wird uns besuchen das aufstrahlende Licht aus der Höhe

Um allen zu leuchten, die in Finsternis sitzen und im Schatten des Todes / und unsere Schritte lenken auf den Weg des Friedens.«

Einmal muss man dieses »Benedictus« gehört haben in einer Messe von Palestrina, wie es von einer Stimme gesungen, nicht zu leise, nicht zu laut, wie von fern, doch bestimmt an unser Ohr dringt, wie sich die verschiedenen Stimmen zu dieser einen finden und den Menschen segnen auf dem Weg, der den Frieden bringt. Gemeint ist der Frieden im Leben der Menschen, denn Gott führt den Menschen aus Feindeshand, gemeint ist aber auch der geistige Frieden, der Frieden, den die Seele finden wird. Bedächtig, aber stetig setzte sich dieses Benedictus durch.

Die Musik vermittelt uns durch dieses Benedictus eine Ahnung vom göttlichen Frieden und der Erlösung. Diesen Klang, den das Wort erzeugt, wünschte sich Joseph Ratzinger als Name, bei seiner Musikalität hatte er ihn sicherlich im Sinn. Hier ist er ganz der Seelsorger, der den Menschen das Heil bringen will, und deshalb steht das Priesteramt für ihn in seinem Pontifikat an erster Stelle.

In einer engen geistigen Nähe steht zu diesem Gedanken auch die Gestalt Benedikts von Nursia, des heiligen Mannes, der den Orden der Benediktiner begründete. Er stammte aus einer begüterten Familie und ging zum Studium nach Rom. Erschüttert über den moralischen Verfall zog er sich in die Berge zurück und lebte als Eremit. Mit der Zeit schickten ihm die reichen Römer ihre Kinder zur Ausbildung. Mit anderen Mönchen gründete er auf dem Monte Cassino zwischen Rom und Neapel ein Kloster und schuf die erste Klosterregel. Montecassino wurde so zur Mutterabtei der abendländischen Klöster. Der Kern der Klosterregel des heiligen Benedikt lautete: »*ora et labora*« – »bete und arbeite«. Eine Regel, die dem fleißigen und frommen Joseph Ratzinger gefallen muss. Die Mönche sollten auf dem Feld und im Klostergarten ihren Lebensunterhalt selbst erarbeiten und dazwischen und danach dem Beten und den geistlichen Übungen nachgehen. Diese Elemente klösterlichen Lebens sollten in menschlicher Weise harmonisch austariert werden. Das Feld und der Klostergarten waren für Joseph Ratzinger die Theologie und die Schriftstellerei. Nach Montecassino zog er sich auch zurück, um an diesem geschichtsträchtigen Ort zu meditieren. Dort entstand auch das Gesprächsbuch mit Peter Seewald »Gott und die Welt«. In Montecassino hielt er die Andacht für die heilige Scholastika, die Zwillingsschwester Benedikts von Nursia. Sie gilt als die Begründerin der Benediktinerinnen, ja der Nonnenklöster schlechthin. Auch sie hatte sich von der Welt zurückgezogen, weil sie sich berufen fühlte, Gott zu dienen. Einmal im Jahr besuchte sie ihren Bruder zu einem geistlichen Gespräch. Das letzte Gespräch, das die beiden führten, reichte bis in die Nacht. Ein plötzliches Gewitter verhinderte das Verlassen des Hauses. Scholastika hatte zu Gott gebetet, dass er das Gewitter schicken sollte, weil sie länger mit ihrem Bruder sprechen, bei ihm bleiben wollte. Sie blieb entgegen der Regel bei ihm die Nacht und die folgenden drei Tage, dann starb sie. Benedikt beobachtete, wie die Seele seiner Schwester als weiße Taube zum Himmel aufstieg. Er ließ sie in der Familiengruft beisetzen, wo auch er selbst später seine letzte Ruhe fand. Dieses enge Verhältnis mag Benedikt XVI. an seine Schwester Maria erinnern, mit der er fast ein ganzes Leben zusammen verbrachte, bis sie 1991 verstarb. So hat die Namenswahl auch einen sehr persönlichen Aspekt.

Unter seinen Vorgängerpäpsten gleichen Namens finden sich unbedeutende, beachtliche und zwei herausragende Gestalten. Beachtlich kann Benedikt II. (684–685) genannt werden Bei ihm verzögerte sich nach seiner Wahl die Weihe, weil die Bestätigung vom Kaiser aus Byzanz ein Jahr auf sich warten ließ. Wie dem auch sei, das Ziel seines Pontifikats bestand in der Aussöhnung mit Byzanz. Deshalb setzte er sich nachdrücklich für die Anerkennung der Beschlüsse des 6. Ökumenischen Konzils ein, das die Verhältnisse zwischen der katholischen und der byzantinischen (griechischen) Kirche ordnete. Will man ein historisches Bekenntnis zur Ökumene ablegen, so wäre Benedikt II. mit Sicherheit ein guter Ahnherr. Auch Benedikt III., der im 9. Jahrhundert zum Papst geweiht wurde, kümmerte sich sehr um die Ökumene und den Ausgleich mit der griechischen Kirche und den politischen Kräften seiner Zeit. In einer Zeit der Wirren Papst geworden, festigte er diese Institution durch kluge Politik. In noch viel stärkerem Maße als den beiden Vorgängern gelang es Benedikt VIII., der von 1012–1024 auf dem Stuhl Petri saß, das Papsttum zu stärken, indem er die Zusammenarbeit mit dem deutschen Kaiser Heinrich II. dafür nutzte. Innerkirchliche Reformen ging er beherzt an und verband sich dafür mit dem Abt Odo von Cluny. In dem Zisterzienser fand er einen starken Verbündeten für seine Reformbemühungen. Auf der Synode von Ravenna und dem Konzil in Pavia kämpfte er gegen Simonie (Kauf katholischer Ämter) und vor allem gegen die Ehe von Klerikern. Die Durchsetzung des Zölibats gehörte zu seinen wichtigsten Reformvorhaben. Seine Reformen werden von Gregor VII., der der Reformbewegung von Cluny ebenfalls nahe stand, aufgenommen und weiterentwickelt.

Selbst ein Zisterzienser war Benedikt XII., der im 14. Jahrhundert von sich Reden machte. Vor seiner Wahl beriet er als Theologe Papst Johannes XXII. in einem bedeutenden Streit, in dem es um Häresien ging. Als Bischof von Pamiers und Inquisitor ging er sehr erfolgreich gegen die Katharer in Südfrankreich vor. Nach seiner Wahl zum Papst leitete er viele Reformen ein und ging gegen Missstände wie die um sich greifende Korruption und den Nepotismus, der Begünstigung von Verwandten oder anderweitig nahe stehenden Personen bei der Ämtervergabe, vor. Das verband er mit seiner großen Sittenstrenge, die ihn in seinen Reformvorhaben antrieb. Benedikt XIII. (1724–1730) soll erwähnt werden, weil er sich dadurch auszeichnete, dass er hochgebildet und literarisch interessiert war. Der Papst war ein begeisterter Schriftsteller theologischer Werke, ein Charakteristikum, das er mit Benedikt XVI. teilt.

Die wirklich bedeutenden und die Jahrhunderte überragenden Benedikt-Päpste sind die letzten beiden.

Im Jahr 1740 wählten die Kardinäle den Bologneser Prospero Lorenzo Lambertini zum Papst. Lambertini interessierte sich außerordentlich für die Wissenschaften und war als Inquisitor tätig. So untersuchte er in mehreren Fällen, ob es sich bei den gemeldeten Wundern tatsächlich um solche gehandelt hat, oder ob andere Ursachen zu der beschriebenen Anomalie führten. Im Fall eines ertrunkenen Fischers, der plötzlich von den Toten wieder auferstand, konnte er nachweisen, dass der Transport des »Leichnams« mit dem Kopf nach unten über holpriges Gestein lediglich das Wasser aus den Lungen entweichen ließ. Der eigentümliche Transport hatte verhindert, dass der Mann sich ins Reich der Toten aufmachte, nicht ihn aber von den Toten erweckt. Der große englische Historiker Thomas Babington Macaulay nannte Benedikt XIV. den besten und weisesten der Nachfolger Petri. Der immer stärker werdenden Bewegung der Aufklärung stand dieser Papst interessiert und aufgeschlossen gegenüber und wechselte mit Voltaire Briefe. Der Historiker Johann Joachim Winckelmann arbeitete in der päpstlichen Residenz, und der Komponist Christoph Willibald Gluck und der Architekt Giovanni Battista Piranesi erfreuten sich seiner Gunst. Mit den europäischen Mächten führte er eine kluge, auf Ausgleich bedachte Politik. Er reformierte den Index verbotener Bücher, um die Indizierung von der Willkür zu befeien und einsehbare Rechtskriterien aufzustellen. Selbst der Skeptiker David Hume, gewiss kein Mann der katholischen Kirche, respektierte ihn. Wenn wir das Verhältnis der beiden sehen, können wir aus heutiger Sicht gewisse Parallelen zum Verhältnis von Benedikt XVI. zu Jürgen Habermas erkennen. Schließlich ging Benedikt XIV. mit wichtigen Werken zum Kanon der katholischen Kirche in die Geschichte ein.

Der letzte Vorgänger in der Reihe und 15. der Benedikt-Päpste hieß Giacomo della Chiesa, der kurz nach Ausbruch des I. Weltkrieges gewählt worden war. Er musste sich auf zwei Feldern engagieren, was er auch in Angriff nahm, das eine mit Erfolg, auf dem anderen Gebiet blieb ihm leider der Erfolg versagt. Das Pontifikat seines Vorgängers hatte die Kirche durch den Modernistenstreit in einen Zustand der Zerrissenheit geführt. Kurz gesagt, Pius X. hatte die Forderungen der modernen Wissenschaft abgelehnt und in einer Enzyklika die Behandlung der Bibel mit den modernen Methoden der Wissenschaft verurteilt. Das bewirkte eine tiefe Spaltung in der katholischen Gemeinschaft, in der ein einzigartiges Spitzelsystem wucherte. Benedikt XV. brach bereits deutlich in der Wahl des Namens mit dem vorangegangenen Pontifikat und bezog sich seinerseits auf den wissenschaftsfreundlichen Benedikt XIV. Er nahm personelle Veränderungen vor, setzte das Spitzelsystem außer Kraft und verurteilte in einer Enzyklika vom November 1914 die Verfolgung der »Modernisten«. Während letztere Aktivitäten von Erfolg gekrönt waren, war seinen Friedensbemühungen sehr zum Nachteil der weiteren Geschichte kein Erfolg beschieden. Alle kriegführenden Seiten, zwischen denen er zu vermitteln suchte, verdächtigten den Papst, mit seiner Friedensinitiative den Gegner zu begünstigen. So geriet der wohlmeinende Papst zwischen die Fronten und konnte sich nur unter größten Schwierigkeiten aus dem Verdacht der Parteilichkeit befreien. Diese Lehre saß und sitzt im Vatikan tief. Neben theologischen Erwägungen war es auch diese Erfahrung, die Joseph Kardinal Ratzinger stets vor einer Politisierung der Kirche warnen ließ. Zweifellos gehört Benedikts Friedensinitiative, wenn sie auch nicht zum Erfolg führte, zu den Ruhmesblättern der Kirchengeschichte. Hätte sie Erfolg gehabt, wäre Europa viel erspart geblieben. Ein gerechter Frieden, wie ihn Benedikts Initiative vorsah, hätte den Frieden von Versailles durchaus verhindern können. Er hatte diesen Vertrag als Ausgeburt des Hasses verurteilt, und tatsächlich war er ja auch eine der Ursachen für einen Weltkrieg, der schlimmer noch als der Erste zwei Jahrzehnte später ausbrechen und Europa verheeren sollte.

Fasst man in Hinblick auf das Pontifikat Benedikts XVI. die Übereinstimmung in den Pontifikaten der wichtigsten Vorgänger gleichen Namens zusammen, kommt man auf folgende Charakteristika: hochgebildet, mit Interesse oder auch Leidenschaft für die theologische Schriftstellerei, exzellente Kenntnisse über die geistigen Strömungen der Zeit, maßvoll, um Ausgleich bemüht, mit Engagement für die Ökumene, fest im Glauben, tatkräftig, reformbereit und mit Augenmaß engagiert in der Welt. Die Benedikt-Päpste verstanden das Papsttum als Aufgabe, das nicht nur in die katholische Welt, sondern als moralische Instanz in die Welt schlechthin zu wirken hatte.

Mag diese historische Reihe Anhaltspunkte bieten und Benedikt XVI. als angenehme Begleitmusik seiner Namenswahl erscheinen, so ist es letztlich vor allem der Klang des »Benedictus« aus der Messe, den er im Ohr hatte bei seiner Wahl und der von seinem Pontifikat aus in die Welt erschallen soll. Doch worin wird sein Pontifikat bestehen?

AUF DEM WEITEN OZEAN DES DRITTEN JAHRTAUSENDS

Als Joseph Kardinal Ratzinger, engster Vertrauter und Theologe des Papstes, ins Konklave ging, nannten ihn einige auch den »Papstflüsterer«. Das Bild war schief, denn Johannes Paul II. hatte niemanden gebraucht, der wie der Pferdeflüsterer sich seiner Psyche annahm. Eigentlich meinten sie auch nicht »Papstflüsterer«, sondern »Papsteinflüsterer«. Doch Einflüstern musste der Präfekt seinem Papst nie etwas, dazu gab es zu viele Gemeinsamkeiten zwischen den beiden, und Flüstereien gehörten nicht zu seinem Stil, weil er eher der Meister des klaren Wortes war und nicht der Akrobat der verschwiemelten Rede. Deshalb avancierte Joseph Kardinal Ratzinger in den Achtzigerjahren zum Lieblingsfeind so vieler linksliberaler Katholiken in Westeuropa.

Wie dem auch sei, Joseph Kardinal Ratzinger kam aus dem Konklave als Benedikt XVI. wieder heraus. Die Frage, wer ihn gewählt hatte, reduziert sich angesichts der Tatsache, dass er im letzten Wahlgang wohl fast alle Stimmen bekam. Es sollen 110 der 115 Kardinäle für ihn votiert haben. Vorher habe es zwei Blöcke gegeben, eine breite Unterstützung für ihn und eine große Zahl Stimmen für den als progressiv geltenden Kardinal Martini aus Mailand. Ob es stimmt, dass Martini nur als Testwahl stand, um zu eruieren, wie viele Stimmen die Progressiven zusammenbekämen, und dass man bei dem Maß an Zustimmung, das Joseph Ratzinger in eindeutigen Stimmen entgegenschlug, Martini seine Wähler ins Ratzinger-Lager führte, soll dahingestellt bleiben. Eines kann auf jeden Fall festgehalten werden: Die von den Linken so eifrig propagierte

Dritte Welt hat den konservativen Kardinal gewählt. Angesichts ihrer Realität zu Hause sahen sie ihren Weg nicht in der Liberalisierung der Kirche, sondern im Gegenteil in der Stärkung ihrer Unverwechselbarkeit und Tradition. Bei den anglikanischen Kirchen konnten sie ja bereits beobachten, wohin es führen musste, wenn es statt eines starken Papstes nur ein Bischofskollegium gab und letztlich die Kirchen völlig Verschiedenes praktizierten, die einen mit Frauenordination, die anderen ohne. Die anglikanische Kirche begann zu zerbröckeln, und gerade die Bischöfe in der Dritten Welt spürten, wie die Anglikaner auch aus diesem Grund gegenüber den islamistischen Bekehrungen an Boden verloren.

Die Zeit kurz nach der Wahl Benedikts XVI. überraschte die Weltöffentlichkeit in vielfacher Hinsicht. Zum einen, weil ein deutscher Papst gewählt wurde, der zudem als unbelehrbarer Konservativer gilt. Zum anderen, weil dieser Papst einen Namen wählte, der zumindest zum Nachdenken anregte. Die ersten Tage seines Pontifikats versetzten die Beobachter in Erstaunen, wie souverän und wie natürlich der als scheuer Intellektueller und »Schreibtischtäter« dargestellte Papst sein Amt antrat und ganz selbstverständlich als Medienprofi agierte. Ihm war es gelungen, selbst den kaltblütigsten Journalisten zu beeindrucken, wenn nicht gar ein bisschen zu instrumentalisieren für die Botschaft, die er an den Mann bringen wollte. Und er überraschte vor allem damit, dass viele plötzlich von ihm, diesem doch schon so bekannten Mann, der längst in einer Schublade eingeordnet war, Überraschungen im Pontifikat zu erwarten begannen. Möglicherweise werden aber diese Überraschungen nicht darin bestehen, dass er selbst eine 180-Grad-Wendung vollführt und völlig Neues sagt oder in die Wege leitet, vielmehr werden wir die Kontinuität als Überraschung erleben, weil wir uns ändern und unsere Positionen sich im Laufe der Zeit wandeln und somit unsere Perspektive auf das, was er sagt.

Vom II. Vatikanischen Konzil brach der junge Professor mit klaren Vorstellungen auf, andere fuhren mit anderen Vorstellungen ab. Man konnte, wie wir gesehen haben, die Ergebnisse des Konzils als Festigung des Papstprimats oder aber als Auflösung des

Primats zugunsten der Kollegialität der Bischöfe verstehen. Die Formel »Der Papst mit den Bischöfen« in »Lumen gentium« lässt ohne Hinzuziehung eines Kontextes beide Schlussfolgerungen zu. Die Interpretation derjenigen, die sich den Forderungen der 68er-Bewegung nahe fühlten, propagierten letztere Auslegung, Ratzinger blieb bei der ersten. Durch die Radikalisierung der Auseinandersetzung, die die Form eines Kampfes annahm, erschienen die vormals kleinen oder nicht beachteten Unterschiede plötzlich, wie unter einem Brennglas betrachtet, riesig. Mit dem Zusammenbruch und der welthistorischen Blamage linker Ideologien begann man, Fragestellungen zuzulassen und Argumente zu prüfen, die vorher schlicht soziologisch abqualifiziert wurden. Nichts illustriert die veränderte Wahrnehmung besser als das inflationäre Bekenntnis ehemals linker Intellektueller, dass sie sich plötzlich als eher »wertkonservativ« verständen.

Die nach dem Zusammenbruch des Kommunismus wesentlich deutlicher werdende Globalisierung mit ihren Gefährdungen für den Einzelnen, begonnen beim Arbeitsplatzverlust bis hin zur ständigen Bedrohung durch den international agierenden Terrorismus, das Gespür einer metaphysischen Leere, die sich ausbreitete, dem empfundenen Verlust von Orientierung und Glaubensinhalten führte zu einer neuen Sicht auf uralte Institute, die sich auf ein außerweltliches Absolutum, auf einen unwandelbaren Maßstab, auf das Eintreten für eine humanistische, nicht verhandelbare Moral bezogen. Besser als mit dem Faktum, dass Habermas und Ratzinger miteinander diskutierten, kann man es nicht ausdrücken. Etwas Ungeheures ist geschehen: Man ist bereit, dem Mann zuzuhören – und siehe da, einiges würde man sogar unterschreiben von dem, was er sagt. Vielleicht hat ja Papst Gregor VII. doch Recht, und das Amt heiligt den Mann wirklich? Doch was können wir von diesem Pontifikat erwarten? Da er mit seiner Anschauung nicht hinter dem Berg gehalten und sie auch nicht ständig verändert, sondern immer nur seine Vorstellungen vorangetrieben hat, können wir aus der Kontinuität seinen Standpunkt und vielleicht sogar mit einer gewissen Berechtigung Grundzüge seines beginnenden Pontifikats erkennen.

In der Frage der Wiederverheiratung von geschiedenen Katholiken werden sich Veränderungen entwickeln. Man muss bedenken, dass die Kirche selbst daran gebunden ist, dass die Ehe zu den Sakramenten gehört und dass der Mensch nicht trennen kann, was Gott im Sakrament vereinigt hat. Auch glaubt Benedikt XVI., dass die Ehe, unabhängig von den religiösen Gründen, als gesellschaftliche Institution sowohl im Ansehen und im Wert in der Gesellschaft gestärkt werden muss, weil sie der Verunsicherung, der Atomisierung und der Kinderlosigkeit entgegenwirken kann. Wenn ich nicht bereit bin, mich dauerhaft zu binden, werde ich auch keine Familie gründen und Kinder zeugen. Natürlich mag der Wunsch nach einer dauerhaften Bindung vorliegen, doch die Skepsis, ob das gelingt, opponiert stark in uns. Wir sind Beziehungsskeptiker geworden. Hier sieht Benedikt XVI. nicht die Lösung darin, den Ausstieg aus der Ehe zu vereinfachen – in diesem Fall hätte sie ja auch nicht mehr ihren bisherigen Wert –, sondern ihm ist daran gelegen, die Verantwortung zu stärken und den Menschen Kraft zu geben und auch Lust zu machen, diese Verantwortung zu tragen. An einer Ehe müsse man auch arbeiten und könne sie nicht wegwerfen wie eine alte Armbanduhr. Aus dieser Vorstellung von der Ehe als Gemeinschaft zweier Menschen, die durch Liebe und Achtung gekennzeichnet ist und durch die Zeugung und Erziehung von Kindern den Fortbestand der Menschheit und der Kultur sichert, lehnt er eine Ehe gleichgeschlechtlicher Paare ab.

Andererseits darf die Ehe nicht zu einem Verlies oder zu einem Kampfplatz auf Leben und Tod werden. Wenn es bei allen guten Vorsätzen und allem Wollen zu einem so tiefen Riss zwischen den Eheleuten gekommen ist, dass die Beziehung unrettbar zerrüttet ist, muss auch die Kirche Lösungen akzeptieren. In diesem Spannungsbogen liegt das Problem, über das die Kirche nicht nur nachdenken, sondern auf das sie auch Antworten geben muss. Es muss eine Lösung gefunden werden, wie die persönliche Verantwortung subjektiv wie objektiv gestärkt wird – was nicht zwangsläufig heißt, dass einem die Verantwortung auch gefällt.

In der Frage des Schwangerschaftsabbruchs wird es keinerlei

Änderung geben. Für den Papst ist der werdende Mensch bereits ein eigenes Subjekt, eine Tatsache der Schöpfung, ein schutz- und wehrloser Mensch, den niemand das Recht hat zu töten. Schon im Embryo verwirklicht sich Gottes Schöpfung. Ungewollte Schwangerschaften könnten dadurch vermieden werden, dass die Sexualität in der Ehe stattfindet und die Sexualität nicht von der Fortpflanzung getrennt wird. Sicher ist diese Forderung realitätsfern und die Bindung von Sexualität an die Fortpflanzung ein Kurzschluss, den man propagieren, aber nicht verwirklichen kann. Das funktionierte in der ganzen Menschheitsgeschichte zu keiner Zeit. Andererseits kann das sexuelle *anything goes* nicht die Alternative sein. Denn möglicherweise hat uns die sexuelle Revolution in andere Abhängigkeiten geführt. Zumindest stößt der Papst mit seinem Standpunkt eine notwendige Diskussion an.

Ein zweites Moment kommt hinzu. Durch die Mitwirkung der katholischen Kirche in der Schwangerenkonfliktberatung würde nach Ansicht Benedikts XVI. die Kirche durch das Ausstellen des Scheins sich indirekt an der Tötung ungeborenen Lebens beteiligen, was er strikt ablehnt. Dem Argument, dass die Kirche sich der Realität öffnen muss, begegnet er mit dem Diktum, dass die Kirche nicht dem Zeitgeist hinterherrennen dürfe und es nicht ihre Aufgabe sei, gefällige Antworten zu geben. Natürlich haben auch die Kritiker der Entscheidung, wie der Limburger Bischof Kamphaus oder Karl Kardinal Lehmann, Recht, wenn sie zu bedenken geben, dass die Kirche damit katholische Frauen, die in einem schwierigen Konflikt stehen, im Stich lässt, dazu noch in einer Situation allerhöchster Not. Die Situation ist zwar klar, dennoch kompliziert, sie ist eben darum kompliziert, weil sie so klar ist und beide Argumentationen nicht einfach von der Hand zu weisen sind. Wenn es irgendwo Not täte, dann wäre hier die Mitwirkung des Heiligen Geistes dringend erforderlich. Ob er helfen wird, bleibt eine Frage an das Pontifikat. Auf jeden Fall besteht hier Handlungsbedarf.

Nichts ändern wird sich bei dem Themenkomplex Zölibat, Priesterehe und Frauenordination, weil es für Benedikt XVI. eine unauflösbare definitorische Verbindung zur Eucharistie gibt. Und die hat er in das Zentrum seines Pontifikats gestellt. Dass sein Pontifikat fast gleichzeitig mit dem Jahr der Eucharistie, das die katholische Kirche begeht, beginnt, begreift der Papst als Zeichen, mehr noch, es ist für ihn sogar ein von der Vorsehung gewolltes Zusammentreffen. Wenn es aber gewollt wurde, dann hat es auch etwas zu bedeuten, dann ist es Auftrag. Deshalb rückt er ins Zentrum seines »Petrusdienstes«, wie er es in der Messe mit den Kardinälen nach seiner Wahl am 19. April 2005 in der Sixtinischen Kapelle deutlich verkündete, die Eucharistie als »Herz des christlichen Lebens und die Quelle des Verkündigungsauftrages der Kirche«[17]. In Fortführung der Gedanken von »Dominus Jesus« rückt er allen Ökumenikern ins Gedächtnis, dass in der Eucharistie der wiederauferstandene Christus dauerhaft präsent sei. Deshalb ruft er alle auf, und weist sie natürlich auch an, an der »Realpräsenz« von Christus in der Messe festzuhalten, was heißt, seine Anwesenheit nicht als symbolische, sondern als reale zu verstehen. Das müsse vor allem durch die Festlichkeit, und das meint ganz klar den ganzen Glanz, zu dem die katholische Kirche fähig ist, und durch den »korrekten Vollzug« der Liturgie ausgedrückt werden. Ein gemeinsames, ein ökumenisches Abendmahl wäre nicht korrekt, aber auch ein Abendmahl, das sich zu weit von der alten lateinischen Form der Messe entfernt, entfernt sich von diesem Ideal. Angedeutet wird in diesem Gedanken, dass er zu Elementen der alten lateinischen Messe zurück möchte.

Das Amt des Priesters, erinnert der Papst, sei aus dem letzten Abendmahl hervorgegangen. So wie die heilige Handlung der Verwandlung von Brot und Wein in Leib und Blut Christi nach katholischem Glauben nur von einem Priester durchgeführt werden kann, so kann es keine Abstriche an Keuschheitsgebot und Zölibat für den Priester geben, weil er sonst diese Handlung nicht mehr vollziehen könne. Damit gäbe es keine Eucharistie mehr. Dieser Gedanke bildet das Zentrum der ersten Predigt Benedikts XVI.[18] Er führt ihn mit Entschiedenheit, mit Verve, mit Unbedingtheit durch. Er definiert deutlich und vermeidet Unklarheiten, die einen Interpretationsspielraum zuließen. Von diesem Standpunkt aus will und wird er die Ökumene, die Diskussion und Annäherung mit den orthodoxen

Kirchen des Ostens und den protestantischen Kirchen vorantreiben. Im Erkennen und in der Akzeptanz der Unterschiedlichkeit, nicht in faulen Kompromissen sieht er den wirklichen Weg der Ökumene. Er will keinen Kuhhandel, er will Partnerschaft. Und so wie die katholische Kirche aus ihrem Selbstverständnis heraus sich als die einzige wahre empfindet, so dürfen auch die Protestanten die Richtigkeit ihres Glaubens definieren. Muss nicht die Kirche zusammenbrechen, wenn wir unsere Gewissheiten verstecken, um den anderen zu gefallen?, fragt er. Das Pontifikat wird das ökumenische Gespräch intensivieren mit dem Ziel, gemeinsame Aufgaben in einer auseinander brechenden Welt wahrzunehmen, es wird nicht auf eine Wiedervereinigung der christlichen Kirche hinarbeiten. Transformatorische Annäherung und intensive Zusammenarbeit zur Lösung gemeinsamer Aufgaben sind nicht dasselbe. Zusammenarbeit ja, gemeinsames Abendmahl nein. Stärker als vorher wird es darum gehen, gemeinsam zu wirken, nicht aber darum, die Theologien aufeinander abzustimmen.

Den positiven Dialog mit den Juden wird er ausbauen, die er als »die älteren Brüder im Glauben«, als das Volk, dem das Alte Testament von Gott offenbart wurde, achtet.

Ausdrücklich bekennt sich Benedikt XVI. zum II. Vaticanum. Er wird die Formulierung »der Papst mit den Bischöfen« mit Leben füllen, weil er sich mit den Bischöfen beraten wird. Am Primat des Papstes, von dem er sich nichts abhandeln lässt, ändert das nichts. Zu entscheiden hat letztendlich der Pontifex. Aber Benedikt XVI. hatte immer sehr genau die gesellschaftlichen Entwicklungen diagnostiziert. Die Forderung des II. Vaticanums, in der Welt zu wirken, wird er auf seine Art verwirklichen. Er wird einer erneuten und erneuernden Interpretation des II. Vaticanums Vorschub leisten. Nur wird die Art und Weise nicht im politischen Engagement bestehen, sondern er wird die über- und außerparteiliche Autorität in den moralischen Fragen in Anspruch nehmen, die tagtäglich stärker gestellt werden. Er will den Menschen Mut machen und den Mächtigen ins Gewissen reden. Er sieht sich als Anwalt der Schöpfung. Das intensive Gespräch mit den Bischöfen wird ein

Gespräch sein, in dem die Bischöfe den Papst informieren über die konkreten Probleme der Ortskirchen und der Papst seinerseits die Bischöfe aktiv einbinden wird in sein Verstehen der Probleme und in den Prozess der Findung von Lösungen und Positionen. Dieser Prozess ist längst im Gang und hat sich in den letzten Jahren bereits entwickelt. Es wird auch an den Bischöfen liegen, wie die Balance zwischen römischer Zentrale und den konkreten Ortskirchen sich einstellt, wie dieses »Der Papst mit den Bischöfen« im Einzelnen und in jeder Frage neu dekliniert wird.

Die Vernunft hat die Religion verdrängt und einseitig die Rationalität gefördert. Das hat dazu geführt, dass das Machbare auch gemacht wird. Die Gefahren, die von einer geistigen Entleerung ausgehen und bis hin zum Klonen von Menschen, Zuchtwahl im Menschenpark, reichen, sind groß. Die Medizin kann im Baukasten der Schöpfung hantieren, aber wie weit darf sie dabei gehen? Ethische Fragen, auf die es keine eindeutige und einfache Lösung gibt, müssen von der Philosophie und auch von der Religion gelöst werden. Gleichzeitig hat auch der Glaube, der die Vernunft verketzert hat, zu Verbrechen geführt. Deshalb sieht Benedikt XVI. den Weg darin, dass Philosophie und Theologie ins Gespräch kommen, wie er mit Jürgen Habermas ins Gespräch gekommen war. Deshalb könnten Vernunft und Glaube sich wechselseitig reinigen und heilen, sie könnten sich begrenzen, um ins rechte Maß zu kommen bei der Suche von Antworten.

Plötzlich wird der konservative alte Mann zu einem ganz jungen, den man nicht erwartet hat, wenn er von einer »seltsamen Unlust an der Zukunft« spricht, die aus Angst vor der Verantwortung entsteht. Nach dem Zusammenbruch der Utopien fehlen gesellschaftliche Leitbilder, deshalb dreht sich das Karussell des Relativismus und des Pragmatismus immer irrer. Philosophie und Religion müssen Leitbilder schaffen, müssen, indem sie Werte einfordern, Lust auf die Zukunft machen. »Die äußeren Wüsten wachsen in der Welt, weil die inneren Wüsten so groß geworden sind«, predigte er bei seiner Amtseinführung. Es darf nicht geschehen, und das ist der wirkliche Kampf des Mannes im Apostolischen Palast, dass das große Erbe des Abendlandes, das in der modernen Wissenschaft und in der Kirche besteht, verschleudert wird.

Dass hierbei die Religionen eine gemeinsame Aufgabe haben, steht für ihn fest. Darüber wird er in der Ökumene reden wollen, nicht über die Fragen des Abendmahls, die stehen für ihn ohnehin fest, sondern über die Aufgaben, die die Kirchen in der Welt haben. Er wird den interreligiösen Dialog vorantreiben und das Gespräch mit der islamischen Geistlichkeit suchen. Die Schwierigkeit besteht darin zu erkennen, mit wem man reden sollte, denn der Islam kennt keine hierarchische Kurie. Man sieht, dass im Fehlen von Hierarchien auch Probleme liegen, denn es fehlen die Ansprechpartner. Benedikt XVI. hat Erfahrungen als Präfekt der Glaubenskongregation gemacht, und so weiß er, was es bedeutet, wenn Religion sich in den politischen Kampf begibt wie vor etlichen Jahren, als er sich mit der Befreiungstheologie auseinander gesetzt hatte. Er schöpfte dabei aus katholischer Erfahrung, er wusste, welche Verbrechen die katholische Kirche begangen oder gefördert hatte, als sie versuchte, weltliche Macht zu erobern und auszuüben. Die Kirche, das ist ein fester Grundsatz des Papstes, hat sich nicht parteipolitisch zu betätigen, ihr Reich ist die Moral. Deshalb trat er so energisch gegen die Befreiungstheologen ein. Heute werden wir mit einer viel schlimmeren Verquickung von Religion und politischem Kampf im islamistischen Terrorismus konfrontiert. Der Theologe weiß, dass nicht die wahre Gestalt des Islams darin bestehen kann, aus dem auch im Koran geforderten »Du sollst nicht töten« ein »Du musst töten, um selig zu werden« zu machen. Deshalb wird er in seinem Pontifikat den Dialog gerade mit dem Islam verstärkt suchen.

Benedikt XVI. sieht sich als ein Papst des Friedens, er will daran arbeiten, dass Frieden und Versöhnung entstehen auf der Grundlage der Achtung verschiedener kultureller, ja auch kultischer, religiöser Anschauungen.

Er wird auf andere, auf seine Art, die nicht weniger vom Priesteramt beseelt ist als die von Johannes Paul II. es war, Glaube und Werte in die Welt tragen. Wir werden einen Papst erleben, der uns etwas zurückbringt, was wir schon verloren hatten, ein Verständnis, das die eigene Geschichte – nicht nur die des letzten Jahrhunderts, sondern die ganze zweitausend Jahre alte Historie – annimmt und nutzbar macht. Der große Inhalt seines Pontifikats wird der Kampf um die Kultur sein, um eine Kultur, die sich auf ihre Grundlagen beruft und eine lebbare, mit Verantwortung belegte Moral propagieren wird. Von konservativer Warte aus wird er die Fragen der Zeit stellen, um für eine geistige und moralische Erneuerung zu werben, die eine Voraussetzung für die Zukunft darstellt, für eine Renaissance, wie Europa sie in seiner Geschichte so oft bereits erlebt hat. Täglich wird deutlicher, dass eine ernsthaft geführte Debatte um Werte immer unaufschiebbarer wird. In den letzten Jahren wurden Werte, die wir als die Sekundärtugenden bezeichnen, verächtlich gemacht und im Namen der Freiheit ausgerottet. Andere Werte wie die propagierte Selbstverwirklichung haben sich als Schimäre erwiesen, denn der Verwirklichung geht das Selbst voraus. Überspitzt formuliert: Sind wir nur noch Form und kein Inhalt mehr? Doch woraus besteht unser »Selbst«? Worauf greifen wir zurück, wenn wir mit unserer Endlichkeit als Mensch konfrontiert werden? Und in all dieser Ratlosigkeit steht plötzlich eine Welt gegen uns auf, die uns eine Dekadenz unterstellt, die sie nur zutiefst verachtet. Für Benedikt XVI. findet sich hier der archimedische Punkt. Unsere Kultur uns ins Gedächtnis zu rufen, Verantwortung einzufordern, die Frage der Werte mit Nachdruck immer wieder in die Diskussion zu bringen, all das wird dieses Pontifikat bestimmen. Der neue Papst ist zuallererst ein Kämpfer für eine christlich geprägte Kultur.

DAS UNTERSCHÄTZTE PONTIFIKAT

Eines scheint sich als feste Größe durch das Leben des Joseph Ratzinger zu ziehen, ob als Kind, ob als Professor, ob als Bischof, als Kardinal oder als Papst: Er ist nicht geschmeidig oder opportunistisch genug, die Welt zu hofieren, sodass er sich immer wieder, ohne es angestrebt zu haben, in der Opposition zum Zeitgeist wiederfindet. Dass es der Zeitgeist ist, der recht hat, ist allerdings keineswegs gesagt.

Nachdem die Wahl zum Papst im April 2005 eine Welle der Begeisterung erzeugt hatte und gerade auch in Deutschland viele Menschen dem neuen Pontifex zujubelten, die dem Kardinal Ratzinger zuvor kritisch bis ablehnend gegenübergestanden hatten, wuchsen die Erwartungen an den neuen Stellvertreter Christi bis in den Himmel. Der Kult um seinen Vorgänger Johannes Paul II. trug auf seine Weise dazu bei, dass das Pontifikat Benedikts XVI. erstaunlich spektakulär begann. Die Medien errichteten dem Papst ein Podest, und frühere Widersacher äußerten sich überraschend milde. Hans Küng, der bereits ein halbes Jahr nach der Wahl von Benedikt XVI. empfangen worden war, sprach zunächst mit offensichtlicher Rührung von dem Treffen. An zuweilen weit auseinanderklaffenden Vorstellungen von diesem Papst machten sich zahllose Hoffnungen, Wünsche und Sehnsüchte fest. Vielleicht war der kantige Kardinal Ratzinger als Papst doch altersweise geworden? Insofern war für Benedikt XVI. die Verführung groß, beliebig zu werden, eben der Nette, und den Erwartungen einer öffentlichen Meinung nachzugeben, die das Fortschrittliche, Unkomplizierte und Geistig-Harmlose für wichtiger erachtet als Leistung und Denken. Man rollte diesem Papst den roten Teppich aus, über den er in das große Lager der politisch Korrekten schreiten sollte. Man war bereit, ihn aufzunehmen.

Dem glänzenden Auftakt der Wahl und der Krönung folgte allerdings bald darauf eine Bewährungsprobe ganz eigener Art: Benedikt XVI., der als spröde geltende Intellektuelle, sollte beim Weltjugendtag 2005 in Köln sozusagen als Medienpapst die Welt und vor allem die Jugend begeistern. Dort musste er sich dem direkten Vergleich zu dem begnadeten Selbstdarsteller Johannes Paul II. aussetzen. Und es stellte sich die bange Frage, ob ihm das gelingen würde.

Am 18. August reiste Benedikt XVI. nach Köln. Über 800000 Pilger aus 193 Ländern waren offiziell registriert, darunter 759 Bischöfe – 60 von ihnen Kardinäle – sowie 10000 Priester. Am Abend des 19. August feierte der Papst mit über 800000 Besuchern die Vigil und am nächsten Tag zwischen 10.00 und 12.45 Uhr die Heilige Messe. Sämtliche Rekorde wurden übertroffen, über 1,1 Millionen Menschen bevölkerten das Marienfeld bei Köln. Der Altar wurde auf einem eigens aufgeschütteten Berg errichtet, sodass der Papst weithin sichtbar war.

Benedikt hatte schon zu Anfang seines Pontifikats einmal gesagt: »Die Kirche ist jung.« Und genauso muss es ihm erschienen sein, als er auf die jungen Katholiken aus der ganzen Welt blickte, die in Köln zusammengekommen waren, um gemeinsam ihren Glauben zu leben. Und der Papst überzeugte beim Weltjugendtag, als Seelsorger, als Nachfolger Christi, weil er authentisch wirkte, trotz oder wegen seiner intellektuellen Zurückhaltung. Von diesem Treffen ging ein ungeheures Signal in die Welt aus. Was sich unter den Augen Benedikts XVI. in Köln versammelt hatte, um die christliche Botschaft zu hören, war die Kirche von morgen. Der Weltjugendtag in Australien 2008 erreichte nicht annähernd das Echo des Kölner Treffens, blieb innerkatholisches Happening, weil die Medien das Interesse an dem zunehmend schwieriger werdenden Papst verloren hatten.

Die Reise nach Polen im Mai 2006 und vor allem der bewegende Besuch des Vernichtungslagers Auschwitz brachten dem Papst aus Deutschland große Anerkennung ein. Von dieser positiven Bewertung war drei Jahre später, als Benedikt XVI. die Gunst der Medien verloren hatte, nichts mehr zu spüren. Aus heiterem Himmel und ohne Anlass erinnerte sich die »Welt« dieses Besuches und rückte ihn dabei in die Nähe der Holocaust-Relativierer. Auch schon früher hat sich gezeigt, dass nicht Benedikt XVI. sich geändert hat, sondern die Haltung der Medien zu ihm, und dass die Wahrnehmung des Pontifikats im Wandel begriffen ist.

Schon bald nach seinem Amtsantritt merkten die Bischöfe, dass es dem Pontifex ernst war mit der kollegialen Leitung der Kirche. Nicht nur, dass er die Begegnung mit den Ortsbischöfen intensivierte, er übertrug auch die Verantwortung für die Seligsprechung wieder auf die Diözesen. Vor Ort soll geprüft werden, welche Katholiken als Vorbild für die Diözese besonders wirksam sein können. Während den Heiliggesprochenen weltkirchliche Bedeutung zukommt, erstreckt sich die Wirkung der Seligen zumeist auf ihren engeren Tätigkeitsbereich und ist vor allem im lokalen Kult verwurzelt. In der frühen Neuzeit hatten die Päpste die Selig- und Heiligsprechung an sich gezogen, um den Missbrauch und vor allem die Inflation von Kanonisationen zu verhindern. Mit der Rückübertragung der Verantwortung an die Diözesen machte der Papst seine Ansicht deutlich, dass nicht alles in Rom entschieden werden muss.

Beim Weltfamilientreffen in Valencia im Juli 2006 zeigte sich der neue Pontifex nicht als der Kuschelpapst, den sich viele Harmoniesüchtige wünschten. In einer zunehmend unmoralischer werdenden Welt stellt derjenige, der nicht darüber hinwegschaut, sondern ethisches Verhalten einfordert, einen Stein des Anstoßes dar. Als Benedikt nachdrücklich und unbeirrt auf den Schutz des ungeborenen Lebens pochte und auf die Heterosexualität als Grundvorrausetzung der menschlichen Existenz und der Gesellschaft hinwies, zeigte sich für viele wieder der Kardinal Ratzinger, dessen Bild sie verdrängt hatten. Dass Benedikts Positionen die gleichen waren, die auch sein Vorgänger Johannes Paul II. vertreten hatte, ging dabei unter. Erste Medien gingen auf Distanz. Sie hatten davon profitiert, dass Joseph Ratzinger zum Papst gewählt worden war, nun versprachen sie sich einen Nutzen davon, dass dieser Papst eben Joseph Ratzinger war, der einstige »Panzerkardinal«. Im Grunde zeigte sich darin nur der Bankrott der häufig geäußerten These, dass der Papst Ratzinger sich von dem Kardinal Ratzinger unterscheiden würde. Vierzig Jahre zuvor war es ähnlich gewesen: Damals hatte man den Ratzinger vor dem Umbruchjahr 1968 und den veränderten Ratzinger nach der Studentenrevolte gegeneinander auszuspielen versucht.

Dabei gibt es bei Joseph Ratzinger kein Davor und Danach. Bis auf den heutigen Tag erstaunt die Kontinuität der Glaubensvorstellungen und Überzeugungen, die er seit seiner Kindheit bewahrt und lebt. Man muss die begeisterte Beschreibung kirchlicher Feste, wie Karfreitag und Ostern beispielsweise, in seinen Erinnerungen nachlesen, um zu verstehen, warum er das Verbot des alten Messbuches durch Paul VI. rückgängig machte. Niemandem nötigt er seine persönliche Vorliebe für die lateinische Messe auf, aber ab dem Jahr 2007 gestattete er denjenigen, die sie lieben, das Hochamt wieder in der lateinischen Sprache und in der alten Form zu feiern. Das bedeutet unter anderem, dass der Priester die Transsubstantiation – die Verwandlung von Wein ins Blut Christi und Brot in den Leib Christi – zwar mit dem Rücken zur Gemeinde vornimmt, dafür aber Gott zugewandt.

Damit verbunden ist ein Problem, das zu Irritationen und Verstimmungen im Verhältnis zu den Juden geführt hat, nämlich die Karfreitagsfürbitte, die nun mal zur vorkonziliaren Messe gehört. Um zu verstehen, welche Schwierigkeiten sich aus der Hinwendung zu einer älteren, traditionellen Liturgie ergeben können, muss man die Vorgeschichte kennen.

Am 2. Januar 1928 reichte Abt Benoît Gariador bei der Ritenkongregation in Rom die Bitte ein, die Begriffe »perfidis« (unredlich, wortbrüchig, treulos) und »perfidiam« (Unredlichkeit) im Zusammenhang mit den Juden aus der Karfreitagsfürbitte zu streichen. Der mit der Prüfung der Eingabe beauftragte Kardinal Ildefons Schuster sprach sich für den Vorschlag aus. Er argumentierte korrekt auf einer sprachwissenschaftlichen Ebene: In den Zeiten, als die Fürbitte entstanden sei, habe »perfidis« schlicht die Ungläubigen bezeichnet, jene, die ohne Glauben sind. Über die Jahrhunderte habe sich der Begriff zu einem Adjektiv entwickelt, das nicht mehr für ungläubig steht, sondern für unredlich, wortbrüchig, treulos. Durch diesen Bedeutungswandel des Wortes, so Schuster, sei der Sinn der Fürbitte entstellt.

Nachdem die Ritenkongregation die Streichung befürwortet hatte, ging die Sache an die Suprema – wie immer hatte die Inquisition verfahrenstechnisch das letzte Wort –, und sie lehnte die Eingabe ab. Ihr Konsultator Francesco Sales widersprach zwar nicht den Argumenten der Ritenkongregation, hebelte sie aber über die Tradition aus. Man könne nicht einfach, so argumentierte er, eine alte Liturgie ändern, das habe unabsehbare Folgen. Dann könne ja auch ein anderer Verein das Wort »Pontius Pilatus« streichen und so weiter und so fort. Schließlich hätten die Juden mit der Bemerkung »Sein Blut komme über uns und unsere Kinder« (Mt 27,25) die Verantwortung für den Kreuzestod Christi selbst übernommen. Deshalb bestimmte Sales: »Nihil esse innovandum« (Nichts soll geändert werden). Der damalige Papst Pius XI. verpasste die Chance, eine neue Theologie des Judentums ins Leben zu rufen. Das gelang erst viel später, als das Zweite Vatikanische Konzil (1963–1965) die Juden als ältere Brüder im Glauben bezeichnete.

Abt Gariador und Kardinal Schuster wurden nach Rom einbestellt und vermahnt. Sie hatten kniend Abbitte zu leisten und ihre Irrtümer zu widerrufen. Erst im Jahr 1959 ließ dann Papst Johannes XXIII. das Wort »perfidis« aus der Karfreitagsfürbitte streichen. Sein Nachfolger Paul VI. ersetzte das alte Messbuch durch ein neues. Damit war das Ärgernis um die Formel in der Fürbitte, die die Juden betraf, endlich ausgeräumt.

Laut dem Konzil von Trient (1545–1563) stellt die Tradition eine der beiden Säulen der Kirche dar, die andere ist die Bibel als geoffenbartes Wort Gottes. In seiner Liebe zur Tradition fand sich Benedikt XVI. durch die Wiedereinführung der lateinischen Messe 2007 zwei Jahre später in einer lebhaften Diskussion wieder, die ihn in Erklärungsnöte bringen sollte, als es um die Piusbrüder ging.

Im September 2006 besuchte Benedikt XVI. Bayern. Ihm wurde ein herzlicher Empfang bereitet. Diese Reise führte ihn in seine Vergangenheit, an die Stätten seiner Kindheit und seines Wirkens in Regensburg und München. Bei einer Predigt in München las er dem deutschen Episkopat die Leviten. Nachdrücklich forderte er von den Bischöfen, sich stärker in der Mission und Seelsorge zu engagieren. Als Beispiel sprach er die Beschwerden afrikanischer Bischöfe an: Wenn diese in Deutschland um Geld bitten würden, erhielten sie zwar finanzielle Unterstützung für soziale Projekte, nicht aber für seelsorgerische. Der Papst erinnerte die Leiter der deutschen Kirche daran, dass es ihre vornehmliche Pflicht sei, die Lehre des Kreuzes, die Botschaft Christi zu verbreiten und dadurch den Menschen den Weg zum Heil und zum Leben in der Wahrheit und der Liebe zu eröffnen. Denn aus christlicher Sicht gilt: In einer säkularisierten Welt, deren technisches Vermögen das moralische bei Weitem übersteigt, wird es zur Lebensvoraussetzung, diese beiden Fähigkeiten wieder in Einklang zu bringen. Vernunft braucht Glauben, Bildung benötigt Herzensbildung und der Mensch Gott, wenn er sich nicht übersteigen und an seiner eigenen Vermessenheit zugrunde gehen will.

An der Universität in Regensburg zeigte sich Benedikt XVI. sichtlich gerührt, an alter Wirkungsstätte zu sein. Dann sprach er zum Verhältnis von Religion und Gewalt vor dem Hintergrund der Bedeutung der Toleranz und des Dialogs der Religionen. In seiner Rede findet sich eine Passage, in der der Papst auch einige Sätze des spätmittelalterlichen byzantinischen Kaisers Manuel II. Palaiologos zitiert:

»Ohne sich auf Einzelheiten wie die unterschiedliche Behandlung von ›Schriftbesitzern‹ und ›Ungläubigen‹ einzulassen, wendet er [der Kaiser – der Verf.] sich in erstaunlich schroffer, uns überraschend schroffer Form ganz einfach mit der zentralen Frage nach dem Verhältnis von Religion und Gewalt überhaupt an seinen Gesprächspartner. Er sagt: ›Zeig mir doch, was Mohammed Neues gebracht hat, und da wirst du nur Schlechtes und Inhumanes finden wie dies, dass er vorgeschrieben hat, den Glauben, den er predigte, durch das Schwert zu verbreiten‹. Der Kaiser begründet, nachdem er so zugeschlagen hat, dann eingehend, warum Glaubensverbreitung durch Gewalt widersinnig ist. Sie steht im Widerspruch zum Wesen Gottes und zum Wesen der Seele. ›Gott hat kein Gefallen am Blut‹, sagt er, ›und nicht vernunftgemäß‹ nicht »σὺν λόγω« zu handeln, ist dem Wesen Gottes zuwider. Der Glaube ist Frucht der Seele, nicht des Körpers. Wer also jemanden zum Glauben führen will, braucht die Fähigkeit zur guten Rede und ein rechtes Denken, nicht aber Gewalt und Drohung ... Um eine vernünftige Seele zu überzeugen, braucht man nicht seinen Arm, nicht Schlagwerkzeuge noch sonst eines der Mittel, durch die man jemanden mit dem Tod bedrohen kann.‹«

Die Rede wurde von Teilen der islamischen Welt als »Hasspredigt«, als tödliche Beleidigung empfunden. Al-Qaida stieß Morddrohungen aus, und der organisierte Mob verbrannte Bilder des Papstes, was einer Exekution in Abwesenheit gleichkommt. Ob die Wahl des Zitats glücklich war oder nicht, sei dahingestellt, aber der Grundwert der westlichen Welt, nämlich die Freiheit des Denkens, muss von Andersdenkenden respektiert werden. Voltaire hat das auf den Punkt gebracht: »Ich bin nicht Eurer Meinung, aber ich werde darum kämpfen, dass Ihr sie vertreten könnt.«

Das Zitat, das Benedikt XVI. bemüht hatte, ist aus einem anderen Grund schmerzlich, für die Christen und die Moslems zugleich, weil es in historischer Perspektive daran erinnert, dass die christliche Religion ihre Modernisierung in der Aufklärung erfahren hat. Vernunft und Glauben sind einander bedingende Faktoren einer Aufklärung, die dem Islam noch bevorsteht. Zum anderen wird das Zitat selbst durch die unangemessenen Reaktionen darauf aktualisiert. Für die Christen stellt sich die nicht weniger dramatische Frage, inwieweit ein Dialog tatsächlich möglich ist.

Stoßen hier nicht objektiv ein postmodernes und ein prämodernes Gesellschafts- und Menschenbild geradezu tragisch aufeinander? Diplomatisch klug, in der Sache möglicherweise falsch ließ Benedikt XVI. die Äußerung relativieren.

Obwohl die anschließende Reise in die Türkei im November und Dezember 2006 zu einem Erfolg der päpstlichen Diplomatie geriet, zeigten die Vorgänge um die Regensburger Rede, wie weit man noch von einem Dialog zwischen den Religionen entfernt ist. Abseits von tausend Sonntagsreden zeigte sie den kulturellen Riss, über den man reden muss, wenn man ihn schließen will. Mit Verdrängen ist niemandem gedient.

Und gerade diesem Papst, der im April 2007 – pünktlich zu seinem 80. Geburtstag – den ersten Band eines großen Werkes über Jesus Christus veröffentlichte, ist wie keinem Zweiten bewusst, dass es auch zu den Aufgaben eines Nachfolgers Christi zählt, Stein des Anstoßes zu sein: ein Skandalon. Jesaja sprach davon und Paulus zitierte ihn: »Siehe, ich lege in Zion einen Stein des Anstoßes und einen Fels des Ärgernisses; und wer an ihn glaubt, der soll nicht zuschanden werden.« (Röm 9,33) Und bei Matthäus heißt es: »Da sprach Jesus zu ihnen: In dieser Nacht werdet ihr alle Ärgernis nehmen an mir. Denn es steht geschrieben (Sacharja 13,7): ›Ich werde den Hirten schlagen, und die Schafe der Herde werden sich zerstreuen.‹« (Mt 26,31) Oder in der Sprache Joseph Ratzingers: »Ruhe ist nicht die erste Bischofspflicht.« Als Bischof von Rom ist er natürlich auch Brückenbauer – Pontifex –, aber keine Brücke hat Bestand, die auf Sand gebaut ist.

Dennoch hat diese Rede viele, besonders in den Medien irritiert. Das Angebot des Papstes nicht zuletzt in Regensburg, kritisch über die Möglichkeiten des Dialogs zwischen den Kulturen und den Religionen nachzudenken, wurde nicht genutzt. Stattdessen machte sich als Gegenpol zur Begeisterung über die ersten Tage seines Pontifikats eine überzogene, einseitige und teils unfaire Berichterstattung breit.

Im Selbstverständnis von Benedikt XVI. ist es eine wesentliche und sein Handeln bestimmende Aufgabe, das nach wie vor große spirituelle oder metaphysische Bedürfnis der Menschen aufzunehmen. Er möchte der vereinzelten menschlichen Existenz in ihrer für viele bedrückenden Endlichkeit einen Glauben erschließen, den Jesus in seiner zutiefst humanen Botschaft in die Welt gebracht hat. Den Glauben und die Formen des Glaubens zu stärken, ist für Benedikt XVI. wichtiger Inhalt seines Pontifikats.

In diesem Zusammenhang schlug die Reise des Papstes im März 2009 nach Afrika den Bogen zu der Kritik, die er zwei Jahre zuvor am deutschen Episkopat geübt hatte. Begeistert wurde er sowohl in Kamerun als auch in Angola von den Katholiken empfangen. Über 60000 Menschen nahmen an einer Messe teil, die er in Yaoundé, der Hauptstadt Kameruns feierte. Er wollte den Afrikanern ein »Wort der Hoffnung und des Trostes« bringen. Er kritisierte Gewalt, Korruption, den Menschenhandel als eine »neue Form der Sklaverei«. Man konnte Benedikt XVI. ansehen, wie sehr ihn die Armut, der Hunger, das menschenunwürdige Leben, das nicht wenige Afrikaner zu führen gezwungen sind, und die regionalen Konflikte, die eine Blutspur der Grausamkeit hinterlassen, schmerzen. Gleichzeitig warnte er vor »falschen Idolen und Trugbildern« und einer »Tyrannei des Materialismus«. Dem setzte er die Botschaft des Evangeliums entgegen, die Nächstenliebe als Programm der Hoffnung.

In Afrika predigte der Papst sein Kirchenverständnis und wurde von den Menschen verstanden, eine Vorstellung, die vom Glauben und von den Werten aus ins Leben und auf die Gesellschaften blickt. Denn Gott hat den Menschen zu seinem Ebenbild geschaffen. Das ging in der Berichterstattung natürlich unter, weil es keinen »Nachrichtenwert« besaß, und die interessierte Öffentlichkeit in Deutschland erfuhr nur, dass sich Benedikt XVI. wieder einmal skandalös geäußert habe, nämlich zum Aidsproblem. Er lehnte den Gebrauch von Kondomen ab, weil sie möglicherweise das Problem eher vergrößerten, als verringerten. Als bestes Mittel gegen diese Tragödie empfahl er den Glauben, »ein menschliches und spirituelles Erwachen«. Und er forderte die afrikanischen Männer auf, ihren Frauen in Liebe und Achtung zu begegnen.

Die Empörung über die Äußerungen hatten eine theatralische Komponente, denn die Haltung des Vatikans zur Problematik der Sexualmoral – aus der sich die Ablehnung von Kondomen zwingend ergibt, weil Sex nur zwischen verheirateten Menschen und dann auch nur zur Hervorbringung neuen Lebens stattfinden soll – ist bestens bekannt. Natürlich gäbe es keine Aids-Epidemie, wenn nur Eheleute miteinander sexuellen Verkehr hätten. Aber das Leben der Menschen ist nun einmal nicht so einfach, und genau hier sollte die sachliche Auseinandersetzung beginnen. Eine Kirche, die leidvolle Erfahrungen mit dem sexuellen Engagement ihrer Päpste beispielsweise in der Renaissance und in der Gegenwart mit den vielen Fällen von sexuellem Missbrauch, begangen von Priestern hat, darf ihre Augen nicht vor der Realität des Lebens verschließen. Aber weder der Papst, noch seine Kritiker sollten die moralische Erziehung des Menschen und den Gebrauch von Kondomen gegeneinander ausspielen.

In Anbetracht dieses schillernden Themas geriet aus dem Blick, dass Benedikt XVI. auch Vertreter der islamischen Gemeinde von Kamerun traf. Er lobte das vorbildliche Zusammenleben der verschiedenen Volksgruppen und Religionen, das für Afrika beispielgebend sein könnte. So steht die erfolgreiche Afrikareise im Gegensatz zu ihrer Darstellung in Deutschland, weil manche Journalisten nicht selten lieber aus der Fülle ihrer Vorurteile statt aus dem Reichtum der begründeten Urteile schöpfen.

Von dem Grundsatz ausgehend, lieber weniger, aber dafür besser, sorgt sich der Papst um die innere Qualität der Kirche, um die Festigkeit der alten Institution. Nur eine innerlich gefestigte Kirche wird in der stürmischen See der kommenden Zeiten sicher navigieren. Nicht die Quantität ihrer Mitglieder, sondern die Qualität des Glaubens wird die Kirche ausmachen. Deshalb kümmert er sich um die Liturgie als Form katholischen Daseins, deshalb beschäftigen sich seine beiden ersten, großen Enzykliken mit den Grunddaten des menschlichen Lebens, mit Glauben, Liebe, Hoffnung, wie sie Paulus im Korintherbrief so eindrucksvoll und gültig beschrieben hat. »Deus est caritas« hieß 2005 die erste Enzyklika Benedikts XVI., Gott ist Liebe.

Die zweite: »›Spe salvi‹ – Auf Hoffnung hin gerettet«. In dieser Enzyklika von 2007 schlägt der hochgebildete Papst den Bogen von der Alten Kirche in die Gegenwart und untersucht auf diesem Wege die Antworten, die auf die Frage nach dem Leben, nach dem Glück, nach der Hoffnung gegeben werden, von der Aufklärung, vom Marxismus. Er zeigt schließlich, dass die christliche Hoffnung nicht Wunsch, nicht Projektion, nicht Traum, sondern Bestandteil des Lebens selbst ist und dadurch die Dimension der Ewigkeit eröffnet. Damit gibt sie eine Antwort auf die älteste und gewichtigste aller philosophischen Fragen: Wie soll man leben und sterben, und was bedeuten Existenz und Tod?

Wurden diese beiden Enzykliken von einer schon leicht gelangweilten Öffentlichkeit noch diskutiert, so wurde die jüngste Enzyklika vom August 2009 fast völlig ignoriert. Angekündigt war »Caritas in veritate« (Liebe in der Wahrheit) als die große Sozialenzyklika. Sie konnte eigentlich zu keinem besseren Zeitpunkt erscheinen, denn die Finanz- und Wirtschaftskrise, die die globalisierte Welt an den Abgrund geführt hatte, verlangte nach Antworten, zumal eine starke Ursache des Bankrotts im moralischen Bereich lag. Eine der Todsünden – »avaritia« (Habsucht, Geldgier) – hatte das internationale Finanzsystem zum Kollaps getrieben.

In feinster theologischer Manier ging Benedikt XVI. von seinen Vorgängern aus, nahm besonders Bezug auf »Populorum progressio«, die Sozialenzyklika Pauls VI., und führte den Gedanken von der Lehre der Liebe, die das Evangelium ist, die bereits in den vorangegangenen Lehrschriften eine große Rolle spielte, weiter. Den Menschen die Lehre Christi zu erschließen, sie zu einem Leben in der Wahrheit, das zugleich auch ein Leben in der Liebe sei, zu ermuntern, wird zum Schlüssel für künftiges Handeln. Das Leben in einer globalisierten Welt, in der jeder von jedem abhängig ist, bedarf gemeinsamer Grundlagen, wie sie die christliche Ethik zu liefern vermag. Die Globalisierung ist weder an sich gut noch an sich schlecht – es kommt darauf an, wie man sie gestaltet. Gemeinwohl und Gerechtigkeit müssen die grundlegenden Maximen sein.

Dennoch lässt der Text von »Caritas in veritate« den Leser einigermaßen ratlos zurück, weil er zum einen die weltweite Anerkennung des christlichen Menschenbildes voraussetzt und zum anderen in seinen moraltheologischen Forderungen zu allgemein bleibt. Vielleicht hat Benedikt XVI., der sonst so scharfe Denker, hier auffallend zurückhaltend und allgemein formuliert, weil er die berechtigte Sorge hatte, missverstanden und falsch ausgelegt zu werden. Gegen diese Enzyklika lässt sich nichts sagen, aber freilich – im Gegensatz zu den vorangegangenen – auch nichts dafür. Die Welt befindet sich in einer tiefgreifenden Umwälzung, Verteilungskämpfe schlimmsten Ausmaßes werden, ob wir das wahrhaben wollen oder nicht, über uns hereinbrechen. Wie konsequent sich die katholische Kirche mit diesen Herausforderungen geistig auseinandersetzt, wird letztlich darüber entscheiden, welche Rolle sie für den Menschen unserer Tage spielt. Und das Gemeinwohl beginnt eben bei dem Einzelwohl, oder wie Jesus bei Matthäus sagt: »Was ihr getan habt einem von diesen meinen geringsten Brüdern, das habt ihr mir getan.« (Mt 25,40)

Gemessen an diesen großen Aufgaben mutet die Affäre um die Piusbrüder, die das Bild des Pontifikats nachhaltig beschädigen könnte, wie eine Randnotiz an. Die Vorgeschichte: Im Jahr 1976 wurde Bischof Marcel Lefebvre von Papst Paul VI. suspendiert und 1988 von Johannes Paul II. exkommuniziert. Lefebvre hatte im Jahre 1969 die Priesterbruderschaft St. Pius X. gegründet. Er weihte und berief Priester und Bischöfe, was bei Letzteren nur dem Papst zukommt. Die Piusbrüder lehnen die Beschlüsse des Zweiten Vatikanischen Konzils (1962–1965) ab, ebenfalls den weltanschaulich neutralen Staat, und sind im Grunde fundamentalistisch.

Gleichwohl hatte die katholische Kirche aus zwei Gründen die Tür niemals ganz zugeschlagen. Zum einen konnte sie das gar nicht, denn für einen reuigen Sünder besteht grundsätzlich die

Möglichkeit der Rückkehr in den Schoß der Kirche, zum anderen gehört es zum Selbstverständnis der Alleinseligmachenden Kirche, dass sie Glaubensabspaltungen zu vermeiden sucht. Seit nunmehr zwei Jahrtausenden gilt als schlimmste Ketzerei der Versuch des Schismas, der Kirchenspaltung.

Deshalb beschäftigte sich seit 1988 eine eigens eingesetzte Kommission damit, wie und unter welchen Umständen die Piusbrüder wieder in die Großkirche zurückkehren könnten. Was ich in meinem Buch über die Geschichte des Vatikans über die seltsame Parallelität zu der Zeit, in der die Kirche lebt, gesagt habe, kommt am besten in den Ereignissen um die Aufhebung der Exkommunikation von vier Bischöfen der Piusbruderschaft zum Ausdruck. Der Vatikan hat die öffentliche Wirkung der kirchenrechtlichen und theologischen Einigung, die er mit den betreffenden Bischöfen erzielt hatte, vollkommen unterschätzt. Als dann einer der Bischöfe, mit Namen Richard Williamson, auch noch vor laufender Kamera den Holocaust leugnete, brach der Sturm der Entrüstung los.

Waren schon das Wirken der reaktionären Vereinigung der Piusbrüder und ihre Wiederaufnahme in die Kirche für viele Katholiken zu Recht ein Ärgernis, so riefen die abstrusen Thesen der Piusbrüder blankes Entsetzen hervor. Es lag auf der Hand, dass der Papst in dieser Angelegenheit schlecht beraten worden war, und dass man mit der Kritik auf ihn persönlich zielte, ungerecht und überzogen. Als Bundeskanzlerin Merkel den Pontifex zu einer klaren Distanzierung aufforderte, empfanden nicht wenige Katholiken diesen Schritt als überheblich und unangebracht. Wie man auch darüber denkt – letztlich hat Angela Merkel dem Papst einen Dienst erwiesen, indem sie ihn zu einer Stellungnahme nötigte, die längst überfällig war. Die in jeder Hinsicht überbewertete Geschichte war ein einziges Desaster, vor allem in der Art und Weise, wie die ganze Angelegenheit behandelt und wie sie kommuniziert wurde. Dadurch ist viel von der anfänglichen Begeisterung für Benedikt XVI. verloren gegangen – auch wenn nicht jeder vorherige Applaus aus tiefstem Herzen gespendet worden war.

Im Koordinatenkreuz der Verstimmung um die Karfreitagsfürbitte und des Umganges mit den Piusbrüdern erwartete man die Reise des Papstes ins Heilige Land mit besonderer Spannung. An Ratschlägen, was der Pontifex zu tun und zu lassen habe, und an Warnungen, dass er nur alles falsch machen könnte, weil die Reise aus Fallstricken bestünde, hatte es im Vorfeld nicht gemangelt. Man konnte sich des Eindrucks nicht erwehren, dass einige wie bei der Afrikareise in Selbstgerechtigkeit bereits sehnsüchtig auf die großen und kleinen Anlässe warteten, die zum Skandalisieren geeignet waren.

Nach den Vorgängen um die Piusbrüderschaft hatte Benedikt XVI. ohnehin das Gefühl, Opfer einer medialen Hetzjagd geworden zu sein. Da aber für Joseph Ratzinger nicht die öffentliche Meinung, die Medien oder der Zeitgeist ausschlaggebend sind, sondern einzig das gilt, was er den Willen Gottes nennt, wie er sich in der Bibel, im Denken der Kirchenväter und den Konzilien der Kirche niederschlägt, bestimmte er von daher auch sein Verhalten.

So war die Jordanien- und Israel-Reise im Mai 2009 vor allem eine Pilgerreise des Stellvertreters Christi zu den Wirkungsstätten Christi, aber auch Mose, wenn er beispielsweise den Berg Nebo besuchte oder den Felsendom, der geradezu den Kreuzungspunkt von Judentum, Christentum und Islam bildet. Er besuchte die christlichen Orte und die Christen im Heiligen Land. Er rief zum Dialog der Religionen auf und verließ auch demonstrativ den Raum, als ein hochrangiger muslimischer Vertreter bei einem Treffen, das dem Dialog dienen sollte, gegen Israel hetzte. Für die Juden vollkommen richtig und verständlich konzentrierte sich, für andere, Medien und Parteifunktionäre, absolut überflüssig, verengte sich die Reise auf den Besuch von Yad Vashem, der Gedenkstätte für die Opfer des Holocaust.

Doch die Rede Benedikts XVI. enttäuschte die Israelis, aber auch die Juden in Deutschland. Das hängt vielleicht mit einem Missverständnis zusammen. Was man von keinem Papst erwartet hatte, schon gar nicht von Johannes Paul II., der ja selbst einer

Nation angehört hatte, die zum Opfer des nationalsozialistischen Deutschlands geworden war, wünschte man vom deutschen Papst, dass er auch über seine persönliche Verantwortung als Deutscher sprach. Aber Benedikt sprach nicht als Deutscher, weil es nämlich keinen deutschen Papst gibt – es gibt nur einen Papst, der Oberhaupt eines souveränen Staates ist. Also sprach er als Mensch und Papst.

Vor dem Hintergrund der Pius-Affäre wirkte die »Geschichtsvorlesung«, wie es einige Kommentatoren nannten, in der öffentlichen Wahrnehmung verhängnisvoll. Vielleicht war es aus der Sicht Benedikts XVI. und vor allem in seiner Rolle als Oberhaupt der katholischen Kirche richtig, so zu sprechen, klug war es nicht. Letztendlich wird die Beurteilung der Pilgerreise dem kühlen, unvoreingenommen Historiker vorbehalten bleiben. Im Großen und Ganzen wird man sie trotz einiger Enttäuschungen als Erfolg sehen dürfen. Der Papst hatte sich eindeutig gegen den Antisemitismus ausgesprochen, mit kritischem Blick auf die arabische Kultur gegen die Diskriminierung der Frauen, er befürwortete einen palästinensischen Staat und forderte dringend den religiösen Dialog und die Einstellung von Gewalt und Terror. Es war eine Reise, die für Vernunft und Dialog warb.

Das Pontifikat Benedikts XVI. ist und bleibt jedoch eine wichtige Amtszeit, die schon jetzt mehr Zeichen gesetzt und stärker ausgestrahlt hat, als das eine einseitige Berichterstattung wahrnimmt. Der Papst wirkt auch stark in die Kirche und in die Kurien hinein. Wesentliche personelle Weichenstellungen finden statt. Die Annäherung an die Kirchen des Ostens wurde entscheidend vorangetrieben, so durch die gemeinsame Eröffnung des Paulusjahres 2008/2009. Im Jahr 2005 hatte Benedikt bereits auf den Titel Patriarch des Abendlandes verzichtet.

Der gleichen Ratlosigkeit, die in der Gesellschaft herrscht, sieht sich auch die katholische Kirche gegenüber, was man ihr nicht anlasten kann. Vom Himmel her mag alles klar sein, auf Erden ist es mitnichten so. Auch das weiß Benedikt XVI. Dennoch bleibt für ihn die Erde das Feld, das es zu beackern gilt, bis zum letzten Tag seiner Amtszeit, ungeachtet der wechselnden Moden des Zeitgeistes und immer mit Blick auf den festen Kompass seines Lebens, den Glauben der katholischen Kirche gerichtet, auch wenn es deshalb immer wieder zu Irritationen und Missverständnissen kommen mag. Schon aus heutiger Sicht wird deutlich, dass das Pontifikat Benedikts XVI. bei Weitem unterschätzt wird. Vermutlich wird die Zeit das richten. Denn die Zeit – nicht der Zeitgeist – war von jeher der Verbündete der Päpste.

ANHANG

ANMERKUNGEN

1 Auer, Johann: Kleine Katholische Dogmatik, Band VIII: Die Kirche. Das allgemeine Heilsakrament. Regensburg 1983. S. 212 f.

2 Ratzinger, Joseph: Exequien und Begräbnis Seiner Heiligkeit Papst Johannes Paul II. Predigt von Joseph Kardinal Ratzinger, Rom, Petersplatz 8. 4. 2005

3 Kant, Immanuel: Beantwortung der Frage: Was ist Aufklärung, in: I. Kant: Von den Träumen der Vernunft. Kleine Schriften zur Kunst, Philosophie, Geschichte und Politik. Leipzig und Weimar 1981. S. 225

4 Ratzinger, Joseph: Missa Pro Eligendo Romano Pontifice. Predigt von Joseph Kardinal Ratzinger, Dekan des Kardinalkollegiums. Rom, Patriarchalbasilika, 18. 4. 2005

5 »Seit 75 Jahren gibt es das Studienseminar St. Michael«. Zitiert nach: Chiemgau-Blätter 2003

6 Mörike, Eduard: Am Walde. In: E. Mörike: Sämtliche Werke in sechs Bänden, Bd. 2, Leipzig o. J. S. 106

7 Hitler, Adolf: Rede in Reichenberg, 2. 12. 1938. Zitiert nach: Thamer, Hans-Ulrich: Verführung und Gewalt. Deutschland 1933–1945. Berlin 1994. S. 407 f.

8 Augustinus: Bekenntnisse. In: Flasch, Kurt (Hg.): Augustinus. Düsseldorf, Zürich, München 1997. S. 185 f.

9 Johannes XXIII.: Motuproprio »Consillium« vom 2. 2. 1962. Zitiert nach: Dieter Froitzheim (Hg.): Kardinal Frings. Leben und Werk. Köln 1980. S. 190

10 Frings, Josef: Votum vom 13. Oktober 1962. Zitiert nach:

Dieter Froitzheim (Hg.): Kardinal Frings. Leben und Werk. Köln 1980. S. 216

[11] Ratzinger, Joseph: Die erste Sitzungsperiode des Zweiten Vatikanischen Konzils. Ein Rückblick. Köln 1963. S. 7 f.

[12] Frings, Josef: Votum vom 8.11.1963. Zitiert nach: Dieter Froitzheim (Hg.): Kardinal Frings. Leben und Werk. Köln 1980. S. 217 f.

[13] Dieter Froitzheim (Hg.): Kardinal Frings. Leben und Werk. Köln 1980. S. 218

[14] Beinert, Wolfgang: Dogmatik Studieren. Regensburg 1985. S. 91

[15] Ratzinger, Joseph: Einführung in das Christentum. München 2000. S. 27 f.

[16] Korsch, Dietrich: Dogmatik im Grundriss. Tübingen 2000. S. 262

[17] Benedikt XVI.: Missa Pro Ecclesia. Erste Botschaft Seiner Heiligkeit Benedikt XVI. bei der Eucharistiefeier mit den wahlberechtigten Kardinälen in der Sixtinischen Kapelle. Rom, 20. 4. 2005-05-16

[18] Benedikt XVI.: Missa Pro Ecclesia. Erste Botschaft Seiner Heiligkeit Benedikt XVI. bei der Eucharistiefeier mit den wahlberechtigten Kardinälen in der Sixtinischen Kapelle. Rom, 20. 4. 2005-05-16

AUSWAHLBIBLIOGRAPHIE

Die Predigten von Benedikt XVI. und die Dokumente der Kongregation für die Glaubenslehre sind auf der Homepage des Vatikans (www.vatican.va) zu finden.

Werke von Joseph Ratzinger

Die Geschichtstheologie des heiligen Bonaventura. St. Ottilien (1955) 1992.
Ratzinger, Joseph und Karl Rahner: Episkopat und Primat. Freiburg, Basel, Wien 1961.
Die erste Sitzungsperiode des Zweiten Vatikanischen Konzils. Ein Rückblick. Köln 1963.
Einführung in das Christentum. München (1968) 2000.
Glaube und Zukunft. München 1970.
Dogma und Verkündigung. München und Freiburg/Br. 1973.
Salz der Erde. Christentum und katholische Kirche an der Jahrtausendwende. Ein Gespräch mit Peter Seewald. Stuttgart 1996.
Aus meinem Leben. Erinnerungen. Stuttgart 1998.
Gott und die Welt. Glauben und Leben in unserer Zeit. Ein Gespräch mit Peter Seewald. Stuttgart 2000.
Ratzinger, Joseph und Hans Maier: Demokratie in der Kirche. Möglichkeiten und Grenzen. Limburg-Kevelaer (2000) 2005.
Werte in Zeiten des Umbruchs. Die Herausforderung der Zukunft bestimmen. Freiburg/Br. 2005.

Werke zur Theologie und Philosophie

Auer, Johann und Joseph Ratzinger: Kleine Katholische Dogmatik. 9 Bde. Regensburg 1978–1983.
Beinert, Wolfgang: Dogmatik Studieren. Regensburg 1985.
Bultmann, Rudolf: Das Urchristentum. München 1992.
DeCrescenzo, Luciano: Geschichte der griechischen Philosophie. Zürich 1988.
Du Lubac, Henri: Corpus Mystikum. Eucharistie und Kirche im Mittelalter. Einsiedeln 1969.
Du Lubac, Henri: Glauben aus der Liebe. Einsiedeln 1992.
Fiedrowicz, Michael: Apologie im frühen Christentum. Die Kontroverse um den christlichen Wahrheitsanspruch in den ersten Jahrhunderten. Paderborn, München, Wien, Zürich 2000.
Fiedrowicz, Michael: Christen und Heiden. Quellentexte zu ihrer Auseinandersetzung in der Antike. Darmstadt 2004.
Fink, Karl August: Papsttum und Kirche im abendländischen Mittelalter. München 1994.
Gerwing, Manfred: Theologie im Mittelalter. Paderborn, München, Wien, Zürich 2000.
Gomperz, Theodor: Griechische Denker. Eine Geschichte der antiken Philosophie, 3 Bde. Frankfurt a. M. 1996.
Graf, Josef: Gottlieb Söhngens Suche (1892–1971) nach der »Einheit der Theologie«. Ein Beitrag zum Durchbruch des heilsgeschichtlichen Denkens. Frankfurt a. M. 1991.
Hasenhüttl, Gotthold: Kritische Dogmatik. Graz, Wien, Köln 1979.
Jonas, Hans: Erinnerungen. Frankfurt a. M. und Leipzig 2003.
Kant, Immanuel: Von den Träumen der Vernunft. Kleine Schriften zur Kunst, Philosophie, Geschichte und Politik. Leipzig und Weimar 1981.
Korsch, Dietrich: Dogmatik im Grundriss. Tübingen 2000.
Markschies, Christoph: Warum hat das Christentum in der Antike überlebt. Leipzig 2004.

Markschies, Christoph: Zwischen den Welten wandern. Frankfurt a. M. 1997.

Russell, Bertrand: Philosophie des Abendlandes. Zürich 2001.

Schulthess, Peter und Rudi Imbach: Die Philosophie im lateinischen Mittelalter. Ein Handbuch mit einem bio-bibliographischen Repertorium. Zürich und Düsseldorf 1996.

Steinbüchel, Theodor: Der Umbruch des Denkens. Regensburg 1936.

Wagner, Harald: Einführung in die Fundamentaltheologie. Darmstadt 1996.

Werbick, Jürgen: Den Glauben verantworten. Eine Fundamentaltheologie. Freiburg, Basel, Wien 2000.

Werke zur Zeitgeschichte

Die Dokumente des Zweiten Vatikanischen Konzils. Freiburg/Br. 2004.

Dieter Froitzheim (Hg.): Kardinal Frings. Leben und Werk. Köln 1980.

Guardini, Romano: Stationen und Rückblicke/Berichte über mein Leben. Mainz und Paderborn 1995.

Handbuch für Kirchengeschichte. Die Weltkirche im 20. Jahrhundert. Band VII. Freiburg, Basel, Wien 1979.

Häring, Hermann: Theologie und Ideologie bei Joseph Ratzinger. Düsseldorf 2001.

Jedin, Hubert: Lebensbericht. Mainz 1984.

Küng, Hans: Christ sein. München 1974.

Küng, Hans: Christentum und Weltreligionen. München 1984.

Küng, Hans: Erkämpfte Freiheit. München 2002.

Küng, Hans: Projekt Weltethos. München 1990.

Langguth, Gerd: Mythos '68. München 2001.

Mosler, Peter: Was wir wollten, was wir wurden. Zeugnisse der Studentenrevolte. Reinbek b. H. 1988.

Thamer, Hans-Ulrich: Verführung und Gewalt. Deutschland 1933–1945. Berlin 1994.

Trippen, Norbert: Josef Kardinal Frings (1887–1978). Sein Wirken für das Erzbistum Köln und für die Kirche in Deutschland. Paderborn, München, Wien, Zürich 2003.

Wesel, Uwe: Die verspielte Revolution. 1968 und die Folgen. München 2002.

Nachschlagewerke

Fuhrmann, Horst: Die Päpste. Von Petrus bis Johannes Paul II. München 1998.

Heim, Manfred: Kleines Lexikon der Kirchengeschichte. München 1998.

Johnson, Paul (Hg.): Das Papsttum. Von den Anfängen bis in die Gegenwart. Stuttgart und Zürich 1998.

Lexikon der Päpste. Freiburg/Br. 2001.

Lexikon für Theologie und Kirche. Freiburg, Basel, Rom, Wien 1996.

Schischikoff, Georgi (Hg.): Philosophisches Wörterbuch. Stuttgart 1991.

Schwaiger, Georg (Hg.): Mönchtum. Orden. Klöster. Ein Lexikon. München 1994.

Wucher, Albert: Die Päpste. Ihre Geschichte von den Anfängen bis zur Gegenwart. Freiburg/Br. 2001

LEBENSLAUF

1927	Geboren am 16. April in Marktl am Inn
1939	Eintritt ins Erzbischöfliche Priesterseminar in Traunstein
1943–1944	Flakhelfer in München, 1944 Reichsarbeitsdienst
1945	Wehrmacht und Kriegesgefangenschaft
1945–1947	Studium der Philosophie im Erzbischöflichen Klerikalseminar Freising
1947–1951	Studium der Philosophie und Theologie an der Theologischen Fakultät der Universität München
1951	Priesterweihe am 29. Juni in Freising
1951–1952	Kaplan in München-Bogenhausen (Pfarrei Hl. Blut)
1952–1954	Dozent im Erzbischöflichen Klerikalseminar Freising
1953	Dissertation zum Thema »Volk und Haus Gottes in Augustinus Lehre von der Kirche«
1954–1957	Dozent für Dogmatik und Fundamentaltheologie an der Philosophisch-Theologischen Hochschule Freising
1957	Habilitation an der Universität München im Fach Fundamentaltheologie mit einer Untersuchung über »Die Geschichtstheologie des heiligen Bonaventura«
1958–1959	Außerordentlicher Professor für Dogmatik und Fundamentaltheologie an der Philosophisch-Theologischen Hochschule Freising

1959–1963	Ordinarius für Fundamentaltheologie an der Universität Bonn
1962–1965	Offizieller Konzilstheologe (*peritus*) des II. Vaticanums
1963–1966	Ordinarius für Dogmatik und Dogmengeschichte an der Universität Münster
1966–1969	Ordinarius für Dogmatik und Dogmengeschichte an der Universität Tübingen
1968	Veröffentlichung des theologischen Standardwerkes »Einführung in das Christentum«
1969–1977	Ordinarius für Dogmatik und Dogmengeschichte an der Universität Regensburg
1977	Ernennung zum Erzbischof von München und Freising am 24. März, Bischofsweihe am 28. März. Sein Bischofsmotto lautet: »Cooperatores veritatis/ Mitarbeiter der Wahrheit«. Erhebung zum Kardinalpriester am 27. Juni durch Papst Paul VI.
1981	Ernennung am 25. November 1981 durch Papst Johannes Paul II. zum Präfekten der Kongregation für die Glaubenslehre in Rom, zum Präsidenten der Päpstlichen Bibelkommission und der Internationalen Theologenkommission
1986–1992	Leiter der Päpstlichen Kommission zur Erstellung des »Katechismus der Katholischen Kirche«
1993	Ernennung zum Kardinalbischof des suburbikarischen Bistums Velletri–Segni durch Papst Johannes Paul II.
1996	Veröffentlichung des Buches »Salz der Erde«
1998	Bestätigung der Wahl zum Vizedekan des Kardinalskollegiums am 9. November 1998 durch Papst Johannes Paul II.
2002	Wahl am 30. November 2002 zum Dekan des Kardinalskollegiums, erhält zusätzlich das suburbikarische Bistum Ostia durch Papst Johannes Paul II.
2005	Wahl zum Papst am 19. April. Er nimmt den Namen Benedikt XVI. an.

BILDNACHWEIS

Katholische Nachrichtenagentur (KNA-Bild): 1, 2, 7, 8, 9, 10, 11, 12, 15, 19, 27, 28, 29, 30, 31

Stadtarchiv Traunstein, Postkartensammlung: 6

SV-Bilderdienst, München: 3, 4, 5, 13, 14, 16, 17, 18, 20, 21, 22, 23, 24, 25, 26

REGISTER